[美]艾米莉·温斯洛 著 徐晓丽 译

女人无名

上海译文出版社

致

无比怀念的约翰·休斯

目　录

自　序

　　我根本没想到警方会主动找上我。

　　通常都是我去联系他们的。我的这个案子发生二十多年了；而性侵案办案组（Sex Assault Unit）人员变动频繁，每次我主动找他们的时候那里根本没人记得我这个案子的情况。但是，二〇一三年九月，他们找到我，通知我第二天会上报的一条新闻好让我做好心理准备：他们已经确认并且逮捕了那个强奸我的陌生男人。几十年来，我一直希望自己能有出庭作证的机会。就算他的被捕并不能保证此案最后一定可以进入庭审程序，但至少现在有这样一个机会。我开始在自己的卧室里练习上庭作证，并把记忆中的点点滴滴有序地记录了下来。

　　无论遇到什么问题，只要把事情写出来我就能找到答案，从来都是如此。在强奸案刚发生的那会儿，我用感性而又青涩的笔触把它以校园诗的形式记了下来，如今，我以小说作家的经验把它们又一一叙述了一遍。我只有一次机会把发生的事情讲清楚，我一定得做好。我一直以为"强奸"并不只是一九九二年的那晚在我那间学生公寓的地板上发生的事，它还包括在医院中的场景，事后在我脑海中不断重现的情景，朋友给我的慰藉，以及最后我大学毕业。这些都不能归在出庭作证的证词中，但对我而言其重要性溢于言表，因此我要将它们逐一记录下来。随着我的写作的不断推进，我现在意识到"强奸"还包括这次的逮捕和诉讼，于是我继续写下去。每隔几天，就会出现一些新的情况和情感需要及时把握与审视，法律方面也会有一些新的进展需要了解和分析。在此过程中不断出现让我感到意外的地方，包括几经周折的案情发展，还有那些最终跟我成为朋友的警探和检察官们，以及在我得知那个侵犯我的人的身份后对其展开调查的过程中所了解到的那些事情。

一九九二年到现在，时光荏苒，世事变化巨大。我变得更成熟了；也搬到海外居住；并完成了结婚生子的人生大事。当强奸案发生的时候，我并不避讳跟周围人谈论这个话题，但在英国剑桥这里，人们对此一无所知。因而我通过写作的方式把眼下正在发生的事情告诉那些跟我关系密切的人们。比起跟人直接说这事，下笔书写更容易些。我还发现自己居然可以用优美而流畅的文字去描述如此可怕、混乱的事。在这本书里，我既是作者，同时也是这起案件的受害人。

本书绝非虚构。

除五人外，其余人员均使用真名。

这五人是：弗莱尔在一九九二年十一月侵犯的受害人、弗莱尔的三位辩护律师以及一位县接待办公室工作人员。

一、记　忆

1

二〇一三年九月

释怀。二十一年过去了，这个男人终于被人指认了出来。我的电脑浏览器上打开的，全是关于追逃特遣队（Fugitive Task Force）应宾夕法尼亚州警察局的要求，在纽约将其抓捕归案的新闻报道。我在"谷歌图片"上输入他的名字，一眼就从众多同名同姓的人中间认出了他。看到他饱满的脸颊，我还是不由自主地心头一颤。尽管我急切地想知道关于他的一切，但在脸书上找到了他的个人主页后，我还是不敢添加他为好友去看上面的信息。

嫉妒，接踵而至。站在庄严肃穆的法庭上，面对充满同情的陪审团和伸张正义的法官，说出事实真相，将他绳之以法。这正是过去二十多年来我梦寐以求的一切。然而，能得到这些的人并不是我，而是另一位受害者。警探需要她来证明这个案件，律师需要她出庭指证；她会得到这一切。她才是整个案件的关键人物。而我，一如过去的二十年，每隔两年打电话给警察局，像个乞丐似的请求他们重新查看我的案件；办案人员走马灯似的换着，为此我必须不断跟新来的警探沟通，向他们解释我是谁，并解释整件事的来龙去脉。没人记得这些，除了我，除了她，还有他。

听到这个消息，我内心喜忧参半。这正是我希望的结果，但得到它的却是别人而不是我。明明近在咫尺，但却遥不可及。

他，因为对她犯下的罪而被捕；而我，希望他因为对我作的恶得到最终的审判。

我得先练习起来，说不定哪天我也会站在法庭上指证。

我踱着步，喃喃自语。如果有机会出庭，我必须有条不紊地陈述。我要保证不出任何差错。

一九九二年，我在宾夕法尼亚州匹兹堡市上大学，是卡内基梅隆大学著名的戏剧学院的一名大三学生。这个学院以治学严谨而著称，旨在培养可塑性强的演技派演员。大一大二时，老师就不允许我们扮演自己熟悉的角色，那些在"安全区"里足不前的人只会遭人鄙视。我也就此撕去了扮演王政复辟时期机智优雅的贵妇或者天真女孩的标签。无论在表演课、发声和演讲课还是形体课上，我都尝试扮演跟之前角色截然不同的：充满欲望的、性感的、愤怒的角色。我接受这些挑战，但课后依然坚持去教堂做礼拜、读《圣经》，以此平复自己的内心。能考入这个专业已经不容易了，但让我自豪的是自己能够在前四个学期的淘汰中顺利闯关。一九八九年秋，包括我在内有三十多名新生入学。四年后，经过不断淘汰，再去掉个别直接退学前往纽约寻找演艺机会的学生，我们这批学生中坚持到毕业的最后只剩下十三位。

大三开始，淘汰告一段落，我们也重获演绎自己熟悉的角色的机会。经过头两年的训练，我们对这些角色的把握和诠释更到位、更深刻而且更真实，自然也就成为学弟学妹们仰视的榜样。

我在校外的谢迪赛德那里租了一套单身公寓，这里地处匹兹堡的繁华地段，周围有很多餐厅和商铺。离公寓不远处有一家"维多利亚的秘密"的零售店，圣诞节时我在那里打过短期工，体验了一把女性味十足的工作。一直以来，我对"穿衣打扮"的兴致总是时高时低；而那阵子我正在"爱打扮"的兴头上，每天化着妆、一身少女打扮出门。一月的那个星期天，学校在那周就要开学了。我还有两段独白要背，一堆脏衣服要洗。大楼里有投币洗衣机，但我一个硬币都没有，于是决定出门搞点零钱把衣服洗掉。

傍晚的天色还不算太暗。我注意到有个男人看着我走出了大楼，我一下子警觉了起来。街角那家冰激凌店还开着，店里人们乐呵呵地聊着天，挑选着自己喜欢的口味。我在店里换到了洗衣机和干衣机用的 25 美分硬币。走出店门，刚才那个男人还站在外面，转悠着似乎没有离开的意思。我迟疑了一下。这时，他开始朝着我的公寓楼走去，没跟在我身后，而是在我旁边走着；这算不上跟踪吧，我感觉这好像可以接受。他从我后面一点的地方开始走回去，这样走到大楼前的时候他刚好在我背后。我本想走进大楼后立刻把门锁带上，可大门装的是气动关门器，我根本没法把门快速地带上。就在门缓缓关上之前，他一把拉住了门。

我又迟疑了一下。我跟住在同楼层另一间公寓里的女人打过照面，我可以去敲她的门，人多势众，他应该不敢怎样。我正思忖着，他从我身边走过，径直上了楼，看那样子他应该正赶着路并没有跟踪我的意思。他走过我公寓的房门，一路小跑着跨上台阶继续朝楼上走去。

我知道这人并不是住在楼上的那个男人，要么他是来这里见朋友的。虽然我们楼里住的大多是雅皮士，学生并不多，也不常有访客，但我们这儿毕竟是大学城，有访客进进出出也是司空见惯的事。

经过那个打过照面的女人的公寓时，我没有停下来敲她的门。我站在自己公寓的门前，刚打开锁，他像弹簧一样从我肩膀后面的楼道里跳过来，顺势推我进门，一把捂住了我的嘴。他关上门，一下子把我推到墙边，脸抵着墙不能动弹。他问我："你想死吗？"

案发后，办案的警察在医院里给我做笔录，听到我说"你想死吗？"

这句话的时候，他们立刻坐直了身子。他们说，三天前有人在奥克兰附近试图侵犯一名女学生时也说过这句话，不过，那名女学生在他得逞前逃脱了。

我没逃掉。他得以为所欲为，尽管现在看来那段时间并不算太长。他脑子里似乎有一份前戏的清单快速地转着，对我发号施令：你这样，现在你这样……都是些我从没做过的。我之前只跟人亲吻过，但即使那样也是上高中后在舞台上表演而已。我一直为自己的爱情和婚姻守身如玉。

之后，我尝试着跟警察描述他的长相，但效果乏善可陈。我说：他挺大的。有一张娃娃脸，声音听上去不太成熟。但"大"这个词含义模糊，可以指的东西很多。警察们一开始在附近找到一个正在跑步的高个子男人让我指认，把那人吓得惊慌失措。在医院里，一位高个子警探伫立在我面前问我："那人有我这样高大吗？"我并没有说他长得高。我说的大，其实是指他肥头大耳、熊腰虎背、孔武有力、面目狰狞。

我一边按照他说的去做，一边苦苦哀求他手下留情，放我一马。他先亲了我的嘴，然后将我的上半身抚摸亲吻了一遍，接着又抚摸亲吻了我下半身，完了让我照着样子也对他做一遍。他像打棒球似的，坚持把所有的"垒"都跑了一遍，但在每个点上都像蜻蜓点水似的不做过多停留，仿佛只是为了赢取积分，点到为止，然后移到下一处。

我竭尽全力不让他进入我身体。我顾不上活不活命的，大声尖叫了起来。他一手盖住我的嘴巴，然后又使劲地捂住我的嘴巴和鼻子，拼命地压着，我都喘不过气来了。他说只要我答应不再叫了，他就会松手。我拼命地点头，只要能呼吸，怎样都行。他手刚松开，我就猛吸一口气，立刻不要命似的尖叫起来。他重新捂住了我，这次时间更长了。他要我明白没什么比能够呼吸更重要的了。我又点着头，答应着，哀求着，这次我真的服软了。他终于松了手，这次我也没再叫了。

他把我的脚架在他肩上，把膝盖顶到我胸口，然后插了进来。事后跟人说我当时感觉这一段过得尤为漫长，仿佛他永远都不会停下来，但现在来看其实也就那样。他在那儿不断地抽动着身子，从他脸上滑下湿湿的东西，不知道是他额头流着的汗，还是他流下的眼泪，溅在我脸上。或许，是他的泪吧。

这些事后我不断复述过的细节，到现在我都还记得清清楚楚。但剩下的那些，在我的记忆里已渐渐变得模糊。比如，我已经想不起当时住的那条街的名字，只能查找当时的新闻报道。我曾经时常翻看我写过的那几首诗，可最近几年再也没找出来读了。我甚至都不敢相信，原来自己曾经被那么多东西纠缠、折磨过。

我不记得他轻轻咬了我的腿；当时我说起这个细节的时候，警探们立刻兴奋了起来。但他咬得太轻，没留下明显的咬痕。我不记得他脱掉了我的鞋子，可他没怎么脱掉我的衣服，只是把衣服扯开，褪在一边。我也很想知道他的指纹会不会留在鞋面上。

我不记得自己用手使劲推开过他的身子。尽管他一再要求我把手放在地板上躺着不动，可我还是不断地推着他的肩膀，哪怕他都快结束了也要在我们的身体之间隔出一道空气的屏障。"把手放在地上。"我从他一再的命令里听到了烦躁不安——最终我还是乖乖地把手放在了地上，或者说，不断地把手放回到地上。

他说的那句话仿佛刻进了我的脑子里，之后无论我在洗手，或是仅仅看着手的时候，这句话都会在我耳边不断响起。数月后，我曾经写下这样一段话："新的记忆。如果我的手让我想到一个好人而不是他，这样岂不是很好？但如果看我的手，看到的就是我的手，想到的是我的身体和我自己，这样岂不是更好？在我看来，我的手和身体总是跟男人联系在一起，尽管偶尔联想到的那人还不错，这是为什么呢?"

我脑子里乱哄哄的，不断回放他掐着我的那些细节：他的手扯掉了我裙子正面的钮扣；他的手拉下我的紧身裤；他的手使劲地摁住我的脸，我的后脑勺下面的那片地毯都要给压扁了。我时常想起的倒不是他的嘴、身体，也不是他的汗水和眼泪；我脑子里全是他的手，还有我的手。多得数也数不清的手。

虽说学艺术的大都比较敏感，但是比起淘汰跟不上学习进度的学生时的那种雷厉风行，戏剧学院在我遭遇这事之后所表现出的耐心真的完全超出了我的想象。学院允许我在刚开学的那几个星期可以不用去上课，等我回去上课了，又允许我可以不上"韵律课"，因为这堂课对学生的体力要求很高，在正常情况下一节课下来也可以把人累到哭。其他的课我都去听了，不过学校还是默许我可以随时早退，甚至可以带个朋友跟我一起走。

我给自己定下了规矩。我要接受别人的帮助，但绝不能过度依赖。悲伤也好，愤怒也罢，凡是可以帮助我从这件事中走出来的，都可以去做，但绝不能因此让自己陷得太深。我当然害怕会再次受到伤害，但我更担心自己因为这件事变成我不喜欢的样子。我不想（就像我当时记下的）从此变得"惶恐不安，不敢信任，愤世嫉俗，歇斯底里，愤怒刻薄，疲惫、软弱而又疯狂"。我不想变成其中任何一种样子，更不敢想象把所有这些都集中在自己身上，那该有多么可怕。所以，我给自己定了些规矩。

首先，我允许自己有一年的时间去调整，之后必须得打起精神。其次，我可以在我那些热情大方的朋友那里找到依靠，但我只能在白天的时候找他们。我可以过去拉着他们陪我，偶尔哪天没课或没有安排排练

（我们的课表排得都很满），我也可以在白天的时候打个电话过去大家小聚一会儿。最重要的一条是我绝不允许自己在晚上把朋友叫醒。我必须学会在夜里照顾好自己。这让我对自己有最起码的尊重。

虽然我预期自己在第一年里头整个人都是"浑浑噩噩的"，但我睡得出奇的好，其间我只有一次差点破了不吵醒朋友的规矩，但也就是一次而已，那天我收到了警察局还给我的一个纸袋子。在我被强奸的那天夜里，警察把我的衣服作为证据拿走了。几个星期后，可能过了一个月或者两个月了吧，具体我记不清楚了，他们把衣服装在一个高高的纸袋子里还给我，袋子上用粗记号笔潦草地写了些数字。

那个学期我一直都借住在一对新婚不久的朋友家里，他俩都是戏剧学院毕业的。我在他们家有一个单独的房间，我所有的家当，包括这个看着别扭的纸袋子。我的朋友们在隔壁的房间里已经睡下了，可我却翻来覆去，难以入眠。

我多想找个人跟我聊聊，但我早已做出承诺，夜里怎么都不能打搅朋友，必须一个人扛过去。为了让自己这晚能睡着，我得把我想要说的话写下来，等到第二天早上我就可以打电话给朋友，把自己写的东西给朋友念一遍，像念台词那样。就这样，我说服自己，写了下面这段文字：

> 那个纸袋子静静地窝在墙角里/底部着地，两英尺高的样子/里头装着我的身子/我的大衣/还有那天我搭在低领衫大衣上的/母亲曾用过的漂亮水貂皮领子！/警探说服实验室不用剪开那毛领子/我裙子上早已满是证据，足矣/他这才还给我这件大衣/没什么破损，除了上面星星点点的污渍/就像我这个样子/活着，但带着污点/这件大衣有我身体的影子/自从从我手上拿走的那个夜里/我就不曾再见过/曾经的我，也已经在那个夜里死去/这一刻，这件大衣/就装

在这鼓鼓的袋子里

第二天早上，我读了一遍这段文字，自我感觉挺满意的。我不需要打电话给朋友了。从那时起，我开始用文字记录自己想要表达的东西。

那天夜里穿过的衣服，包括这件外套，我没再碰过。被他脱下的鞋是我最喜欢的一双，我决定还是要接着穿。这份刻意的坚持很重要，因为这些东西不会因为被他碰过而自动变成了垃圾。

在重新回到学校开始上课的几个星期后，我第一次在脑子里闪现出整个事件的画面。上课时我就隐隐感到有些不对劲，赶紧叫上朋友艾伦离开了教室。我们走到发明家乔治·威斯汀豪斯的雕像附近，周围没什么人，我停下来跟他解释正在我身上发生的事。我脑子里很清楚此刻的时间和自己所在的地点，我也知道这会儿校园里非常安全，可我的身体和情绪所反映出来的完全不同，我仿佛回到了一月前那个可怕的星期日，在我的那间单身公寓里。虽然我清楚其实这会儿什么事都没有，也不需要害怕什么，但我仍然心跳加速，呼吸急促。我的情绪和身体的感知，完全脱离了我对现实的认知，这实在太可怕了。说真的，我当时真的认为自己已经发疯了。

案发当晚的画面在脑子闪回的情况，在之后的十八个月里不断反复，比我给自己一年的调整期足足晚了六个月才结束。我甚至开始对此习以为常。每次出现这种情况的时候，我更愿意找班里的男同学来帮忙。女同学们对我同样付出了爱心和善意，但她们自认为能够理解我所经历的这些，总把自己跟我联系在一起，这样反而激起我对这段经历的占有欲，小心翼翼地藏起来，我真想告诉她们：这是我的！而男人们则完全不同，他们通常对此手足无措，惴惴不安，只能小心翼翼地对待我，好像我是外星人一样，这样的反应让我更有安全感。那时候的我还想努力搞清楚自己对每件事物的看法，因此，哪怕别人发自内心地想来帮我理清思路，我还是不想被他们的种种解释束缚。

学表演的人在表达上更外露更直接。我们习惯见面时互相拥抱，在课上练习互相按摩，甚至在舞台上表演接吻，这些对我们来说都是再自然不过的事。有时候我们会在一些浪漫的剧情里四目相对，含情脉脉。这里的氛围就像一碗热汤，盛着各种情感，浓烈而热乎。我可能找不到比这里更好的地方了吧。

我的朋友，无论男女，都属于举止亲密、情感外露型，彼此间几乎没什么隔阂。这跟我们接受的教育不无关系。我们的身体和内心活动，是我们在课堂上和舞台上使用的工具，也是我们平常跟教授和同学一起讨论的话题。有时候——其实很多时候——个体因素在我们的作品或者评论中甚至是举足轻重的。但自从那次性侵发生后，学院里原本经常在公开场合讨论的这些私密话题以及习惯性的肢体亲密，变得稀少起来。

大家都知道我恪守宗教信仰要求自己保持贞洁，这好比在一片开放之地拉起一道明晃晃的警戒线，不会有谁会跨过这条线来追我做他的女朋友。因此，男人们对我落落大方而不必担心会流露出柏拉图式的感情，女人们也不必因为她们的男朋友对我照顾有加而心存芥蒂，但我却总担心因为坚持贞洁，更难走出强奸这件事的阴影。我努力让自己不再惧怕男人，把班上的那些男同学看作"好男人"的典范，他们都不介意我的过去，我又何必自卑。尤其是我能重新学习如何让自己变得有吸引力而不必担心实际会发生什么，因为我的班上没人想过要去跨越那条警戒线。

在表演课上，灯光洒在约翰手臂细细的金色汗毛上，我跟亚伦在演一段吻戏。布莱德利带我上华盛顿山俯瞰城市的全景，他搂紧我，我靠着他的胸放声大哭。回去后，我把看到的城市风景记录了下来："那些小小的灯光全都是我的。每一个灯光，就是我的一百滴泪珠。假如除了泪水我一无所有，我又何其悲伤。"

我重新回到学校后扮演的角色中包括克吕泰涅斯特拉①王后，这是一部充满血腥的希腊悲剧。我感觉终于可以把自己最近经历的这些困苦复杂的情绪注入到角色的诠释中，我有一段关于性和愤怒的独白，但导演对我的表演不是很满意，所以这段直接给删了。但克吕泰涅斯特拉被杀这一段，我们照计划演了。

剧中，俄瑞斯忒斯被要求举刀站着，而我在他的脚下苦苦哀求饶命。为了把舞台后面的希腊合唱团的音乐给压下去，这一场戏我们反复排演了好几遍。我把痛不欲生的感觉演绎得如此到位，哪怕没给任何暗示，我朋友完全可以体会到我发自内心的痛苦。但他还是一脸的正义凛然，按照导演的要求把尖刀架在了我身上，重重地压着我，然后学斗鸡眼逗我笑。为了不笑场，我们都抿紧了嘴。就这样，我们一边忍着笑，一边继续演着。这段谋杀的戏一结束，我们再也忍不住了，放声大笑起来。

扮演俄瑞斯忒斯一角的是我们班唯一一位黑人男同学。那个强奸我的也是个黑人，而我则是白人。我很清楚因为我的种族、阶级和宗教自带的那种优越感，人们才会在我被强奸后这样对待我。这么说并不是指我并非那种容易惹祸上身的罪案对象，但从全世界都为我遭遇的不公而愤愤不平这个角度来看，我的确可以称得上是一个完美的受害人了。

每个人都为我感到愤怒，这是他们给我的最好的礼物，这样我自己反倒可以不必生气。布莱德利在华盛顿山上拥抱着我的时候，在我耳边轻轻地说，他幻想着要去报复那个男人，让他饱受酷刑折磨。发生的一切深深地伤害了我，这是一个极其严重的错误，但我不是造成这一切的原因——所有这些我都不用一一去证明。只有当别人无法理解你的痛苦

---

① 克吕泰涅斯特拉是阿伽门农的妻子，在情人埃癸斯托斯的帮助下谋杀了从特洛伊战争中返回的阿伽门农，后被自己的儿子俄瑞斯忒斯杀死。——译注

的时候，你才可能会通过伤害自己的方式，证明这件事情已经糟糕到让你想死的地步，只有这样他们才会理解你的处境。幸运的是，朋友们十分理解我的痛苦，他们都气成那样了，根本就不需要我再做什么证明给他们看了。

但我那时还是很气愤。而这一点连我自己都差点忘了，直到最近拿出我当时写的诗翻看时，才在那些诗句中读到了当时情绪：我的表舅在跟我合影的时候无意间搂了我的肩膀，那时我真想抓起牛排刀去刺他；之后，我又想去掐死一只鸽子。甚至那些没有生命的东西我都不想放过。有次我的紧身裤被窗台上的一个螺帽给勾破了，我"用手指使劲把螺帽往下摁……我希望自己可以伤害它"。

有时我觉得自己有点自杀倾向，但我并没有真打算要那么做。对于自杀我也有自己的一套原则：如果等到明天你还觉得有必要自杀，到那时你再动手也不迟。我就每天这么告诫自己，到了第二天还这么说，于是一而再再而三，自杀这事也就一路给推后了。

尽管我身边全是柏拉图式的良善和爱慕，但我还是疯狂地爱上了一个人。他是我最亲密的朋友，对我应该也颇有好感，但我们之间不能有性爱，这点让他最终无法和我走到一起。我陷入单相思而无法自拔，这反而帮助我分散了被强奸的悲伤和愤怒。

在看到他跟别人开始约会之后，我写了一段关于星星的描述和感悟，无论星星有多么特别，一旦周围出现更明亮的东西，它们就会失去光彩，消失得无影无踪。虽然我为自己不够完美而感到羞愧，但就算牵强我也还是把自己想象成一个发光体："我不是你想要的那个人，可是，无论距离你的期望是否遥远，在我的世界里，我依然是一颗属于自己的恒星。我为你燃起了爱火，但愿你能感到哪怕一丝欣喜。在你眼里，我也许渺小如硬币，平凡如天空中的点点繁星，但我就是这样的一团火，炙热地爱着你。"

大学校园里遍地都是失去青涩爱情的伤痛，而我现在也像普通人一样失恋，这种感觉很美好。让我痛哭流泪的不再是那个将我压倒在地上、撕开我身体的坏男人，而是我深爱着但却不爱我的好朋友，这样的转变何尝不是一件美好的事呢。

那年夏天，我和母亲一起去欧洲旅行，这是在我被强奸前就已计划好的：我们在黑森林和阿尔卑斯山徒步，沿着威尼斯交织的河道散步，和家人朋友聚会，再到那些熟悉的地方转转。每次我们走到一个岔路口，母亲总让我来选择；每次，我都用德语回答 diesen Weg（这条路）。每天我都不断重复着这句话，这也成为那次旅行之后至今我还记得的唯一一句德语。

假期回来，我重振精神，开始大四的学习。我在另一个居民区租了一间公寓，像之前那样开始独居生活。我满脑子考虑的是要做好功课，选好角色，还要让老师满意。我享受穿着紧身胸衣和窸窣作响的长裙，在 9 小时舞台版经典剧《尼古拉斯·尼克尔贝》以及另一部喜剧《伪君子》中演好我的角色。让我劳心费神的，除了强奸带给我的创伤（都过去这么多年了，这种创伤现在虽有所减轻，但仍会时不时以不同的方式困扰着我），还有一些大学生们普遍都有的烦恼，表演系学生都有的虚荣心和不安全感。我们时常会审视自己。对着舞蹈房里的镜面墙打量自己很方便，但这么做太惹人注意。我写道："看着玻璃窗上的自己会更好些。当屋里的灯光对着夜色下的窗玻璃投射出我透明的剪影时，我可以假装很无聊地看着外面的网球场，而不是站在那里仔细地审视着自己。"

除了被强奸这件事，我跟其他人一样，因为担心自己的演技、长相以及是否讨人喜欢这些方面做得不够好而焦虑。

演员基本都有一种思维模式，就是站在旁观者的角度看自己，常常思考别人是怎么看我们的。为了尽量平衡，不让自己在这方面想得太多，除了演出和特别的活动，我不会拍任何生活照。所以，我大学时候的大部分照片都是穿着戏服正在演出或在后台，或者在剧组举行的聚会上的，而且大部分的照片里我都面带微笑，甚至包括那些我被强奸后拍的照片也都如此。

人们总倾向于把内心的悲情视为"真实"，而把表现出来的欢乐视为"虚假"，在我看来，这并不正确。所有这些，其实都应该是真实的。我心碎，悲伤，愤怒，软弱，害怕，但我同样也有爱，有野心，很努力，而且很自豪，况且穿上戏服、戴上假发真的让我感觉挺有意思的。这就好像英国的那种冷、热水分开的水龙头。普通的冷热水龙头通过增加冷水让热水不那么热，反过来增加热水让冷水不那么冷。但我在英国用的水龙头则不一样，冷水和热水完全分开，而我的身体里也这样分成两个不同的部分。快乐并没有带走悲伤；而不好的情绪也没能阻挡住好心情。每一种情绪都强烈而独立，平行地流露出来，互不影响。

一九九二年十一月，在我被强奸后不到一年，另一个女人跟我一样也在谢迪赛德遭到性侵。

她看到一个拿着文件夹板的男人敲门，便开了门，然后就出事了。我在匹兹堡上大学的时候，有一年圣诞节，我打过一份为环保筹款的临时工，也是拿着文件夹板到各家敲门。人们通常都会开门，有些人甚至还邀请我进屋。要是我已经完成当天晚上筹款的指标的话，我就不用继续在冰天雪地里奔走了，可以在某个好客的人家坐下喝上一杯热巧克力，等着车子来接我。那时候，要是看到拿着文件夹的人敲门的话，人们一般都会开门。

这个新的受害者也是看到门外拿着文件夹的男人就给开了门，但她没有捐款，等她想要关上门时，他却用脚把门卡住，然后推门进了她的屋子，一把掐住她的脖子，几乎把她整个人都给提了起来。

那个男人在她身体里留下的DNA证据，最终让他在二十一年之后，也就是二〇一三年，被缉拿归案，这也让我的案子出现突破的转机。

2

我以前习惯在通讯录的最后几页记下我联系过的所有办案警探的名字。很多年以后，当我把所有的通讯录转成电子文档的时候，我刻意决定不去备份这些警探的名字，随后把通讯录给扔了。记下这些有什么用呢？按照警察局人员流动的规律，这些警探中已经没有人继续留在性侵案办案组了。

有好几年，我一直在关注匹兹堡发生的性侵案。但所有关于这些案件的新闻报道都比不上二〇〇七年被捕的东区强奸犯受到的舆论关注。基思·伍德最终因为在二〇〇〇年和二〇〇一年强奸四名妇女而被判刑。当我搜索到他的名字时，甚至还闪过一个念头：他会不会就是那个侵犯我的男人。显然，我并不是唯一一个这么问的人。

二〇一一年，有一位在一九八八年被强奸的受害人联系警察局，询问伍德是否有可能是侵害她的人。很幸运，接待她的阿普瑞尔-诺埃尔·坎贝尔警探调出了她那个案子的所有记录，然后把这起强奸案的物证套件送去分析。这些都是在强奸案发生后收集起来的，包括强奸犯留下的物证和被害人比对的相关证据。DNA 检测结果显示，跟她的强奸物证套件匹配的不是伍德，而是在加利福尼亚州的另一个男人，这个男人因此被逮捕并认罪，到现在还在监狱服刑。

抱着一丝侥幸，我也给匹兹堡警察局打了电话，接待我的是丹·霍南警探。于是我这个案子的物证套件也被调出来等待化验，但最终根本没被送到实验室。

在还没建立起罪犯 DNA 数据库之前，警察局实验室有个规定，做 DNA 检测必须要有嫌疑人，否则他们没有办法进行比对检测。现在 DNA 分析早已是检查的常规项目，但对一些多年的积案，由于时间有限或人力不足，无法进行一一检测。每个送检的积案必须经过仔细甄选。霍南认为东区强奸犯跟我被强奸的情况并不匹配，因此没把我这个案子列在重点刑侦案件里。

性侵案办案组还有一条规定，就是尽量不去打扰被害人。我可以理解那些想要忘掉过去重新开始生活的人肯定不喜欢警察经常询问她们的经历，一再揭开那道伤疤。但我跟她们完全相反，警察不找我反而会让我有一种被遗弃的感觉。我每隔几年就会打电话到警察局，每次都会有一个新的警探接待我，都是我之前没听说过的名字。他们从没听说过我，也不知道二十世纪九十年代初发生在谢迪赛德的那几宗强奸案。于是，我必须亲自跟他们解释一番，有一点我必须要说明，这些警探个个都小心谨慎地接待我，仿佛我周围有个肥皂泡泡，他们必须小心不去戳破以免吓到我。匹兹堡警察局每个接待过我的工作人员对我都很尊重、很友善。尽管如此，我的案件依然没有任何进展。他们手头的案子都比我这起陈年旧案更紧迫。我都已经搬到英国在丈夫的家乡居住了，而且我那个案子也是很久以前发生的事了。

二〇一三年四月，那个给拿着文件夹板的男人开门的受害人的一个朋友也打了电话给匹兹堡警察局，询问她这起案件的进展。这次她跟之前的那个受害人一样幸运，接待她的也是坎贝尔警探，也把她那个案子的证据送去检测了，结果和二〇〇二年纽约毒品案的罪犯阿瑟·弗莱尔的 DNA 样本相吻合。九月十二日早上六点，他在布鲁克林的家中被捕。

因为那起强奸案跟我的案件发生在同一年，而且距离我住的公寓仅几个街区。这一次，警方终于把我的物证拿去送检。

尽管我把之前联系过的所有警探的名字都给扔掉了，但有一个人的名字我不用写下来也能记得：瓦伦塔警探，案发那晚是他在医院里给我做的笔录。

二〇一三年，我通过领英找到了他。他的名字叫威廉，是匹兹堡商业学院的院长助理，从警察局退休前他是警长。我写邮件给他，告诉他那个被捕的强奸犯以及他跟我这起案件之间可能存在的联系。

他的反应很友好，不仅回了我的邮件，还亲自到警察局总部调阅了我的卷宗，并代表我跟重案组的警督沟通了情况，然后再写邮件给我。我们相互介绍了各自家里的情况，交换了照片。他最小的孩子跟我家大儿子年纪相仿。

我们几乎每天都通邮件。他跟我解释有些官僚的司法程序，并根据我回忆的第一次案件调查的情况，把名字和背景故事跟我描述的人名一一对应起来。

一九九二年的那晚，他在警察局的呼叫电台里听到了我的报案。当警察接到我的九一一报警电话后赶到我的公寓进行取证并护送我去医院时，他和另一位警探已经开车在附近街区寻找嫌犯了。

我的遭遇让医院的护士们感觉挺难过的，但她们还是强打精神仔细地照顾我。当瓦伦塔警探出现时，她们个个露出羞涩的神情在一边咯咯地笑着，因为他长得实在太像电影里的那些年轻警探的样子。我记得当时我看到护士们的反应挺吃惊的，觉得她们实在太可爱了。

瓦伦塔一上来就先跟我打招呼，解释说他会仔细询问每个问题是因为强奸犯的每个举动都有可能成为一项指控。他提到的每一种性行为我都必须正面回答是否发生过。二十多年后，我跟他说起当年做笔录的事情，问他当时是否提前准备好了问题清单，还是临时起意拟了这么一堆冗长的问题。他回答说，那时他已经负责性侵案件五年了，做了不下一百次笔录，所以这些问题早已烂熟于心。

虽然对陈年积案很有一手的阿普瑞尔-诺埃尔·坎贝尔警探没接手我的案子，但这次我感觉我这个倒霉蛋终于找到了真正的盟友。

我阅读了大量关于匹兹堡东区强奸案审判的资料，了解了一下整个庭审过程是怎么回事，好让自己对类似的案件审理抱有正确的预期。我找到的一篇报道对此有颇为详尽的描述，其中有一段是受害人呈给审判庭的"受害说明"，描述了持续的身体伤害、职业影响、反复的自杀倾向、对性爱的恐惧、创伤后应激障碍以及长期的忧郁症困扰。

读到这样的文章让我感觉有些害怕，这些症状我都没有，我算哪门子的受害人？能够从阴影中走出来，原本应该是一场胜利，但我怎么反而觉得让自己失望了。这种以我的恢复情况来衡量强奸犯的恶劣程度的标准，在我看来有失公平。就好像我恢复得越好，越能重新振作起来，他就越是可以得到宽恕，他对我所做的一切也越是可以被忽略。

我希望自己能站在法庭上，哪怕这意味着我得面对辩护律师对我当晚的穿着提出质疑，我也要当堂陈述他在我公寓里所做的一切，而不是宣读所谓的"受害说明"。因为在我看来，后者更像是要求我讲述从事发之后到现在我都做了些什么，我不该是那个被审问的人。

老实说，我根本就不清楚强奸案到底如何改变了自己。我怎么会知道如果没有强奸案发生，自己会变成什么样？我会不会因此在走夜路或者独自睡觉时变得小心警觉，还是我本就应该如此？我记得自己对犯罪题材兴趣浓厚，还把我父母家那边的图书馆里所有关于连环杀手的书都看了一边，但我是在强奸发生之前的高中时代就已经这样了，还是之后在读研时搬回父母家住的那段日子才变成这样的，我已经记不清楚了。

我的一个朋友认为我因为被强奸而最终放弃了表演。我不知道这样的想法是否正确。其实在这发生之前我就已经对表演开始生厌。当时我并不清楚该如何提高自己的演技，要做到那样也不容易，而且每次表演一结束各种评论接踵而至，都是针对我个人的点评，我至今还记得当初被这些搞得有多疲惫不堪。当然，表演也会让人感到兴奋，有深度、有意义，也挺好玩挺有趣。但是，我不喜欢把在众人面前展示自己作为工作的一部分，这种想法可能是因为被强奸的经历，但也有可能我本来就一直有这样的想法。

还有一些朋友认为我完全没有被这件事情击倒已经是一个奇迹了。他们听说我的遭遇后都感到很吃惊，因为在他们看来，但凡有这样经历的人都不会像我这样乐观、外向。他们根本不知道，其实还有很多他们认识的人也有过类似的遭遇，只不过，他们要么只字不提，要么还是像这事发生前那样生活下去。我很高兴越来越多的人意识到强奸其实是严重的犯罪行为，不仅仅是一个"错误""误解"或是"一场不愉快的约会"。但是，这种普遍的理解有时候也容易走向另一个极端，认为受害者不仅受到了肉体上的伤害，还因此遭受了精神上的永久创伤。

为什么强奸不可以让我变得更富有同情心、更诚实、更能接受不同的情感呢？它让我变成了一个更好的作家，这是我现在从事的工作。我该因此感谢他吗？我要感谢的是我自己，还有我的朋友们。他应该因为他的罪行受到审判，而不是以我应对此事所带给我的影响作为对他评判的尺度，这才是我想要看到的。

我不想说是他毁了我的生活。我不认为我的生活已经毁了。

我的丈夫盖文一直都很小心地不把自己的任何想法牵扯到这件事上来，在这件事上完全以我为主。他想知道我是怎么想的，也想知道自己能为我做些什么。但他从来不透露他的想法和感受，甚至对他自己都不会，他认为那样做既不合适，也过于任性。他晚上睡不着觉，他说是因为紧张。当我问他为什么紧张，他却说"没为什么"。

我们有两个儿子，大的十二岁，小的八岁。虽然我从未跟他们提过这件事情，但他们或许多少知道哪里有些不对劲。我不是很有耐心，如果被人打搅会变得焦躁不安；我容易分神，过于敏感，还经常有恐慌感。大儿子站在我背后看我写邮件时提到"警探"，还有我电脑上打开的关于"移送"和"DNA"的检索，他以为我在为下一部小说做调查，我没跟他解释，就随他这么想也未尝不可。

有时候借用一些婉转的说辞会更好些。

我尽量避免说"强奸"这两个字，因为这涉及太多个人的隐私，让人听了会感觉不舒服。更何况我住在英国，确切地说，是剑桥，这里每个人都太他妈的彬彬有礼、循规蹈矩且心思缜密了。

当我告诉盖文关于案件的最新消息时，会轻描淡写地用"匹兹堡的那些事"来指代这个话题。我这么说倒不是为了他，而是为我自己。

碰上有朋友刚巧在旁边，趁孩子们没在身边转悠的时候，我会以"目击证人"的口吻跟他们讲起我这个案子里头关于逮捕罪犯和提起诉讼的事。当我说这起积案要重新开庭审理了，希望自己可以出庭作证时，朋友们深信我目睹了案发的一些情况，事实上我也确实看到了。我目睹了他对我做的事，这个我并没有说谎，只不过我用一种委婉的方式道出了真相而已。然后他们会小心翼翼地问我这事是不是发生在我某个朋友身上。我这才指着我最后一根肋骨下面，说道："不，这是发生在我身上的事。不是别人，是我。"

跟刚发生时相比，现在再开口说这事显得要困难些。当时情况紧急，需要了解一切信息帮助破案。如果说不下去了，我还可以解释说："我接下来会休学几个星期。"或者找个借口说："我现在脑子里一团乱麻。"现在的情况就完全不同了，没有这些借口和托词，所有的信息啪的一下全倒了出来。我现在的朋友对我很好，就跟当年的朋友们一样。但两者的区别在于现在的朋友不需要为我做什么，我也没什么需要他们帮忙的。我不需要借住在他们那里，不需要回自己那间公寓取东西，也不需要在脑海里突然回想起这事的时候有人陪着我。我不图别的，我只是想让他们知道这事，因为我需要能跟人说说现在正在发生的跟这案子有关的事情，在这之前，我必须先得让他们对案件本身有所了解。

当年案发后，我看过几次心理医生。最后她觉得我处理得挺好，不用继续找她也可以顺利从这件事的阴影中走出来。我完全同意她的结论。我心里没什么好内疚的，更何况还有那么多朋友的支持，跟爱我的人沟通这些事情肯定比跟陌生人聊更让我满足和治愈，而且还不花我什么钱。我之前决定给自己一年的时间恢复，快满一年的时候，我又去了一次学校的心理咨询中心，随机预约了一位心理咨询师，但那次沟通糟糕透了。我开门见山地告诉他，我被强奸了，朋友们一直给予我极大的帮助，但我想独立，不再过度依赖朋友。听完我说的这些，这位心理咨询师把身子往后靠了靠，自以为看穿了我心思似的颇为得意地说："其实我俩都明白你并不是为强奸这件事来这里的。要不我们好好谈谈，看看你到这儿来的真正原因是什么。"听他这么一说，我直接夺门而出。

我在这个星期晚些时候约了约翰·休斯牧师做一次心理辅导咨询，我视他为自己的朋友。他的官方身份让我可以堂而皇之地预约我们的会谈，就算在他面前喋喋不休地唠叨自己的那些事，也不会让我显得有什么自私或不妥；而作为我的朋友，约翰知道无论我看起来有多糟糕甚至崩溃，这也仅仅是我的某一面而已，他发自内心地关心我。他很在意我。

我也没想好自己想要跟他说些什么。如果只是一味地描述发生的事情，而不说一下自己的目标、面临的尴尬处境或自己要做的决定，这样的谈话似乎显得过于随性。我尝试了几种不同的开场白，但还是找不到感觉。我从那天晚上讲起吗？还是先给一些当时的背景？要不直接切换到现在，说一说我希望自己的名字被加到起诉那个男人的受害者名单里，我因为期待这样的结果而焦躁不安吗？这才是我最想得到的，我要看到这一切彻底结束。朋友们希望我不要再为此奔波，不要重新回到那个场景，也不要出庭作证，但所有这些恰恰都是我想要的。

最后，我把事情从头到尾全都跟约翰说了，从表演学校是怎样的开始说，这样他可以了解那些出事后帮助我的是怎样的一些人。没有那些做背景，那次性侵就是一连串污秽不堪的行为；有了这些的衬托，就是一个完整的故事。他沏好了茶，仔细地听着，然后给我推荐了一位他认识的很好的女心理咨询师，但我不想跟陌生人讲这些。我告诉他自己还是想跟他讲这事的时候，他显得有些吃惊，或者有一点受宠若惊。他的时间表已经被教会服务活动和学生占满了，现在他又腾出专门的时间给我。

坎贝尔警探专门从匹兹堡赶去纽约，亲自询问阿瑟·弗莱尔是否悔恨自己所犯的罪，是否希望不要庭审。她说他要是想这样，就必须告诉她：他对谢迪赛德的两位受害人说了什么？

"她们的腿，我喜欢她们的腿。我跟她们说过她们的腿长得很好看。"他承认了，这跟坎贝尔警探要找的线索完全吻合。

据说我的案件卷宗里也记了这一句，这我相信，但要不是别人告诉我，我都已经记不起来了。肯定是我在做笔录的时候告诉了警探，但事后慢慢地跟其他一些小事一样被我淡忘了。我没觉得这话有什么重要的，我听了也没感到吃惊或伤心，也就是他随口说说而已。没想到，现在却成了我这起案件的突破口之一。

我想知道为什么他一直都记得这事。感觉他并不是在回忆自己喜欢我们的腿，而是回忆他告诉过我们他喜欢我们的腿这个细节。也许他就喜欢说那样的话，也许他跟他女朋友也那么说过。

是的，他有女朋友。坎贝尔警探告诉过我。我原本以为自己会为他的女朋友感到难过。但我没有。我满脑子想的是她怎么可以让他碰她呢？这让我感到恶心、恐惧和厌恶。简直让我无法想象。

她长得像我吗？这个问题在我脑子里一闪而过。

坎贝尔警探告诉我，弗莱尔并没有跟他女朋友说过自己是无辜的，但他保证一切都已经过了诉讼时效。

诉讼时效最早出现在古希腊时期，用来限制指控被滥用的可能。在美国，对于重罪的起诉时效相对较短；以强奸案的起诉时效为例，罗得岛最短，仅为三年。而宾夕法尼亚州在一九九二年时仅为五年，现在已经延长至十二年。

证据的有效性是诉讼时效出现的原因之一。随着时间的流逝，目击证人的记忆逐渐模糊，实质性证明（比如显示当时不在现场的证明）可能已经被丢弃。有时候被起诉人由于客观原因丧失了为自己辩护的能力，这个时候提起诉讼也会有失公平。当然，随着科技的进步，DNA鉴定等新的证据形式也更经得起时间的考验。

还有一种观点认为，有些人在很久之前犯过一次罪，但之后没有再犯，这些人往往被认为已经改过自新，是一个对社会更有积极意义的公民，而不是囚徒。这种观点也是诉讼时效出现的另一个原因。我并不喜欢这个理由，在我看来，更重要的是确认罪行的轻重，而确认的形式就是量刑。

起诉时效主要用来防止出现指控延期，但在陌生人作案的强奸案里，起诉延期所指的并非指控，而是指确定嫌疑人。这个区别非常关键，有些州利用这个概念绕过他们现行的诉讼时效的限制。有两种比较普遍的操作办法：不具名逮捕令（例如，指控可以是"无名氏，男性，DNA样本具有以下基因定位……"），以及用新的DNA例外条款来修正旧的法规。

宾夕法尼亚州在二〇〇四年采用了第二种方式，增加了一条新的法律条款，允许在找到新的嫌疑人之后，对已经过了起诉时效的案件用新的 DNA 比对重新审理。正是这一条给我的案件带来重启审理的契机。如果 DNA 没有比对成功，哪怕嫌疑人认罪，法律上也不会进行起诉。

被强奸后我立刻去了医院，这是我生平第一次做妇科检查，还要在检查项目里加上一个强奸物证套件。为了有一天可以向法庭递呈相关的犯罪证据，护士们在我的身上梳理着、擦拭着，还取走了一些样本，整个过程是令人耻辱和痛苦的。但现在，当初采集的证据似乎已经不够用了。物证套件里的血液样本是一九九二年提取的，不知道是因为变质了还是之前早就用完了，总之，现在留存的样本已经达不到可以检测的量了。

当然，之前采集的血液样本没拿来做过 DNA 检测，当时只测了血型、标记酶以及强奸犯的分泌物状态等这些比 DNA 鉴定更宽泛的特征。以当时的技术水平而言，这些测试已经做得相当完备了。不过，假如当初我的物证套件没被动过，而是等到现在再拿去做 DNA 分析的话，效果反而会更好。

匹兹堡那里专门给我在英国当地的警察局寄了一个物证收集包，里面装了"口腔试纸"，可以从我口腔的两侧壁提取样本。提取血液对样本的温度控制有一定的要求，用试纸就不一样，只需要把透明的硅胶包寄回大西洋对岸就行了。一旦收到我寄过去的新鲜样本，匹兹堡那边就会争取从一九九二年在我身体里和剪下的内衣碎片上提取的那个男人的 DNA 样本中，析出我的 DNA。

剑桥这边负责帮我提取样本的女警官为人直爽，也很健谈。她事先告诉我这周她只上夜班，所以晚上十点三十分，我结束了自己一部小说的读书俱乐部活动后，直接赶到警察局，对着外墙上的那部黄色电话机告诉里面的人我要找她。我手上还捧着一大束鲜花，橘色玫瑰花夹杂着小草莓似的花蕾，沉沉的手提电脑包别扭地挎在肩上。为了今晚的活动，家里还请了临时保姆帮忙照看孩子，我得抓紧时间赶回去。我一边惦记着家里的事，一边站在那儿等回音，刚巧瞥见有个男人在街角闲逛，心里不免又紧张了起来。

白天我特地去警察局跑了一趟，认了一下门，以免晚上找不着北。前台的那个男的待人亲切友善，但当我问他晚上十点后从哪个门进来时，他很明确地告诉我那时肯定已经关门了。我继续问他，说我要见的警官上夜班，最后还补了一句"我要做 DNA 测试"。这句话一说出口，就好比两个人对暗号，对方马上心领神会——"这是一起性侵案"。马上，他的语气轻柔了，还告诉我晚上过来后怎么使用那部黄色的电话机。

这会儿在黄色电话另一头的那个男人也是如此。听我说要找朱迪斯·希利警官，他马上打起电话，可是没人接，他又试了另一个电话号码，还是没有人接。估摸着他打算就此结束了，我赶紧告诉他我是来做 DNA 测试的，他立刻派人去找。我今晚肯定会见着她了。

希利警官接我进了大楼，我们一起走到一个小房间。我没看到警察局里有什么人，走廊里也一个都没有。我们像拆圣诞节礼物那样打开匹兹堡寄过来的 UPS 快递包裹，里面装了两套采样试纸（以防中间出现差错）、使用说明和已付邮资的回寄标签，还有一块像奖品一样写着"匹兹堡警察局"的布片。

希利警官说试纸跟他们在英国用的那种不一样，我也注意到这两套试纸看着更像验孕棒，我在电视上好像没见过这种类型的。我们俩凑在一起，大声朗读使用说明上的文字，确保我俩都理解了。然后，我拿起试纸放进我的口腔内壁，我只能从里往外而不是来回地擦，我应该没做错。希利警官把试纸装进封套，并标上日期"十月四日"，她特意没用数字写，因为英国这边用数字简写日期是日在前、月在后，而美国相反，她担心用简写的话有可能被误解为四月十日而不是十月四日。

这天是周末，所以包裹要等到星期一才会从英国寄出。

我现在唯一能做的只有耐心等待了。

我觉得一切都过得太慢了。采样试纸已经送达匹兹堡，据说化验室的负责人收到包裹的时候非常"兴奋"，并把它列入了"重点工作"之中，但我还得等上几个星期才会拿到测试结果。我都等得有些不耐烦了，也没办法集中注意力。弗莱尔在纽约被捕，但对他的审讯必须在匹兹堡进行，昨天按计划举行了听证会，以决定是否授权将他移送到匹兹堡。只要他一到匹兹堡，他们就可以当着他的面宣读对他的诉讼，但这里头还不包括我对他的指控。我还不能被算上。

虽然案子没什么进展，我还是继续找约翰牧师有一搭没一搭地聊着，我自己也感觉这样有些不太好意思，但他安慰我说这没关系。约翰在剑桥大学工作，虽然我的两个儿子都加入了大学男子唱诗班的童声部，但我本人和学校并没有什么直接关系，因此也有点担心自己占用他太多时间，会不会太麻烦他了。但他每次都微笑着拿出他的记事本，让我提议下一次约谈的时间。我第一次是自己找到他那里寻求帮助的，但之后他再也没让我主动开口问他。

剑桥大学对唱诗班成员的家庭也非常友善，我感觉整座美丽的校园都在向我张开双臂：庭院，亮着烛光的礼拜堂，书架上摆满演出剧目单的排练厅，绿色的大草坪上男孩们捡起栗子打仗（栗子在这里叫conkers）、踢足球。等男孩们开始排练了，美妙的音乐在空气中回响，动人至极。在这样的乐声中，我感到快乐，有时也会为之动容。

我和约翰聊了很多。记忆就像泡泡一样时不时地冒出来。但出现在我脑海里的并不是我被强奸的事，而是发生在这之后的一些画面，像水中激起的层层涟漪，不断涌现：

我到医院后，医生给了我两粒药片：一粒马上服下，第二粒十二小时后再服。她没告诉我这药是用来做什么的，但她一再强调，要我一定而且必须服下。吃下药片后不久，我肚子开始疼得厉害，还恶心得要吐。我这才反应过来，这些是紧急避孕药。到医院来看望我的朋友已经在候诊区为我做了祷告，我脖子上戴着金十字架吊坠的项链。我猜医生没告诉我是什么药片有可能是因为担心我会拒绝服药。我当时真有可能会那么做。但现在，我很感激当时医生的做法。

我租的那间公寓事后我只回去过一次，就是打包搬走我的东西。用来验指纹的撒在墙上和门上的黑色粉末依然在那儿，负责勘察现场的警察们肯定用我的洗脸池洗过手了，上面沾满了黑乎乎的东西，我那块漂亮的香皂已经干了，看起来脏兮兮的。

有人跟我提起宽恕这个问题（我很感激约翰牧师从来没提过这事）。关于这个问题，人们期待我回答说可以，但我并不清楚这么问有何用意。

马太福音第十八章里所说的宽恕是指把欠的债免去，这样欠债人就不用再偿还了。但是当我问那些一心想说服我宽恕的人，他们是不是认为阿瑟·弗莱尔不该被关进监狱时，他们一下子怔住了。他们一再坚称必须把他关进监狱。那我就不明白了，人们是怎么才能做到一边想着宽恕别人，一边却想着要把人抓进监狱的。所谓的宽恕不应该是让人不再受罚吗？

我觉得他们认为的宽恕应该是指一种心理定位，是内心的感受。为我着想的话，他们希望我彻底不要再去想那个男人了。而站在他们自己的角度，他们希望我能顺从圣经的教义。

我心里盼着的是他被判处足够长的刑期，最后老死在监狱里，我这样的念头和宽恕背道而驰。我也有些可怜他，因为我知道他过得并不比我好。我无法想象有谁能承受愧疚的折磨，当然，是我觉得他应该感到的那种愧疚。我会怜悯他，为他可能会承受这样的愧疚，或者为他坏到没有负罪感甚至几乎丧失任何情感。也许怜悯已经接近宽恕了吧。虽然有些高高在上的感觉，但怜悯毕竟也体现了一种仁慈。

坎贝尔警官告诉我阿瑟·弗莱尔承认自己因为强奸了两名女性，在过去二十年里终日生活在担心自己被捕的惶恐不安中，他希望从我们——被他侵犯的两个人——这里得到宽恕。我不知道他说这话是什么意思。对他来说，也许最好的结果是我们告诉他我们没事，没受到伤害，我们不介意。这怎么可能呢。

我们最多可能会说当时糟糕透顶，不过现在没事了。我差不多可以跟他这么说。我现在挺快乐的。他对我造成的伤害，最终也都痊愈了。如果这么说可以让他在监狱里度过的余生里稍感安心的话，我完全不介意这样告诉他。

我并不介意他在监狱里能找到内心的安宁，这也许算是一种宽恕，或者至少是看开了吧。

举行移送听证会的这天很安静，没有什么消息。我向坎贝尔警官问起，她赶紧帮我打听情况，说不知怎么的在案卷上标注了一个新的日期，一个月后在纽约开庭。

我们之后了解到，原来阿瑟·弗莱尔不想被移送，也就是说他否认自己的身份，这也是移送听证会唯一需要证明的一点。为了达到这个目的，他拒绝承认自己就是阿瑟·弗莱尔，那个DNA检测结果匹配的男人，如此荒谬的辩解最终肯定会被推翻，但这个过程需要耗费一些时间。坎贝尔警探之前从未遇到过这样的情况。他这么拖延一下反而对我有所帮助，我这个案子的证据也有机会可以递呈上去。而会不会没赶上跟另一个受害人的案子一起受理，我对此一直担心到不行。好在整个审理节奏跟化验室一样进展缓慢，只要法庭和司法鉴定（forensics）两边的进展保持同步，就算等久一些也不是什么坏事。

事情变得复杂对我还有别的好处。我感觉有一台几十个人组成的巨型机器在为我的愤愤不平忙个不停。我倒不是说他们感到愤怒了，但他们所做的一切都是出于愤怒的主张。匹兹堡的警察们通过收集之前他被逮捕时取证的照片和指纹来证明他阿瑟·弗莱尔的身份。地区检察官正在起草州长令，强制他面对审判。不需要我再去要求什么了。

被这样一台机器围着还真挺好的。我什么都不用帮忙，机器的零部件都在有条不紊地运转着。刑事案件中居然没有原告，这样的情况在我看来也非比寻常。我不用亲自起诉阿瑟·弗莱尔；如果我这边的证据确凿，匹兹堡方面会直接以我的名义，以伤害我和另一位受害人以及危害社会的罪名对他提出诉讼。

有人觉得我能保持心态平和是因为我人好。其实这跟我人好不好并无关系，主要是因为有人在替我处理这些乱七八糟的事情，这些总要有人去做才行。如果有必要，我也可以表现得愤懑不平、大呼小叫、不断要求、步步紧逼、强硬有力，但这些都不需要。这台机器已经轰隆隆地碾过这些继续往前走了。

我告诉约翰阿瑟·弗莱尔希望从我这里得到什么。听我说这话的时候，他不由自主地往后退了一下，他的这个反应让我心头一暖。他说弗莱尔没有权利请求我宽恕他。弗莱尔可以向上帝请求，但不是我。弗莱尔不可以问我要任何东西。

当他站在教堂里的时候看上去如此庄重威严，而坐在大学办公室里时，他却显得那么亲切友善，这就是约翰，是这台机器中尽其所能努力工作的一分子。

在那么多人当中，我独独选中约翰聊我的事情，有些人对此感到奇怪。约翰本人也有这样的感觉吧。人们觉得我跟男人聊这事应该会觉得尴尬，但我并不介意跟男人聊。我介意的是那个侵犯我的男人。

人们感觉奇怪的另一个原因，可能是因为约翰的年纪。他很年轻，才三十出头，虽然不像二十多岁的小伙子那般年轻，但也比我小了差不多有十岁。

刚跨入四十岁的时候，我确实有些措手不及，我一下子比周围不少权威人士都要年长，包括我的经纪人和编辑、孩子们的老师和教练，还有医生和牧师。一开始我还真觉得有些别扭。好在一年之后我开始逐渐适应，感觉所有三十多岁的成年人都是一个圈子里的人。

剑桥的大学生，甚至是唱诗班里颇具权威的管风琴助理们，在我看来都年轻得不可思议。回想起一九九二年，那时候我看同班的男生们个个都是"男人"，这多少因为我们同龄，而且都自我感觉是成年人了。但现在看这些比我年轻不少的剑桥学生，他们的哥哥都还是孩子啊。我当年也是他们这个年纪，也那么年轻过。有时候我会想：被强奸的时候我也不过是你们这个年纪啊。或者最多也就大了一点点，因为我中间休学了一年，当时还没出现"间隔年"这么个流行的说法。

我突然意识到，其实剑桥的大部分学生在我被强奸的那一年还没出生呢。再过三个月就是我被强奸的事发生二十二年。当年我也才二十二岁，而我的年纪很快就要翻一番了。

我一直认为我的证据最后检查出来应该没有问题。只是还没到可以正式庆祝 DNA 匹配的时候，我难免会有些失去耐心，倒不是我担心检测的结果会怎样，就是这么干等着让我开始有些焦虑。

化验室收到我寄去的样品已经有十二天了，我突然变得不那么淡定了。他们说过也许无法使用我以前采集的证据，这不是什么也许的问题，而是几乎可以确定的事。我认为只是警察没打算告诉我实情而已。这台机器将抛下我，继续前行。从法律上来看，我将从这个案件中剥离出来，也将被摘掉这个案件"真正"受害人的帽子。我呼吸变得急促起来，会忍不住落泪，压抑着的恐惧不断向我袭来，我已经好多年没这样了。这些征兆感觉很莫名，老派又无法自拔。谁会被有可能发生的事情吓成这样呢？

我从满脑子的好消息直接切换到了坏消息。就算如此，我依然心存幻想，还抱有一丝希望，无论好坏，有消息总好过什么都没有吧。一旦有了消息，我就可以对此采取行动，跟朋友分享事情的进展。如果证据最终不被采信，至少人们会来安慰我，不像现在，我只能独自一人等待检测的最终结果。

约翰在剑桥的办公室就像屋顶的雨水沟，我可以在他那里释放自己的情绪，把对我的伤害降到最低。他的办公室空间比较大，但气氛很温馨。房间里摆满了有些磨旧了的家具和书，茶具，还有一座摆钟。每次我都会看着摆钟的指针，确保我有足够的时间在结束和约翰的谈话后重新整理好自己的情绪，然后去合唱团接儿子们回家。他允许我脱掉鞋子盘腿窝在沙发里。他没有纸巾，只能拿卷筒纸给我擦眼泪。我告诉他这没关系，我们家也这样，也时常忘了买纸巾。这是我第一次当着他的面哭，我之前告诉他我被强奸的时候都没哭过。我也不清楚自己到底是怎么了；也不知道为什么过了五个星期后我才开始出现这样的反应。我沿着卷筒纸上的虚线，一段一段地扯着卷筒纸，然后再折起来，擦拭着脸颊上流下的眼泪。

还有一天，唱诗班排练结束后，我原本计划和儿子们一起步行去一个朋友的新书发布会。我以为自己稳定好了情绪，不想还是被一句话搞得心神不宁。我极力掩饰着不让人察觉出来：我最后一个到唱诗班接孩子；天色黑了；我默默地哭着。我坐在台阶上，告诉孩子们去草坪上玩十分钟再回来；我告诉自己必须让心情平复下来，然后我们再去参加那个发布会。

我那个十二岁的大儿子S却折回排练厅，我以为他是要找水喝。但他却找到管风琴助理本，问他是否可以借用一下手机，然后他给盖文打了电话。当着本的面，S对着电话说："爸爸吗？你可不可以过来接我们一下？妈妈正哭着呢。"

不管是他打电话给盖文，还是我们去不了新书发布会，这些我都无所谓。但我介意他当着本的面说我在哭。我那么努力想要掩饰这些，结果还是被他一下子给戳穿了。

他都这么跟人说了，我就不得不给人解释。我之前已经跟大学里的几个人提过我的事，包括唱诗班的秘书和约翰。约翰不止一次地问我："请允许我告诉马克吧。"他指的是唱诗班的音乐总监。"要不让我跟管风琴助理说一下也行。"我估计他这么建议是考虑到万一我没能完全控制住，我一脸的忧伤会让别人感到莫名其妙。但之前无论他再怎么建议，我一直坚持说不。

但那次被大儿子戳穿之后，我最后决定接受他的建议，但我强调他跟人说的时候，一定要表述得很清楚。假如他跟人含糊其辞地说我"正在经历一些不愉快的私事"的话，人们可能会误以为我在跟盖文闹离婚。但如果他说我要上法庭，人们可能会认为我被人起诉了。我得给他一些方向："如果要告诉他们，就必须说清楚这是强奸。必须要用那个词。你得解释这事发生在二十多年前，直到现在警察才把那个侵犯我的人逮捕了。"

跟大人说的时候我恨不得像喂饭一样一口一口地喂，但跟孩子们说我就会避重就轻。因为我写侦探小说的缘故，我们在家经常会聊起各种犯罪案件，孩子们也早就习惯了这些儿童不宜的话题。有一次我们全家结束愉快的郊游回来，孩子们居然建议我把小说里写的尸体抛到沼泽地里。只要我从警察局或者法庭的角度对问题进行说明，他们完全可以接受。同样是主角，受到伤害的那个和解决问题的那个，这两者之间存在着巨大的差异。我两者都是，过去的我是一个受害者，现在的我正努力把嫌疑人抓捕归案，所以我唯一要做的是在孩子面前说起这事的时候注意表述的方式。

不久之后，我找到一个机会跟他们多讲一些，当然说的时候还是万分小心。

通常我带着两个孩子一起坐公车，但这一次我八岁的小儿子 W 和他爸爸一起去上武术课，所以我很难得地可以单独陪 S 搭乘公车。我们一起在车站等车，搬来英国都八年了，但每次看到红色的双层巴士我还是会感到特别高兴。

S 将公车站台上上下下扫视了一遍，贴在这里的每件东西都逃不过他的眼睛。这里有张报纸上有一篇题为"强行入室"的本地新闻。我很快地扫了一下内容，是一起入室抢劫案，不涉及谋杀或伤害，虽然有些吓人，但不算太恐怖。我立刻逮住这个机会说道："嘿，你知道吗，我曾经也遭遇过这样的事情？"

我说这样的事情指的是令人害怕的、罪恶的但最后没有置我于死地的事情。

他凑上去，把文章从头到尾仔细读了一遍。

我解释说："不全是上面写的那样，但也差不太多。事情发生在很久很久以前，我那时还在上大学。你知道那个我一直跟他打电话的警察吗？其实他们已经找到那个坏人了，我现在正在帮警察把他关进监狱。这真是个好消息。"

他点了点头。他早就知道有什么事情发生了，所以我希望我这么一说可以化解他心中的疑云，而不是让他更加疑窦丛生。

"就像《逆转裁判》①那样。"他马上联想到自己在玩的一款法庭辩论的电子游戏。

"完全正确。现在化验室还在检测证据，如果最终证据被采信，我有可能需要上法庭作证。"

"什么证据？"

精液。证据就是精液。

"这个我不能告诉你。"

他耸了耸肩："那好吧。"

我那些生了女儿的朋友告诉我，也就男孩子才会这么好打发，他们从来都是大大咧咧的，不刨根问底。

"不可以告诉弟弟哦，他还小。"我赶紧补了一句。W只知道我可能要像超级英雄那样去帮忙抓坏蛋。他这个年龄的小朋友就喜欢听这样的故事。

我会随时把这里的进展情况告诉瓦伦塔。我跟他说了弗莱尔拒绝移送的事，他回邮件说："阿瑟应该已经意识到自己很有可能会在宾夕法尼亚州的监狱里度过余生，所以才会想方设法拖着这事，对此我一点都不奇怪。"

瓦伦塔在言谈间表露出对刑罚的确定，这让我心里多少有些宽慰。但他直呼阿瑟的名字，太让我感到意外了。那个我们不知道姓名的"坏男人"，如今就是"阿瑟·弗莱尔"这个人，这样的变化已经够奇怪的了，现在连姓都省了直接叫他的名，听着真的可以把人吓一跳，好像他就是一个有朋友、同学和同事的普通人，一个见面了你会打招呼、通个

---

① 《逆转裁判》（*Phoenix Wright*）是日本卡普空公司二〇〇一年起发行的法庭辩论系列游戏，讲述的是一位辩护律师通过调查取证，为委托人洗清罪名并寻找真相的故事。——译注

电话、发发邮件的人。有人语气轻松随意地跟他打招呼："你好，阿瑟。"这听上去也太别扭了吧。

我仔细回味了一下瓦伦塔的那番分析，那个"阿瑟"之前只是对坎贝尔警官提出的审讯要求表示不满，现在竟然荒唐到想要拒绝审讯，那是因为他害怕了。好极了，我心里想着。老实说，他让我想到自己也曾经害怕过。

当他一开始把我摁倒在地上时，我害怕自己就此丢了性命。我只能顺从他，甚至尽量讨好他，这样好先稳住他。但眼看最糟的事就要发生时，我不管不顾地叫了起来，甚至被捂住嘴巴不能呼吸也在所不惜。搭上性命做这些徒劳的抗争，这的确有失理智，但我还是这么做了。我必须这么做。

所谓风水轮流转，现在轮到他了，从认罪、忏悔，到明知徒劳也要否认自己的身份？现在轮到他大声尖叫了。

3

通常听到有人说"装装样子"（going through the motions）这个词，总觉得这话有些讽刺的意味，但我逐渐意识到，能通过我身边的法律和宗教体系走个过场，其实也是很重要的。

案子到了审理的时间就会按照相关法律程序直接启动，就算最后我的证据检测结果匹配上了，但如果实验室在这上头花的时间太久，他们也根本不会专门等我。那位在十一月被侵犯的受害人跟我一样，也是在一九九二年被他强奸的，但最后只有她会受邀出庭作证；而我只能作为"＋1"跟在后头，无名无分。警察和地区检察官可能不理解我这样的想法。他们肯定在想：只要最终起诉可以追加上去，弗莱尔最后因强奸我而被判刑，就算最初的起诉和听证会上没有我的名字又有什么关系呢？但这对我而言非常重要。在我眼里，正义不只是最后的裁决，而是一个完整的过程，是一个仪式，这中间的每个环节都要有我的一席之地。

至于宗教仪式，我觉得每周四和周六在学院礼拜堂里的简短晚祷，要比星期天早上去城里的教堂做礼拜更适合我。现在教堂里做礼拜不像以前那样满怀谦逊、充满敬畏，而更偏向美国的那种教导式风格，大多会讲一些关于生活的建议。到了我这个年纪，已经听不得这些心灵鸡汤了。

相比之下，礼拜堂里的正式诵经和庄严的教堂音乐反而更能抚慰我的心灵。这里以英格兰圣公会——相当于美国圣公会——的新教方式进行礼拜，仪式结构紧凑。虽然我要做的仅仅是起立，坐下，再次起立，跟着大家说一些祷词，但礼拜仪式颇具天主教弥撒的恢宏气氛，让我的精神为之振奋起来。这里没有布道，有的只是信心、秩序和美。我也不用听那些一堆大道理的说教了。

有时候参加礼拜仪式的人蛮多的，但大多数的时候仅有几个唱诗班成员的家长参加。大家彼此都认识，也都知道各家的孩子。房间沿着两侧长长的墙安排了座席，唱诗班被分为两列对视而坐。家长们也被分成两组，每个人都面对自己的孩子坐着。我已经习惯对面那些家长在聆听唱诗班歌唱时的各种表情：全神贯注，惊叹不已，满怀感恩，充满谦卑；还有孩子们走进屋子时四处张望、寻找他们父母的样子，看到自己父母的那一刻，他们的小脸蛋整个都亮堂了起来。

唱诗班对这些成员的家庭是否信教并没有特别的要求；一些成员的家庭很虔诚，一些只是名义上信教，还有一些根本就不信。我年轻的时候肯定会鄙视这样的安排，但现在我已经不再那么教条了。我逐渐意识到，自己的信仰并非万事之基石，而是给我们启示。我们经历尝试、聆听和思考，最终达成共识。我们都经历着这些，这样的过程真的很美好。

很抱歉我总要说我这事，道歉归道歉，要说的我还是会说。从来就没有什么私密的、合适的时机说这事。我和朋友们各自带着孩子参加一个鸡尾酒会，趁着孩子们在一边玩耍听不见我们的谈话，我终于一吐为快。这是我唯一可以抓住的机会。我和朋友见面，不是要讨论重要的事情，就是带孩子一起出来玩乐的时候。我本该在聚会上表现得轻松愉悦，但我却要给人看到自己的另一面，这让我颇感内疚。

放眼望去，每个人在这个世界上都是一个完整的个体，是他们自己经历和关切的世界的中心，意识到这一点往往会让我们感到不知所措。

因为只有对出现在我们生活中的那些人进行角色的简化，甚至有时也要简化自己的角色，我们的生活才能正常运转。正因为我们平常不会看到每个人完整的一面，因此偶尔一见，哪怕只是匆匆一瞥，也会让人心生敬畏。

斯蒂芬·霍金认为宇宙大爆炸是两个宇宙交会撞击后引起的爆炸，最终会形成新的宇宙。我有时候觉得人与人之间的互动和关系也是如此。我们的过去、欲望、错误和雄心，让我们每个人都变得如此庞大，哪怕是一次微不足道的见面也会产生巨大的甚至爆炸性的影响。

我教导 W，不管是做作业、玩电子游戏或音乐方面，当他遇到问题需要找哥哥帮忙的时候，他需要知道哥哥有可能完全没法帮上，也有可能帮过了头，因为哥哥只是个普通人，不能像机器人那样做到事事完美。但不管怎样，哥哥所做的一切都是出于爱，值得好好珍惜。我大声说出这些话的时候连我自己都愣了一下，多虑、唠叨、好奇心重、情绪化和急性子，这些是一个完整的我应有的不同侧面，但我有时却因此而自责。我不只是一个作家，一个母亲，或者仅仅是接送儿子们参加各种活动的一台机器，但我有时却觉得自己只要扮演好这些角色就可以了，并且还会为自己的不安分感到抱歉。

无论在做事的效率还是能力上，我总是达不到自己期望的那样。如今，这个案子牵扯了我太多的精力，我就更不如从前了。其实，我应该对自己多一些宽容，就像我要求孩子们对待彼此的那样。就算做真正的自己会让我和我周围的人分心，也会拖延一些事情，但这样做可以成就我自己，做一个好的作家、母亲、妻子、朋友。

我告诫自己：效率并非终极追求。我看着这几个字。尽管言之有理，心还是不由得感到些许震动。

现在是十一月中旬，距离弗莱尔被捕也已经过去了两个月，第二次移送听证会的日子一晃也过去了。网上的信息基本没有什么更新，还是说确定了一个月后在纽约开庭的日期，届时宾夕法尼亚州这边可以再尝试一次。尽管这段时间弗莱尔被羁押在监狱，这么拖着让人很恼火，但这对我的案子而言却是个好消息。虽然我递交的物证已经排在一切案件之前，仅在凶杀案之后了，但还得等几个月而不是几个星期化验室才会完成检测。

我只希望可以赶上这个案子的进度，等到他被移送过去后，可以跟另一个受害人一起将他绳之以法。如果最终由她送他上审判席，而我只能在之后给他的刑期上再加些年头，这会让我很难接受，更何况如果一开始他就被判处足够长的刑期，那他未必能活到我追加上去的几年。假如我们共同起诉，我就可以参与对他的审判，亲手把牢门甩到他那张苦苦乞求的脸上。他这番拖延只会帮助我去创造这样的机会，并使之成真。

当他以为自己有诉讼时效过期这张免罪金牌时，才会表现出那份沾沾自喜和虚伪的忏悔，但如今他一再想方设法地拒绝被移送，就意味着等到出现在宾夕法尼亚州法庭上，面对指控时他一定会极力抗辩，那个画面肯定很难看。我也害怕在法庭上接受交叉询问，但我内心却有另一个声音在说：放马过来吧。

我周围的人大多小心地避免问我案子进展如何，我明知他们是出于礼貌，但总感觉他们似乎有些为我感到羞耻。

美国那边的警探们对我很关心，一直跟我保持沟通。坎贝尔警探在给我的一封邮件中，把"我保证"这几个字全部用了大写字母。瓦伦塔写邮件问我"近况如何？？？"时连用了三个问号。我们就像十几岁的小孩那样，情绪强烈而饱满，必须用标点符号来表达。不只是我，他们似乎也都有强烈的感受，仿佛受到伤害的不只我一个人，而是所有人。我们每个人都想抓住这个机会把弗莱尔送进牢房，都想用力推门直到我们听见门锁啪的一声扣上为止。

那天是美国的感恩节,英国这边只不过是一个平常的星期四。盖文刚从加州出差回家,我俩趁孩子们排练的时候去一家咖啡馆坐了坐。在等咖啡上来的间隙,他有些不好意思地问起强奸案的事:"自从那人被捕之后,你有没有重新回忆起那段经历?"

我不知该如何回答。我确实一直在想着这事,不知道这算不算"回忆"。我担心他有可能感觉我哪里不对劲,觉得我时不时有些魂不守舍,或许我在做爱或教导孩子的时候表现得很糟糕。我颇为谨慎地回答:"有一点吧。"

他有些如释重负,赶紧接话说:"我倒是想起了一些以前的事。"我被强奸的时候我俩并不认识,但在我们结婚前,他读过我在那时候写的一些诗,也一起讨论过这事。我不知道,我写的诗在他脑子里描绘出了怎样的画面,他会如何想象我那间公寓以及我年轻时的模样。他也许不知道,那年我剪了波波头,不像现在这样留着长发。我也是直到最近才记起这些的。

他看上去忧心忡忡,还有一丝淡淡的忧伤。

我说:"你为什么不去找约翰聊聊?他人特别好。"约翰跟我和盖文都是朋友,因为我去唱诗班更勤快,所以约翰对我更了解一些。

盖文摇了摇头。"我做不到一边顾及你的感受,一边还要去找约翰聊这事。"我想他应该是担心起头容易结梢难吧。

我们折中了一下,他答应在我参加听证会的时候去找约翰。我已经决定无论我的证据最后是否被采信,无论我是否有机会出庭指证,我都必须去。听证会可能马上就会举行,也有可能要几个星期之后,具体时间我们并不清楚,但我们知道举行听证会的时候,盖文会是那个留下来的人,是那个悲伤的、需要倾诉的人。

就好比哪天 S 不在家，哪怕就那么一天，W 也会在家"猴子称大王"。他的个性会出现变化：会变得自信起来，责任感爆棚，而当一切恢复平常的样子时，他的这些表现也就随之云消雨散。等我去匹兹堡，就轮到盖文小小地体验一把这个了，该他来痛苦和担心了。

转眼到了十二月。阿瑟·弗莱尔还羁押在纽约臭名昭著的里克斯岛监狱，等着月中举行的听证会。我听说如果他继续反对移送，他会在那里多待至少六个星期。我查了一下监狱里如何庆祝圣诞节的信息。找到一篇以前的新闻报道，写的是一个专门给囚犯包好袜子作为礼物的活动，还有一篇最近的报道，写了监狱制作节日胡萝卜蛋糕的食谱，材料包括"三加仑菜油"和"二十五磅面粉"，还注明了每一批可以制作"二十五个蛋糕"。

剑桥的圣诞庆祝活动堪称美轮美奂。S 在票房火爆的清唱剧《弥赛亚》（Messiah）里唱高音部，还在一场正式演出的鲁特的《荣耀颂》（Gloria）中负责敲定音鼓，这个是能拿到演出费的。W 则会参加大学圣诞节礼拜活动的演唱，他还在家里用大提琴吱吱呀呀地拉上一曲《马槽圣婴》（Away in a Manger）①。大学的这一学期结束很早，大部分学生在放假后都会回家，所以全部的演唱会和礼拜活动都会挤在月初举行。等到圣诞节真的到来时，这些颂歌都要把我们的耳朵磨出老茧来了。

就在我忙着接送儿子们往返于各场排练和演出之间的这段日子，我那被冷冻了二十多年的证据中终于找到和联邦调查局数据库中保存的阿瑟·弗莱尔的 DNA 样本相匹配的了。得到这个消息时，我正顶着星星点点的白色灯光赶夜路回家；霍南警探先打电话到我家里，之后盖文给我打了电话。这个案子的突破口的到来似乎正应了那一周孩子排练的音

---

① 英语世界广泛流行的圣诞颂歌。——译注

乐：《哈利路亚》，《荣耀颂》。

打电话过来的是霍南警探，不是坎贝尔警探，因为她负责另一位受害人。一直以来她都及时让我了解那个案子的进展；如今，我自己的也正式立案了，尽管霍南警探是一年多前我尝试提请重审时随机被派到我这个案子上的，但之后我跟他的接触多了一些。

样本匹配的消息一出来，意味着我这边开始计时了：自现在起，警察局在法定有效期之外有一年的时间可以"正式提起"诉讼。我不确定指控弗莱尔算不算"正式起诉"，还是我们必须在这一年里开庭审理。假设我的案子跟另一位受害人的同时审理，她那边八月份证实样本匹配，那么无论如何理解"启动"一词的含义，我们的期限最晚不迟于夏天。他竭尽全力试图拖延时间，但他拿得出的招数已经没办法帮他拖得太久了。

我给霍南警探发了封邮件，不太正式地提出可否赶在我生日前正式指控弗莱尔。霍南回信说他们还必须等化验室出具正式的报告，所以没那么快。我吃惊地意识到他居然知道我是哪一天生日。盖文笑着说："他当然知道了，你的卷宗某一页上肯定注明了你的生日信息。"

仅凭过去留下的记录、最近的电话和邮件往来，我不知道现在办案的警探们如何想象我这个人的样子。他们知道我那么多隐私，但除此之外对我基本一无所知。我的卷宗里会有我那时的照片吗？他们知道我现在长什么样吗？他们看过我的网站或者我写的书里个人介绍上面的那张照片吗？他们也许根本不知道我写书这回事。这个瓦伦塔知道，但我不觉得这些新的警探对我有什么了解。当想起我时，他们脑子里看到的会是什么呢？他们想象中的我是那个二十二岁的学生，还是这个快四十四岁的母亲？坦率地说，在我脑子里，我两个都是。

我讨厌这么干等着，而且我还把坎贝尔警探给惹恼了。我反复要求坎贝尔警探给我解释听证会改期的原因，听得出来她被我问得都有些烦了。你可以说我的要求高，但我要的无非是现有的信息而已。对还需要确定的信息，我可以耐心等待，可一旦他们知道了什么情况我就要立马知道。让我恼火的是，纽约那边不愿透露移送听证会接下来的安排，而坎贝尔又没有盯紧点去问他们。

尽管纽约现在离我很遥远，但我对它有一种家的感觉。我就在"这座城市"附近长大，近到可以在放学后（或者甚至逃课）搭上火车去那里；读研究生时我在那里实习，写我的论文；我也在那里谋到了我第一份在杂志社的工作。那里住着我姐姐，我大学同学、夏令营的朋友们，我的经纪人和编辑。我的编辑兰德尔答应我他会去参加第三场移送听证会，然后告诉我现场的情况，这真的帮了我一个大忙。他问我需要了解些什么。

我想知道每一个细节。跟他出现在同一个房间是什么感觉？会不会很尴尬？他看上去正常吗？从他的言行举止看，你觉得他会为自己的所作所为感到羞愧难当、狂傲自大还是愤恨不满？你认为他能完全意识到自己是因为之前犯的事才会出现在这次听证会的，还是他只对眼前发生的这些感到恼怒？他的律师怎样？他知道弗莱尔是有罪的，是吗？法官怎么看呢？她为什么可以容忍他那些过分的要求呢？他的女朋友也在现场吗？从头到尾都要告诉我。

当然，我讲得没有这么夸张。我回了一封看上去还算循规蹈矩的邮件，告诉他我想知道弗莱尔拒绝移送的法律依据是什么，也想了解一下具体的流程以及最后的裁定。

兰德尔想尽量把事情都做到位，当天甚至还系了领带去法庭。他跟我说："我穿得过于正式了，相信很多人都以为我是个坐错了位子的律师。"

然而，弗莱尔根本就没有出庭。

兰德尔能亲自去法庭真是太好了。跟之前一样，匹兹堡的警察还是没能从纽约那里得到任何消息。我将兰德尔了解到的信息转述给匹兹堡的警察：要求移送的州长令已经得到了执行，弗莱尔将在三天后，也就是十九号那天在当地最高法院过堂。这张州长令比之前民事诉讼法院出具的移送请求书的法律效应更强，但愿这次可以将他移送出去。

撇开兰德尔帮我做的那些事情不谈，单就他的善意和主动请缨就已经给了我莫大的安慰。我认识几十个住在纽约市里以及附近地区的熟人，他们大部分都知道我被强奸这件事，但我还是羞于开口要求他们替我去法庭看看。直到最近我才告诉兰德尔我被强奸的事，因为才说起过，我反倒容易开口跟他提这个要求。

与此同时，霍南正在草拟我的指控，这样可以在化验室最后报告出来的同时一起寄出。我渐渐地摸索出跟霍南得打电话沟通。坎贝尔警探回复的邮件一般都比较长，内容详尽，信息丰富，而霍南的邮件则比较简短。但我觉得他在电话里更友好甚至更贴心一些。我打电话给他说了听证会的情况，他也因此放下了手上的事，于是我们聊了起来。我问他具体列出的都是些什么指控，并要求他把那些法律措辞改成日常用语：乳房，抚弄，口交。他结结巴巴地说着，但很明显他还是倾向于用那些官方的缩写词和委婉用语。

我问他为什么捂住口鼻令人窒息没被单独列出来指控。他告诉我这在"强奸"这项最高指控中作为暴力手段体现，但其本身不能作为一项指控。我并不满意他这样的解释。捂住口鼻令人窒息是一件很严重的事。我问瓦伦塔的意见，但他赞同霍南的说法：这是实施强奸的暴力手段。

我并不是要故意拿他俩作对比，但是，当霍南回电告诉我他会再去查证一下的时候，我告诉他不需要这么做了；瓦伦塔完全认同他的观点，因此我也没什么意见。我这么做很可能会伤害到霍南的感情。虽然瓦伦塔现在对案件调查没有什么权限了，但在匹兹堡警察局这边，他还是我最信任的人。他在医院里的时候就对我非常和善，至今依然如此，每次他都很快回复我的邮件，如果有段时间没听到我的消息，他甚至会打电话过来问一下。他是真的关心我。

我对他的敬业和坦诚一直心存感激，但从技术层面而言，他的确没有侦破这个案子，当我意识到这一点的时候感到颇为震惊。他曾经负责过这个案子，但无论在当时还是现在他都没能破获。一九九二年时，他没有相关技术和数据库的支持，DNA 技术的出现让这个案子有了突破。事实上，如果他当时对弗莱尔稍有怀疑，哪怕只有一丁点，我们现在就可以不上法庭起诉他了。如果警察当时有足够理由怀疑一个人，就会尽责查找相关的证据，那些非 DNA 证据理应足以证明犯罪与否，因此DNA 证据的时效也就不再具有法律效应。那样的话这个案子会就此结束，不会再有下文了。

虽然他没能破案，但这丝毫不影响我对瓦伦塔的感激之情。无论是事发当晚还是现在，他对我始终那么亲切友好，为我的遭遇愤愤不平，在他负责我案子的那段不长的时间里努力工作。在警察捕捉到弗莱尔的蛛丝马迹之前，有那么一个人始终相信我，认真对待我，支持我说出真相，承认那个男人的所作所为令人发指，并判定这是一次犯罪，真正的犯罪。他当时所做的一切和现在做的一切同样重要。在抓住阿瑟·弗莱尔的二十多年前，匹兹堡警察站在我这一边。他们记录并保存好我说的每一个字；冷冻了所有从我这边提取的证据。

所有这些都由瓦伦塔警探亲力亲为。这个案子，的的确确，就是他负责的。

可能因为临近年底马上就到假期的缘故，法庭将原定日期十二月十九号延后到三十号，最后又调整到三十一号。我无从知晓这是因为弗莱尔拒绝移送，还是因为纽约这边组织工作的无序造成的。在剑桥家里，我们有两次圣诞庆祝活动，先在圣诞节当天和孩子们一起庆祝，然后一个星期后再给我婆婆过一次，她刚做了心脏手术，身体还没完全康复。

新年前的最后一天，坎贝尔警探告诉我囚犯的移送终于安排好了。纽约那边的案卷标注了一个新的日期：一月十三日，但她向我强调这不是听证会的日期，而是协商后确定的宾夕法尼亚州这边必须将他接走的截止日期。我继续等待，同时做好一来通知立马就要飞过去的准备。听证会必须在弗莱尔抵达匹兹堡后的十三天内举行。

尽管化验室已经成功匹配到我这边提取的证据，但在他们出具正式报告之前，我还不能真正指控他。我不确定他们是否能在开庭前把报告赶出来，这样我就可以跟另一位受害者一起指控他。但就算最后我不能出庭作证，我还是决定这次先过去。

我把手头一些紧要的事情都先处理好了：我已经修改好下一部要出版的小说文稿，在等其他人审阅的这段期间我可以稍作休息。我把报税用的数据信息统统找出来交给我们在英国的会计师，好让她赶在最后的截止时间之前做好报税表提交上去。盖文把原本计划好的出差延期了。我们还根据听证会可能举行的日期，商量好照顾孩子的不同方案。

我把出庭当天要穿的衣服拿去干洗了。我得仔细打扮一下：化个妆，吹一下头发，穿上合身的衣服。我知道现场旁听的那些人会想他当年为什么会对我动念头，他们在脑子里给我打分，看我是不是真值得他这么做，也许见到我之后他们会认为他当年根本就没这个必要。我现在已经人到中年，平时疏于打理，加上生了孩子，长期伏案工作，体态难免有些臃肿。当年的我还是相当漂亮的，谈不上出众，但年轻就是资本。鉴于受害人保护政策，人们不可以对我摄影、画像或在文章内容里进行描述。我不会对已经发生的和正在发生的事情遮遮掩掩，但只能用我的方式和我的文字来讲述。

今年的一月十二日，跟当年我被强奸的那一天一样，恰好也是星期日。我没跟任何人提起这个巧合，但这一天到来的时候我还是感觉怪怪的。就像看日全食，或者我读中学时出现过的所有行星排成一列的天象，或者千禧年倒计时，其实这些并不说明什么，却总让人感觉有一种特殊的意义。而这个日子对我也有如此特别的含义。

我每天去看纽约的"囚犯查找"（inmate lookup）网站，希望可以看到宾夕法尼亚州已经将他提走的消息。坎贝尔警探告诉我有"两名县治安官"已经前往纽约负责移送的事宜，除此之外，我对实际的流程一无所知。我听到"县治安官"这个词的时候忍不住笑了出来，因为听着有种西部牛仔片的感觉。

我在谷歌上搜了一下有关移送服务和流程的信息，浏览量靠前的都是一些第三方公司。他们打出了"价格优惠""全年无休"的广告语，并声称他们的车辆配有小单间，能将暴力分子、精神病人、少年犯以及不同性别的犯人隔离开。有一条广告打出了"无处可逃"的口号，还展示了印有这个标语的帽子、咖啡杯以及玩具熊的纪念品。另一家公司在YouTube 网站上发了一条推广视频，背景音乐是真人秀电视节目《警察》（Cops）的主题曲，并承诺"及时押送囚犯，确保万无一失"。这些广告的遣词用语，似乎把阿瑟·弗莱尔这样的人跟动物园里的动物或一个物品归为一类，读着读着，我原本有些烦躁的心也逐渐平复了下来。对他的惩罚在被移送到匹兹堡之前就已经开始了。

我终于看到纽约的网站上他的信息被更新为"释放"，那时已经夜深，晚上来我家一起看电影的客人们都各自回家了。我辗转反侧，难以入眠。我无数次往返纽约和匹兹堡，包括去见我在上大学的姐姐，到后来我自己去那里上大学。我记得当时父母开车带我过去得花差不多七个小时，我们中途经停的一个小镇似乎只是为旅人短暂伫足而存在的，这里只有汽车旅馆、餐馆以及卖宾夕法尼亚州纪念品的小商店。有时我也会搭乘美国国家铁路公司的火车，路上花的时间更长些，但一路听着随身听里的音乐剧录音带，心情倒也轻松愉快。虽然路上花的时间挺长的，但我喜欢这样的旅行；如今这段路途就要被弗莱尔分享了，这让我感觉很不舒服。

等我醒来的时候，我意识到他应该已经抵达匹兹堡了。

化验室的正式报告没过几天就出来了，我也可以指控他了。我的听证会被加进案卷里，并已确定跟另一位受害者在同一天开庭。星期五那天我接到通知，我将在六天后的星期四出庭作证。

我意识到自己一直想参加听证会是因为我需要知道一个新的重大进展，好让我继续讨论自己内心不断涌出的恐慌和紧张。但即将来临的这次旅行非但没有加重我的不安情绪，反而让我觉得眼花缭乱。霍南警探告诉我弗莱尔会出庭，而且我要在法庭上指认他。他随口说了一句弗莱尔会被"戴上镣铐"，我不由得振奋起来，语速也欢快了。在接下来的二十四小时里，我一直都在这样的状态下为这次旅行做着各种准备。当然我也心知肚明，这样的举止多少有些浮夸和不妥，很有可能因为兴奋过头而让自己摔跟头。

我这边很快就计划得差不多了。瓦伦塔安排好当天开车送我一起去法庭。我轻描淡写地提了一句我住的酒店就在法庭附近，走过去没问题。他回邮件说他会到酒店，然后跟我一起走过去。

他这么一说，似乎突然把我带到了悬崖峭壁边，让我立刻意识到这件事的严肃性，以及那些我可能无法独自面对的困难。我又变得情绪化了起来，但这次我感到了忧郁淡然，并没有惊慌失措。

二十二年前在医院里，我也出现过情绪急转直下的状况。警探们给我做完笔录后，我整个人沮丧极了。还有两天学校就要开学了，我原本计划当天晚上一定要背完独白的台词。整个圣诞假期我都懒懒散散，根本没碰过台词；我必须得在这一晚背好，要不然我就没法完成作业；但是，收集证据、做笔录和妇科检查，所有这些都成了我的挡路石。我可是有一堆的事要做呀。不知是瓦伦塔，还是另一位高个子的金发警探，用温柔、坚定又带着一丝悲伤的口气跟我说："星期四你不用去学校的。"我这才从抓狂的焦虑中跳脱了出来。

当我意识到事情远比自己想象的严重得多的时候，我感觉像是肚子上重重地挨了一拳，这种感觉我至今还记得。现在，瓦伦塔坚持要陪我去法庭，这就好比又给我来了一记重拳。

我刚被强奸后，我的父母、姐姐和几个高中好友都想过来看望我，照顾我。但我坚持没让他们过来。对我而言，最重要的莫过于让一切保持正常，而那些在我另外的生活圈里的人突然出现在我的大学城里，这绝对属于不正常，会一下子打破原本就已经很脆弱的平衡。我让父母等我有演出的时候再过来，因为那才是他们一直都在做的事。给演员拍照，为演出鼓掌，这些都很正常。如果他们耐心等着，让我的世界继续在原有的轨迹上稳定前行，这远比提前几个星期赶来给我一个拥抱更能让我得到安慰。

我没让盖文陪我一起去匹兹堡，一方面是因为我们需要有人留在家里照顾孩子，另一方面是我不想把自己现在的生活片段带到匹兹堡去。我将从一个世界走进另一个世界，然后再走出来。把我的家庭远远留在那片纯净的天地，会让我即将启程的这场远征变得更容易些。

我坚持独自去匹兹堡的想法可能让人无法理解，但我决心已定。我被强奸后，人们常来问我"你想要什么"，这是我听到的最能让人释怀的话了。那是我有生以来第一次意识到，这其实是一个真正的开放式问题。之前我总认为应该有一个正确的答案，并竭尽全力找到最接近的那个。但强奸发生后，差不多有一年的时间里我基本上想做什么就可以做什么。我可以一个人待着，也可以找个人来陪我；可以热情似火，也可以冷若冰霜；我可以愤怒，也可以宽恕。只要我想要的，都可以接受。直到现在，我经常在我脑子里用这个方法找出我真正想要的东西：先假设自己想要什么都可以，然后我问自己到底想要什么。当然，我不会脑子里想什么就一定去做什么，但知道自己真正想要什么其实也很有意思。

我要预订一间酒店房间。这么说似乎有些奇怪，因为我有不少好友住在匹兹堡，既然我那么想他们，而且还非常信任他们，我完全可以住在他们那里，但我不想每天结束后回去还要收拾好心情，继续跟人打交道，解释发生的事。我不想一边哭着或把自己关在房间里，一边还要担心这么做会不会让别人感到难过。

我想看一眼我在警察局里的卷宗。过去的那个我仿佛是另外一个人，让我充满好奇。

我不想去我住过的那间公寓。倒不是我害怕什么，就是没兴趣而已。几年前，我们结婚后不久去了一次匹兹堡，在跟朋友去吃午饭的路上经过那幢公寓楼。当时我并没什么感觉。

我见到阿瑟·弗莱尔本人时会有怎样的反应呢。我可能会恐惧、哭泣或者生气。我也有可能认不出他来。他可能看上去就像一个老头，没法把他跟那时的所作所为联系起来。我不知道自己会变得脆弱不堪还是冷漠无情，或是无动于衷。我很好奇，这会将我变成怎样的一个人。

我想知道阿瑟·弗莱尔看到我时会有怎样的反应。他会认出我来吗？如果认出我来，他是满怀忏悔，还是沾沾自喜呢？面对我时他会压低他的视线，还是嘲笑我呢？

我写小说的时候会设想好所有的细节：发生了什么，每个人物对此作何反应。但现在完全不同，我脑子里满是疑问。我不需要选择什么。我得一步步探明真相。

4

在我抵达匹兹堡的那天，当天的《匹兹堡邮报》上有一篇报道，虽然没有直接点明我的名字，但提到了是从英国来的一个女人。

我被酒店颇为奢华的装饰吸引了。因为担心突发天气状况造成航班延误，我特意提前一天过来。这会儿我坐在里面，透过玻璃窗欣赏着外面白雪皑皑的街景。酒店里浓浓的气氛包裹着我，让人倍感安心。

我已经直呼瓦伦塔为"比尔"①。虽然我跟坎贝尔和霍南警探不怎么沟通，他们也没把手机号码给我，或者问我航班是否准点，但我已经决定也以同辈身份直接叫他们的名字阿普瑞尔和丹了。比尔觉得他俩很明显对我不够关心，他还为此有些不高兴了。

比尔跟阿普瑞尔和丹不一样。相比之下，他更年长些（他其实不算老），已经从警察局退休，没有一大堆像我这样甚至更麻烦的案件需要处理。但他和他们之间真正的区别在于那事发生的时候他就已经在那儿了，当然我说的不是在我公寓里。我说的"那事"，除了强奸之外，还包括其他相关的一切，包括医院、侦查、完成大学课程以及事后对案件的反复回忆。阿普瑞尔和丹对我的案子的关心是出于警察本职工作和普世的人道精神，他们对所有的案子都一视同仁，不会对我的另眼看待。但是比尔跟他们不同，强奸案发生的当晚，当我的脑子还沉浸在一片震惊中，当我的身体还在流血，比尔就出现在我面前了，他接手了这个案子。对比尔而言，这就是他的案子。

就像我好奇自己见到阿瑟·弗莱尔时会有何反应，我也很想知道见到比尔时我究竟会怎样。"在案发当时"陪伴我左右的所有人，无论事发前还是之后，他们都一直在我的生活里。陪我经历过了强奸案的朋友们，跟我走过很多美好的事情，也让我见证了他们的经历。我们还会见面，留存了很多彼此的回忆；对我的朋友们而言，"它"只是诸多经历中的一个。而在比尔看来，"它"就是所有的一切。

听证会前一晚，他和太太简在酒店大堂跟我见了面。可能因为我穿的粉红色大衣比较显眼，他们一眼就看到我。我不确定怎么行见面礼才合适，心里不免有些紧张。尽管我在剑桥住了有八年了，我还不太习惯欧洲人的那套贴面礼。我更喜欢简单的拥抱，但搬到英国后我必须学会跟人见面时避免拥抱对方，尤其对大学里的人更要注意。那里的人并不那样。所以当比尔走上前准备跟我拥抱时，我出于在英国的那套习惯，不由自主地往后退一步。他顺势伸手过来跟我握了一下，中间过渡得自然流畅。

他在酒店附近的一家餐厅预订了座位，这里服务周到，还帮忙寄存大衣。我们在这间装修时髦高档的餐厅里拉着最地道的美国式家常，让我有一种久违的亲切感。我们聊了各自的孩子和工作，言语间时不时会蹦出"胡说"这样的词，但都是不带什么恶意的说笑。我抿了一口比尔的那杯马蒂尼，整个人又回到了从小到大熟悉的那份随意。他跟侍者说笑着，匹兹堡口音并不太浓，但这种东海岸口音让我有种回到家的亲切感。

我们拉了一会儿家常，还说了一下我的案子。他不满意后来的那些警探们没能盯紧我的案子，同时也为自己过去二十年没能帮到我而

---

① 瓦伦塔的英文名字叫 William，英文里 William 的昵称是 Bill，这里作者直接称呼他的昵称。——译注

惴惴不安。但这些我都可以理解：在我案子发生后没几个月，他因为晚上需要去大学上课，就从性侵案办案组调到了内务调查科上白班，后来他升任副警长，从警察局退休前担任警长一职，之后就转去大学做了行政工作。阿普瑞尔刚到警察局工作的时候，比尔是她的"老板"。

丹和她似乎都想不明白，为什么案子都过去这么多年了比尔还那么关心和在意我。丹甚至还告诉比尔看到他当年的笔录那么详尽时自己有多吃惊。比尔跟我说起这些时忍不住翻了个白眼，他想知道警察局那边他是否可以帮上点忙，好让事情进展得更顺利些，他略有所思地说："也许……"可话还没说出口，就被简给截住了："不行，比尔，我们都已经说好了。"简很高兴比尔现在不再当警察了，她最近刚升任匹兹堡平板玻璃公司的副总裁。他俩都需要经常出差，因此夫妻两在制订行程时，必须错开出差时间，确保有人在家陪孩子。因为聊到了这个话题，我们顺便讲起小时候父母因为出差把我们留在家里发生的一堆好玩的事，以及我们最后如何逃过了父母的惩罚。在我十七岁那年，我在父母出门两个星期期间领养了一只小猫咪。比尔则更调皮，他趁父母出门的那几天在家不停地开派对，并在他们回家前把屋子里里外外用蒸汽清洁了一遍。他妈妈是意大利人，平时一直很宠他，回家看到屋子这么干净把她给高兴坏了，但他那做警察的老爸总怀疑里头有什么猫腻。

我们正聊着天，比尔的太太突然对我说："我想告诉你，我这边没问题的。"她的意思是她并不介意比尔对我的关心和帮助。我很高兴她能这么想，因为我明天就需要他。每次他跟我说可以陪我做这个或那个的时候，我总是低下头看着自己的脚说"麻烦你了"或者"好的"，有一次甚至还说"我需要你一直都陪着，不要走开"。我想他应该也感觉到我对他的这种依赖吧。当他说出"有些案子就是让人怎么都放不下来"的时候，他的眼睛都亮了起来。

我们起身拿了大衣，裹上围巾，戴好手套，小跑穿过马路回到酒店，我再次感谢他因为了陪我去听证会而放弃参加大学里的一个活动。说起来我还算幸运，假如听证会安排再晚几个星期，正好赶上他代表大学去布拉格和中国参加活动的话，他就没办法陪我了。但他毫不犹豫地跟我说："如果真那样，我也一定会调整行程的。"

我的时差还没倒过来，一大早就醒了。我打开酒店房间里的电视，正在重播超长电视剧《法律与秩序》（*Law and Order*）。我就这样开着电视，一集接一集地看着，熟悉的剧情模式看起来不那么波澜起伏，经过一小时的抽丝剥茧，案情最终水落石出。就算在平时，我也还是会看这部电视剧打发时间；但今天在出庭前看，让人感觉有点可笑。早餐我叫了送餐服务，喝了整整一壶去咖啡因的咖啡。我还把要穿的皮鞋擦得锃亮。我在房间一直待着，直到中午比尔过来跟我一起步行去法庭。冬天凛冽的寒风像刀子般刮在脸上生疼。英国的天气通常不这么冷，但此刻逼人的寒气让我想起童年的时光。

听证会并不是在酒店隔壁那间历史悠久的法院举行，而是几个路口之外的市级法院，从高处俯瞰，这栋有些破败的大楼像一枚警徽。比尔和我在大楼的"破电梯"前跟另外几位警探碰头。漂亮的女保安百无聊赖地检查着每个进大楼的人，她手上的金属探测仪超级敏感，一直嘀个不停。一过安检，我们毫不费力就找到了那座"破电梯"；因为除此之外大楼里就没有别的工作电梯了。

这里的每个人都认识比尔。那些从他身边经过的穿制服的警察、保安和记者都上前跟他打招呼。报纸记者已经到了，电视台的摄像机也都架好了。他们只被允许拍摄我的脚，还好刚才我一时兴起享受了一把酒店的擦鞋服务。

大楼里气氛沉闷压抑，除了挨着一条长廊的那些房间就没别的什么了，走道上很快就站满了出席今天听证会的人。所有人都约的十二点三十分开始，那些不是重案的原告、被告和证人都在那儿排队等着，轮到了就进去。我们这个案子比较敏感，因此弗莱尔被羁押在临时拘留所。丹·霍南跟阿普瑞尔·坎贝尔稍后赶到了，然后我们一起上楼跟负责我们这个案子的"人身侵犯罪行小组"（Crimes Against Persons Unit，对话中用 Crimes Persons 即"人身侵犯"替代）的地区助理检察官凯文会面。据说地区检察官办公室里人人都想负责我这个案子。

我们上楼的时候，警探们告诉我"乔治娅"已经到了。我马上反应过来，他们说的是跟我在同一年的十一月被强奸的受害人，这是我第一次听说她的名字。她跟她先生和两位女士在一起——"匹兹堡反强奸组织"（Pittsburg Action Against Rape）给我俩各指派了一位受害人援助者。

乔治娅先跟检察官开会为听证会做准备。于是，比尔、丹、那位援助者和我继续留在走廊里等着。在我的要求下，丹把我的卷宗带过来给我看。我从今年的内容往前把每一页都翻看了一遍，那晚比尔用工整的笔迹满满记了好几页，接着又是单倍行距打印的好几页内容。我一边看，一边不停地轻叹："天哪！我的天哪！"这里记了好多我自己都懒得去记的一些细节。没有跟我的记忆相矛盾的地方，倒是跟新闻似的，都是我头一回听说。

显然弗莱尔在上楼之前，等在我公寓门边的楼梯口跟我说了话。比尔把我当时的叙述像写剧本一样转述了下来。看到这些让我感到有些晕眩，必须得找个地方坐下来才行。丹给我拿了杯水。我一整天都没有哭过一回，但我的手却控制不住地一直抖个不停。

很快就轮到我们跟地区助理检察官凯文开会了。我们被带到后面的一间办公室，门上贴着一张"把尾巴钉到驴屁股上"的游戏海报。他们跟我解释，这次听证会的主要目的并不是要证明弗莱尔有罪，而是向法官说明这起案件有其成立的理由，并说服法官判令"签保"① 以便之后可以正式立案审理。解释清楚这些后，我们一起把听证会的流程以及我要说的证词过了一遍。

我对自己准备的证词中的遣词用句有些拿捏不定。在听证会上我必须把事情经过描述得非常具体，使之很清晰地跟诉状吻合。我不知道用什么词比较合适，如果用医学名词的话给人感觉有些奇怪，但如果用俚语又显得过于粗俗。我在那间办公室里头跟这三个我并不算熟的男人一起字斟句酌。

会议结束我们走出办公室的时候，比尔拉着门让那位女援助者先走，我跟在她后头正要走出去时注意到比尔站在那儿正听凯文说些什么，我立刻转身回去，跟他一起等着。一整天下来，除了上洗手间，我都没让自己离开比尔超过三英尺。如果他在我前头，我就紧紧跟着；当他落在我后面时，我就不停回过头去确保他就在我身后。

我们还得继续在走廊里等着。我拿出 iPad，翻出孩子们的照片给那位女援助者看，也不晓得有没有让她看到无聊；不过她还挺有风度，一副兴致颇高的样子。比尔跟丹则在一边聊着警察局的一些事，我没刻意去听他们的谈话，但确保他在我眼睛余光扫视的范围内。他就在我前面一两英尺的地方，靠着中庭的围栏站着，下面站满了排队进法庭的人。偶尔他会稍稍换一下站立的位置，这时我立刻张大眼睛找，直到确定他没走开。有一次他走开两码远去上厕所，看到他走开把我给慌得不行；直到我转眼看到他搭在栏杆上的大衣后，意识到他并没走远，一会儿应该还会回来，这才放下心来。

---

① 即 bind over，即签保证书，保证不再违反法纪，多用于案情较轻微的案件，首先当事人要承认案情，控方判断其背景后提出不提证供起诉，再经警方、法官等同意及批准其可以获准不留案底自签担保。只要在守行为期内不再犯事，控方日后不会就同一控罪再对被告做出控诉。——译注

乔治娅与我相谈甚欢，还彼此分享了"如何遇到自己丈夫"的经过。她发现我们在两个方面很相像，案发那时我俩都在从事表演，结婚后又都生了儿子；我说我们那时住得很近；她接着说他也算是我俩的相同点，我正在兴头上，半开玩笑说此人"品位还不错"，大家听了哄然大笑，马上又有些紧张地四处张望了一下。我跟她就像两枚松了导火索的手榴弹；他们不知道我们什么时候会突然爆发。

我又开始有些头晕。比尔从自动售卖机上买了一包饼干和一瓶运动饮料给我。丹走开去上洗手间。

就在这时，丹的太太突然出现了，显然她在楼下一直等着瞅准了这个机会才上来的。她先自我介绍了一下，然后在我们这群女人中间辨认谁是受害人、谁是援助者，她上前跟我们拥抱、打招呼。她跟丹说她今天想过来看一下，但丹没同意。她跟我解释说她必须过来，而且一定要见到我。

她说丹是真的全身心地投入了我这个案子，从化验室检测结果报告出来，到嫌疑人被安排移送，最后我千里迢迢从英国赶过来，他对这些别提有多高兴了。我听了惊讶得不知该说什么好，这些他从来没在我面前有所表露啊。等丹从洗手间出来的时候，我和她已经拥抱过三次了。他看见她，整个人都愣住了。我大声说道："我们都已经拥抱过三次了！她人真好。"她一脸骄傲地看着他，然后告诉我们，为了今天的听证会，他专门去买了新西装穿上。丹低下了头，表情有些尴尬。她顺着他垂下的眼睛望去，说道："这副袖口也是昨天刚缝好的。"她说早上她喝了一杯英国茶，吃了一个英国麦芬蛋糕，以此向我致敬。

这时，有人过来叫我们进去了。

庭审的房间在楼下，里头布置得很简单，前面的高台上是法官和两位助理的座席，面对高台分几排摆放着可折叠的椅子。法官年纪挺轻的样子，可惜头发全掉光了，他身体向后靠坐在旋转椅上，看上去像坐在宝座上的莱克斯·卢瑟①。他一脸威严，还流露出一丝厌烦无聊的神色，整场听证会上一直都在那儿嚼着口香糖。

我坐在比尔和援助者中间，身后坐着丹的太太，她在我发言时帮我拿着包。她伸长了脖子，把脑袋挤在我跟援助者之间的空隙里，指着法官右手边隔着屏风的那个角落。弗莱尔就坐在那里。她问我们："你们知道那个关着犯人的小屋叫什么吗?"比尔、援助者和我的回答不尽相同。她语气坚定地轻声说道："我管它叫羞耻角!"

我瞄了弗莱尔几眼，他紧挨着自己的辩护律师坐着，身上的囚服颜色明亮刺眼，晃了我好几下，但我的胃没有翻江倒海般的难受。我并不怕他;只是对他本人以及我看到他之后会有怎样的反应颇为好奇。他现在看上去老了，是真的老，不像我这样人到中年的成熟。"在房间那一头"的这点距离让人感觉遥远，所以也让我有一种安全感。如今我俩的处境对换了：他成了必须保护自己的那个人了。

案件的审理会依案发时间顺序来进行，一月在先，十一月随后，所以大家宣誓之后我首先出庭作证。没什么座位、小包厢或者其他花里胡哨的布置，我们直接背对着身后的旁听席，挨个儿在法官面前站成一排：我，比尔，丹，检察官凯文，辩护律师，以及被告。阿普瑞尔负责另一个受害人的案子，因此她没起身。凯文往前靠了一下，用身子挡住弗莱尔，避免我在发言时看到他。

进展还算顺利。幸好我们事先演练了这个过程，仔细斟酌过每一个用词。除了结束后的交叉询问，整个过程跟我们在贴着"把尾巴钉到驴屁股上的游戏海报"的办公室里预习的一模一样。

辩护律师一直想办法用问题来套我的话，一旦我对案件的描述出现

---

① 莱克斯·卢瑟，又名亚历山大·卢瑟，是美国 DC 漫画旗下的超级反派，超人的头号死敌，初次登场于《动作漫画》。——译注

破绽，就可以拿来进行反驳。我们这个案子的破案依据是 DNA 匹配，尽管我确实还认得出弗莱尔，在这里目击者的指证并不是关键，因此辩护律师使的这些小花招对我起不了什么作用。一般来说，证人都想不到律师会对一些无关紧要的细节刨根问底，他们的毫无准备会让辩护律师有机可乘，抓住证词前后矛盾的地方。这些我早有研究，而且也读过相关的建议，因此我不会轻易中了他们的圈套。对我而言，重要的是如何克制自己在社交活动形成的一种自然惯性，尽量避免对那些没有十足把握的问题进行猜测和直接答复。

对大部分的问题，比如他那时留着胡子吗？他的头发是灰色的还是深色的？我一概以"我不知道"回答。我不记得这些，只记得他的娃娃脸，脸颊圆圆的。我还记得他"个头大"，当时我就是这么觉得的，也这么跟警察说来着。他还很有力气。我现在担心这些都有可能被用来反驳我，因为在法庭上我可以清清楚楚地看到，他其实并不像我之前说的那样。有人提醒过我，他在监狱里瘦了不少，但他不只是瘦，他比我高，但没有警探和律师他们高。当他站在他们身后时，我根本连他的影子都看不到。

辩护律师指出案发当时是傍晚，他问，我的公寓里面是不是很黑。我不知道。开着灯吗？我不知道。"那么，你那时真的有机会看清楚他的脸了吗？"辩护律师说这话时语气虽然亲切，但充满怀疑。

我一下感觉身体被一股莫名的东西填满，语调不颤抖了，语气也不再小心翼翼了，我用近乎僵硬的声音对着他吼道："是的，就在他操我的时候，那张脸就在我面前不停地上下晃动，我看得一清二楚！"

交叉询问到此结束。我们重新入座。我紧张地瞟了一眼坐在一边的那两位报社记者。

接下来的听证会我一直坐在那儿，每一分钟对我来说都是煎熬。接着轮到丹出庭作证，对最近几个月的案件调查进行说明。辩护律师针对最初的案件调查情况进行提问，企图抓住反驳的机会，他问最早负责这个案子的警察是否还在警局工作，甚至问他是否还活着。我用肘部轻轻推了一下比尔，我俩相视一笑。

接着，轮到乔治娅、阿普瑞尔和化验室的刑事专家出庭作证。我本以为我会被要求在另一位受害人发言时暂时回避，但并没有。我这才明白，原来法庭还是把我们当作两起独立的案子，因此我可以跟这里的其他人一样留下来旁听。整个过程中，只有当阿普瑞尔回忆她在纽约讯问弗莱尔的情形时，他才认真地听着，表现得有一点激动。他侧着身跟他的律师说话，阿普瑞尔转述他说的那些话让他有些激动。这些已经不重要了。我微微闭上眼睛，轻声告诉比尔，一旦我们可以退场，我想马上就离开那里。

跟预期的结果一致，法官认定合理的依据成立，将正式立案审理。被告提出降低40万美元的保释金，凯文则要求提高金额。坐在法官席上的莱克斯·卢瑟随手一挥，保释金翻倍，每个受害人40万美元。

我们都站起身来，一边收拾东西，一边汇总今天的情况。我很想出去，但走廊里架着摄像机，我犹豫着到底留在房间里好，还是直接走出去算了。凯文走到我和乔治娅面前，说我们刚才表现得都很好；我确信我那一声吼没坏事，应该是吼在点子上了；大家对于法官提高保释金的决定也是频频点头、不停称道。

被告将在提审时被正式起诉，他可以当场提出抗辩。提审和庭审前会议（这两个我都不需要参加）安排在三月十三日这一天同时举行，当天会确定正式庭审的日期。阿普瑞尔先溜出去在走廊里待了一小会儿，这会儿她走了回来，一半惊讶一半好笑地跟我们说丹的太太正在外面斥责辩护律师，他在交叉询问时对我的态度令她相当不满。

走廊很长。我一出来就被摄像机追着，都没法好好走路了。比尔把手放我后背，推着我快步往前走，直到我们走出了大楼。迎面而来的是漫天飞雪。

比尔和我跟其他人分开后直接去了一家咖啡馆，坐在玻璃中庭欣赏外面的雪景。我的两只手一直抖个不停，甚至担心自己从收银台回餐桌的路上会不会把手里的茶给洒了。

回到酒店，在大堂等电梯的时候，我再次感谢了比尔，并且让他向他太太转达我的谢意，感谢她同意把他借给我。他说，其实她之前从来没有机会看到他工作的这一面，包括他所负责的案子里的受害人，昨天的晚餐对她而言有着特别的意义。我踮起脚，手臂环着他的脖子拥抱了他，他也拥着我。他说："这个结果很好。这个，对我也是再好不过的消息了。"他一下子哽咽了，哭了起来。

我离开这个家，回到我另外的那个家。

从一九八九年我上大学一年级开始，我就有种往返于两个家的感觉。那时，"回家"的概念理所当然就是在感恩节的时候回我父母在新泽西的家。奇怪的是，四天后返回我的宿舍也算"回家"。从那之后，新英格兰①和硅谷也成了我的家，然后八年前，英国也成了我的家。

我想念剑桥；想念我的孩子们；想念盖文。坐了一晚的飞机，我在早上八点回到自己的家，盖文请朋友过来帮忙照看孩子，这样早上我还可以补一觉，他就一直躺在我身边陪着我。

我记得的都是非常具象的画面和具体的事物：比尔的那杯马蒂尼，破电梯，嚼着口香糖的法官。但我记得最清楚的是在法官面前站成一排，把我跟弗莱尔隔开的比尔、丹和凯文。他们如此魁梧，被他们挡在

---

① 新英格兰，指的是位于美国大陆东北角、濒临大西洋、毗邻加拿大的地区，包括美国的六个州，由北至南分别为：缅因州、佛蒙特州、新罕布什尔州、马萨诸塞州、罗得岛州和康涅狄格州。——译注

身后的弗莱尔显得那么渺小，微不足道，以至于无论是之前站在法庭上，还是如今在我的脑海中，我都看不到他这个人。每个好人看上去都更高大，也更举足轻重。

5

关于听证会后如何跟我相处，我的建议如下：

1. 询问我听证会开得怎样。

2. 追问那些好玩的细节。

3. 听到好玩的就要笑。

尽管我已经努力让一切简单易行，但这里的朋友很少能做到上述几条。我几乎不直接提及强奸案，而是以"审讯"或"听证会"，甚至"我最近这次出行"来指代。我一边微笑，一边说着那些带有黑色幽默的逸事和片段。但显然光有这些还不够。

我在机场的时候就已经给朋友们发了邮件，跟他们说了一下听证会的情况。但就算这样，他们大都还是不来找我再多了解一下。我想他们根本不想在见到我的时候再"提起它"，但是我满脑子都是这事。它已经"发生"了。如果他们那就来问我，我肯定全盘托出。我猜他们考虑的是如果我真心想要说这事，肯定会主动提起这个话题，但这给我的压力也实在太大了。我已经主动写邮件说起这事了，但每次都要我这样遭受创伤的人一再要求，大家才会跟我聊这事，这有点过分了。

只有极少数几个朋友大致询问了一下情况，但都没追问那些有意思的细节。难道他们不想知道我对辩护律师嚷了些什么吗？听我说我直接让他闭嘴了，他们的反应居然不是"你说了些什么???"。这让我感到受伤、恼火和讽刺，我在心里刻薄地默念：这帮毫无好奇心的人活到现在居然还没无聊死，他们是怎么做到的？最起码我的孩子还会为我在法庭上的那次发脾气欢呼雀跃了呢。我甚至告诉他们我讲了脏话，但没具体说是哪个词。他们觉得我那样特棒。

真正打破砂锅问到底的只有一个人，唱诗班的行政助理爱丽丝。她是唯一在第一个星期就对发生的一切感兴趣的人。她懂得怎么提问，怎么追问。除了我自己的家，整个剑桥就数她的办公室最欢迎我。法官嚼着口香糖，丹的太太专门跑上楼跟我说了体己话，还有一路跟着我们从法庭里面到外面，一直拍我的脚的摄像机，这些都没能把她给逗笑。相反，她在整个聊天过程中一副随时都要哭出来的样子。

八年里，我说话的口音已经逐渐向太平洋中部滑去，但一夜之间又切换成满嘴的美国腔。我不得不有意识地克制自己说"胡扯"和"该死的"这样的词。

因为担心孩子们趁我在美国的时候提起听证会的事，我们提前跟唱诗班的高级管风琴助理本（他还是一位在校本科生）打了招呼。现在他每次看到我走过，都会勉强挤出一丝又怕又紧张的笑容，好像我带着传染病毒或者会爆炸似的。

这是我在一九九二年写给卡内基梅隆大学戏剧学院每个人的感谢信：谢谢你们，在我需要你们的时候个个都他妈的表现得人模人样。如果我在剑桥必须给每个人写感谢信的话，那简直会要了我的命。

到了第二个星期，情况开始有所好转。

约翰牧师说，这里的朋友，甚至包括我的好朋友都不见得会理解这个案子，更别提跟我讨论这事了。虽然，约翰只是用他的方式把我的原话重新跟我说了一遍，可我听了就想直接推翻他的这个理论。我要证明他说的不对。我们当然都是人，即使是英国人，我心想，也只有一半人确实会对像我身边那些人表现出的自说自话感到闹心。我得告诉他们那个螺旋楼梯在哪儿，好让他们都顺着楼梯向我走来。我知道他们的天性中对我有关心，也有好奇，我已经主动发出邀约，努力向他们敞开心扉了，但我所做的这些对大部分人而言并不起什么作用。

距离听证会结束已有一个星期了，中间隔了这段时间对我们大家都有好处，包括我在内。作为一个和文字打交道的人，我不太能接受他们用善意的肢体语言和悲伤的表情跟我沟通。我倒是希望他们可以跟我说说话，聊聊天。邮件已经发给他们了，该解释的我都在上面说清楚了，我不想跟他们当面再重复一遍。可他们还是紧张，需要有人在后面推一把。就这样，他们等着我说话，而我也在等他们开口，双方僵持不下。最后，我投降了。他们对我的大方亲切和如释重负，是我反驳约翰的最好证据。我和约翰约好了会面，好让他知道他原先的理论并不成立，我那些朋友的反应如我们期待的那样都还正常。他们只是需要一点帮助而已。

我拟了一个脚本，在庭审前通过邮件发给大家：

1. 在我临走之前，祝我好运。
2. 当我回来时，欢迎我回家。
3. 如果你想聊一聊这事，请不要犹豫。这也是我希望的。

美国人在听了我的故事后大都会说"哇"和"天哪"，英国人则报以"哎呀"和"啊呀"这样的反应，让我忍俊不禁。

虽然现在人们起码愿意跟我讨论这事了，但我还是很难分辨他们对此关注究竟是出于善意的伪装，以掩饰内心的尴尬，还是真的出于兴趣，想要多了解些，却又为自己的好奇感到难堪。我其实根本不在乎他们的出发点是怎样的，我就喜欢那些向我提问、跟我一起把事情经过捋清楚的人。

而那些跟我一起聊过这事的人，彼此之间却从不互相交流，这点让我感觉特别好笑。大家好像都很忌讳在背地里说我的"八卦"。（我不喜欢"八卦"这个词。它把人们对这件事的关注说得好像见不得人似的。)当年在匹兹堡，强奸案发生后的一天之内，我班上所有同学都接到电话通知，第一时间得知了我这边发生的事。我们这个班级并不大，同学之间关系亲密，我们想当然地认为每个人都必须知道这事，因为他们需要知道，也希望知道。我当时很感激他们能这么做；因为这样我就不用亲自去解释，发动大家来照顾我了。而剑桥这边的这份沉默，可能体现了存在于英国人和美国人之间，或者中年人和大学生之间，或者是搞学术研究的人和演员之间的一种差异。在我看来，主要是因为到了我们人生的这个阶段，除了自己的家庭，我们已经不再属于任何一个群体了。没有所谓的"我们"这个概念，大家都是独立的个体，跟我之间像是用车轮辐条连着，甚至他们之间也是这样连接的。

人们对我说的最多的两个词，一个是"勇敢"，另一个是"终结"。

我所做的其实算不上什么勇敢。对于原本不想出庭作证的人而言，最后能鼓足勇气站出来，那的确称得上勇敢，但我不算，因为我从一开始就想要出庭作证。假如弗莱尔直接认罪，导致这个案子连审都不用审了，那我肯定会感觉像遭人抢劫了一样。所以，哪怕这事再难，就算辩护律师拿着那些像削尖了的棍子似的问题一再地戳我，我还是会这么做。我做了自己一直想要做的事，这算不上什么"勇敢"。

"终结"这个词过于含糊。如果用它来形容我希望看到这件事的最终结果，我觉得其准确性和实质性都略微欠缺。"复仇"这个词也不见得恰如其分，这会让我有一种负疚感。如果说"正义"的话，就显得这事跟我没任何关系似的。我想要的结果其实很具体：我要他被判终身监禁，最后老死在监狱里。翻来覆去地想这些并不能让我感到满足。我希望自己的想法最终不只停留在脑子里，而是能成为真正的现实。

比尔提醒我，把坏人送进监狱，这样的结果固然很好，但也仅此而已，发生的都已经发生了，不会因为这个而改变什么。他说的这些我都理解。如果这是一起谋杀案，我完全认同他说的要对自己的期待保持谨慎的态度，因为那种案件中的损失根本无法修复。但我这个真的可以被修复，倒不是靠把那个男人关进监狱，而是靠所有人齐心协力将他绳之以法的那股合力。他们确实把发生的那些事情给逆转了，包括那些让这个世界充满危险和不公以及让我为自己的软弱和过激反应而担心的事情，所有这些重要的事情，他们都一一消除了，就像从来没有发生过一样。

我很高兴看到官方起诉书把那个男人对我做的事称为"重罪"。我拍了一张案卷的照片，想看的时候随时可以拿出来看一眼：五项重罪，三项轻罪，都是我这边起诉他的。乔治娅起诉了他四项重罪和一项轻罪。把这些定性为罪行，确定地说定为情节极为恶劣的重罪，就意味着再也不能因为我饱受这事的影响而说我疯狂了，也不可以因为我总是一副心不在焉的样子而说我懒惰。错就错在我的软弱，想要甩掉这样的感觉并不容易，但现在对他提出的严重指控说明了他才是那个坏人，不是我。

现在我身边的人都知道我被强奸这件事，这挺好的。

案发时我所有的朋友都知道了这事，但二十二年来我的朋友圈也扩大了不少。那个男人被拘捕的消息，让我有理由把这件事告诉给新交的朋友们。

但是，我担心人们现在会用一种不同的眼光来看我的小说，当他们读到书中任何关于性和暴力的场景时，会在字里行间找寻我以及我那起强奸案的蛛丝马迹。我得承认，确实会有，事实上，我的书中都会有我的影子。我不仅是受害人，我也是警探、证人甚至是那些坏人。除了被强奸的这段经历，我的书里还可以找到我人生的很多点滴，包括我在新泽西州一个中产家庭度过的童年，我父亲做出放弃法律事业专攻棋盘游戏设计的决定，我母亲这边跟战时德国的家族渊源，我接受的表演培训以及研究生期间关于艺术史和策划的学习研究，我的信仰、怀疑、旅行、快乐的婚姻以及我为人父母。强奸不是什么秘密，就像我在八十年代度过的青春期，以及我作为Ｘ世代①二十多岁时的青年时光，是我人生的真实经历。我经历了太多太多的事。

不只别人，连我都会问自己，为什么要选择写那些可怕的事情，甚至在我的小说中也会写。我为什么不可以把精力花在撰写一些没有暴力、不那么吓人的故事上面呢？其实犯罪题材的故事不仅、也不全是关于犯罪本身。这些故事会提到罪行发生前的一点事情，然后用大量的笔墨描写之后发生的一切。之后发生的那些事还都挺可怕的，但就像每个人都会日渐衰老，没人能躲过这些。案发后的那段时间，罪行带来的影响依然存在，但还有很多事情也在同步发生，因此罪行本身不是这个世界上唯一需要面对的事情，有这样一段甚至有可能是漫长的时间，也足以让人感到安慰。

在我被强奸后发生了很多事情，有些是紧接着发生的。我描写过九一一接线员在电话里对我呵斥"别哭了！"；为了把衣服交给警察，我不得不躲在我单间公寓的衣橱门后面换衣服；医院里，忙碌的护士、一身制服的警察以及穿便衣的警探，他们所有人拿着各自的表格，一遍又一遍地问我要同样的信息。我身上流着血，渗过我穿的蓝色运动裤，在急诊室的椅子上和不同的桌子上留下斑斑血迹，但我对此全然不知，直到他们把我带到一间配有卫生间的检查室时我才发现。

护士们因为急于掩饰她们内心的不安而对我表现得心不在焉，但她

---

① Ｘ世代是一九九一年之后大为流行的一个生活形态名词，源于道格拉斯·柯普兰出版的同名小说《Ｘ世代：速成文化的故事》。小说中，柯普兰将五十年代后期和六十年代之间出生的定义为Ｘ世代。——译注

们的表演终究不够到位。我曾描写过医生说我做得很好，头脑冷静，我的控制力和明智最终救了我的命：

我大声哭着，眼泪止不住地往下淌，流进嘴里。"但是……"我脱口而出，"但是，那是我表演的问题！"是的，我的老师一直说我表演时不够放松，过于谨慎小心，也太过自我控制。

我和医生说这话可不是开玩笑的，但话说出口后才意识到这话有多滑稽，我一边流着眼泪，一边又忍不住笑着。

几个小时前，我还躺在我那张白色大沙发旁边的地毯上，无法呼吸，不敢呼救，用力拿手压着地板，脑子里幻想着的场景里面有警察、医院，我穿着衣服。我活着。我从来没有如此渴望能像现在这样，从地上站起来，把候诊室的椅子弄得血迹斑斑，让医生在我全身上下采集证据，自己还跟神情紧张的护士开玩笑，看着她们从一开始不知所措逐渐变得可以接受我的幽默。

朋友过来接我回家。护士指了指放在出院登记台上的一罐拐杖糖，跟我说：圣诞快乐。

我不怎么喜欢拐杖糖，但这会儿就像去电影院看电影时有人买了一桶爆米花给我：就算不饿，我还是会接受这份好意。在这份善意中宠溺一下自己又有何妨。

那些心地善良、多愁善感的护士和优秀的医生们，语气温柔但又一针见血向我提问的比尔，还有把我带回自己家、让我从此不用回那间公寓的朋友们，我希望你们都能知道，对我而言，你们每个人有多么重要。还有一直耐心听我倾诉的约翰和爱丽丝，以及对我阴晴不定的情绪和乖张的举动从不质疑、全盘接受的盖文。那事过去已经有很多年，其间发生的事多不胜举，好在大多都还是美好的。

二、打开礼物

6

　　我选了一张自己的老照片寄给现在办我这个案子的警探和检察官。只有比尔在案发当年见过我，我希望他们也可以对当年的我有些了解。

　　我没有挑选那些在后台和演出时拍的照片，但除去这些，剩下的照片里面可挑选的余地就不那么大了。有些照片是我那年夏天跟我母亲一起度假时拍的，但我感觉这些照片并不合适。因为度假就像给我套上了另外一件戏服，代表不了我平常的样子。

　　强奸案发生的十八个月后，我从学校毕业了。毕业这天当然相当特殊，跟平常有所不同，但这也算得上是我日常的一个集合了吧。匹兹堡是个大学城。比尔、丹、阿普瑞尔以及地区助理检察官凯文都会理解毕业照的意义所在。这会让他们想起自己的毕业典礼、他们的学校以及大学生活；如果他们有孩子，或许这照片也能让他们想起自己的孩子。

　　我在毕业典礼那天拍的照片大部分都是跟别人的合影，因为有许多家长拿着相机给我们拍照，结果在这些照片里我们每个人的眼睛基本都朝不同的方向看。在我最喜欢的那张照片里，我朋友亚伦的手臂搂住我的肩，我的脸正对着相机，露出灿烂的笑容。照片正好抓拍到我俩转头的瞬间，我们戴的毕业帽上的红色流苏飞了起来。

　　我在邮件里写道："附上一张我那时拍的照片。确切地说，应该是案发十八个月后拍的。我按时毕业了。"

　　写完邮件后我并没有马上发出去。最后一句话虽然简短，但对我的重要性不言而喻。我做到了，尽管中间我受到过干扰，尽管那个星期二我没有返校，尽管我还休学了三个星期，取消了一门课，有时——但也仅仅在回忆起案发的情景或者忍不住哭泣万不得已的情况下——也会中途从课堂上退出：我从这所全国最难考的艺术院校之一按时毕业了。在匹兹堡，这所学校的大名无人不知，在戏剧界也无人不晓。人们对我善待有加，但我并不是靠着他们的善意和怜悯才毕业的。我佩戴的绶带和徽章代表着大学授予我的荣誉，而白色的饰带则是学院授予的荣誉，这些在照片上都清晰可见。

我不由自主地拿彼时的我跟现在的我进行比较。那时候的我从没放松过学习，现在的我除了在做好家长以及处理好个人生活方面做得还可以之外，很多我答应要做的事，比如担任一次竞赛的裁判，主持一场讲座，最后都没了下文。手上在写的这本书稿进展比计划的要慢。拖稿了不说，改稿也不尽人意，我感觉糟糕透了。我的脑子里总有一个声音在默念：如果能做完这个，那就不会有事了。言下之意，如果我没完成的话就不那么好了。我想要好好工作，却接二连三地遭受挫败。无论是我的出版商还是经纪人，他们都告诉我，慢慢来，没关系，但我觉得他们也只是嘴上这么说说而已。就算他们真那么想，他们的纵容最后就会导致这样的后果。

我不觉得那时的我比现在更好，更能坚持，更有才华，更有能力。只是在学校的体系中已经构建了一整套小目标，可以更好地引领我走向成功。虽然我也想过重返校园拿个学位，这样我就可以重新回到象牙塔里，通过学分获得认可，但我心里很清楚，我已经不想再做作业，也不想参加什么考试了。

我整天围着孩子们的学习转。来回接送、检查抄写和代数作业可以舒缓不少压力。S很快就要长成一个翩翩少年了，他每天早上跟我比身高，盼着自己的个头再往上蹿一英寸好超过我。W还有些黏人，假装自己是只猫咪，整天捧着《内裤队长》（*Captain Underpants*）和《凯文的幻虎世界》（*Calvin and Hobbes*）这些书看。

我给他们看了那张选好的照片，但没告诉他们选这张照片出来做什么。我说："看看这照片。"

那时到现在都过了这么多年，他们居然还能从照片上认出我来，这很不错。"你旁边那个男的是谁？"他们问道。我解释说他是我的同班同学，叫亚伦。他们好像并不吃惊，对照片也没什么兴趣，继续忙自己的事去了。他们知道我在大学得了学位。

我继续盯着这张照片看。

就这样远远地欣赏着当年的自己，更容易有一种自豪感在心中油然而生。

在市级法院的走廊里，我手里捧着自己案子的卷宗等着听证会开庭。放文件的档案袋还是二十二年前的那个。档案袋的外面用潦草的字迹记录了我过去这些年的各种联系方式。

在我的要求下，丹把比尔在那天晚上手写的问询笔录扫描后发给我。现在，我可以随时拿出来翻看。尽管这些记录会带我回到那个可怕的梦魇，但该面对的还得面对，躲是躲不过的。

这些笔记中的大部分事情我都还记得，但终究隔了太长的时间，有些细枝末节的信息我已经记不太清楚了。那晚强奸案发生一小时后，比尔把我的叙述原原本本地记录在了纸上。每一个曾经遗忘的细节都在笔记中浮现出来，看到的那个瞬间顿时变得鲜活了起来，但又突如其来地让人有些不知所措。

比尔的记录中写道，我曾经乞求："我们［能］找一些别的让你高兴的事吗？"我当时应该是想说服他，把之前他要求我做过的事重新做一遍，这样他就不会再对我做一些我极不希望他去做的事。几个月前我还想起过这个细节，可当时印象模糊，都不敢肯定是否确有其事。

这段记忆和我一本小说中的一个场景极其相似，小说中的一个人物也是以此跟正在迫害她的那个人进行谈判。在我准备证词的时候，我以为我错误地把自己的亲身经历和写的书混淆了起来，所以我没有把这部分内容加入我的证词里。

我写的书无疑体现了我对生活的观察和体验。但我在书中描写跟施暴者谈判的情景时，并没有仅凭自己的记忆去创作；我只是把这个谈判的尝试完全转交出去，直到它最后发展成为书里的一个场景；要是没有发展成功，我会不停地告诉自己，这只不过是一段记忆而已。这多少会让我灰心丧气，也让我在自己写的书里的所有年轻的女性角色身上不断尝试，当然也包括我正在写的这本书。我意识到自己笔下的很多女孩总是不停地踢打反抗。创作上看着重复、懒惰，其实根本不在我意识的控制之下。

案件记录里头有一句话引起了我的注意，我当时居然还这样恳求弗莱尔：

"如果我做得很好，你可以不杀我吗？"

我把每个人的年纪一一写了下来，便于我对所有的人进行分析。

一九九二年一月，我二十二岁，比尔三十岁，弗莱尔年近四十。

那时，丹二十七岁，是一名私家侦探。阿普瑞尔二十一岁，刚刚大学毕业。所以丹比我年长些，阿普瑞尔跟我同届，同一年从高中毕业。我以前一直觉得他们年纪比我要小，而且小很多，可能是因为他们正在做比尔二十年前就已经在做的事情，所以给了我这样的错觉吧。无论是在电话里还是在听证会现场，我总觉得他们要比我小一辈。

这样看来，我们这些好人们年龄相差都不超过十岁：如今阿普瑞尔已经四十三岁，我四十四岁，丹四十九岁，比尔五十二岁。上世纪七十年代，我们还都是一群孩子。比尔那时才十来岁。我们这几个还在蹒跚学步、牙牙学语，玩着棋盘游戏，听着唱片。那时候的弗莱尔已经长大成人了。

如今，他也快六十二岁了，网上几乎找不到任何有关他的学业背景或工作经历的信息。倒是在听证会上，有人提起他曾在军队服役，这跟我想的差不多。他可以非常利落地把我逼到墙角，将我钳制。在听证会上，他表现得相当克制，没有流露出一丝情绪甚至兴趣。

他上世纪五十年代出生在纽约州北部一个名叫灯塔的小镇。现在的灯塔镇早已是旅游胜地，可在上世纪六十年代，他还十来岁的时候，当地各种族之间紧张的关系不断加剧，以致七十年代当地暴乱四起。

我在网上查到他在一九七二年高中毕业，那时他应该有二十岁，他肯定留过级，要不就是因为什么事情中间休学过一两年，也有可能因为早年他家经常搬家的缘故。如果他高中一毕业就服的兵役，应该参加过越南战争。

检察官凯文是我们当中年纪最小的一个，只有三十五岁，强奸案发生时也不过只有十三岁而已，跟我这个那时已是二十二岁的大二学生相比，他年纪确实还很小。如果我们当时生活在同一个镇上，说不定我可能还会当他的临时保姆呢。

但如果是我自己的孩子，十三岁已经感觉快要长大成人了。S的高音正处于巅峰；但这样的状态最多只能维持到今年。这一年的行程早被各种独唱会和音乐会挤得满满当当。要跟大部分美国人解释清楚英国的唱诗班是怎么回事并不容易，唱诗班并非是历史场景再现或是角色扮演；而是保留至今的一项传统，在外人看来非比寻常，但对置身其中的人而言，是再寻常不过的事了。现在的这些男孩子们，站在前一批孩子站过的位置上歌唱，等到这一批男孩子离开了，会有新一批男孩站在这里跃跃欲试。我们无法预知什么时候这些男孩子的高音会消失，他们每长高一英寸就预示着剩下的时间可能不多了。一旦进入变声期，不止他们的唱诗班生涯就此结束；他们的童年也随之画上了句号。几乎一夜之间，他们个头蹿高了，毛发浓密，皮肤也变得油光光，有责任感，变得颇为自负、野心勃勃。当初送进唱诗班的还只是一个小男孩，最后接他们出来的时候几乎就是一个成年男子了。

在"谷歌图片"中输入"阿瑟·弗莱尔"，显示的搜索结果跟以前不一样。就像我的记忆，在不同时间段因为考虑的侧重点不同而发生变化。

我已经找不到自己一眼就能认出他来的照片了。他的脸书主页上还是以前的那张头像，但关于他的其他信息在网上几乎很难找到。我在五个月前把找到的信息都截图保存了下来，看来当时的决定还是相当明智的。

我手头有三张照片。两张是他年轻时拍的，跟他一九九二年时的模样差不多：身材结实，脸颊饱满。第三张照片是最近拍的，除了头发灰白，整体样子变化不大。入狱后到现在，他人瘦了，也可能是因为年纪大了的缘故，感觉他个头也变矮了，在法庭上看到他觉得他比之前清瘦了，也变老了。

在听证会上，公众只知道我的名字是"无名氏"，但面对法官，我不仅要当堂确认我的真名，还要把名字拼出来。我事先根本不知道他们允许弗莱尔知道我的名字。因为他有直接面对原告的权利，那么我就没法保持匿名的身份了。这么多年过去了，对他而言，我就是那个星期天遇到的女孩；现在，他完全可以在网上找到所有关于我的信息，因为我的职业关系，他还真能找到不少。我不知道他会不会像我一样在谷歌上搜索。我可不想让他知道我是谁。我从来没考虑过当我最终对他有所了解的时候，他反过来也可以对我了如指掌。

比尔在记录中分别把我们称做 A 和 V：行为人（actor）和受害人（victim）。我知道有些人不喜欢"受害人"这个词，而更喜欢"幸存者"这样的说法。但我一点都不介意他这么写，也没感到有什么可难过的，因为我确实就是事件的受害人，遮遮掩掩的反而会让我反感。

第一次听到用"行为人"这个词来指代那个男人的时候，我一下子没反应过来。警察们赶到我的公寓，问我："女士，那个男人你认识吗？"（我那时才二十二岁他们就称我为女士了。）作为一名戏剧学院的学生，在我看来这个词（actor）不仅指那些赫赫有名的艺人，还包括我的朋友们。所以要么这个词的定义本身就有问题，要么这个词在这里是指发生的一切都是假的。

我当时就在想，这些可都是发生的真事，他可不是在表演啊。显然，警察们说的不是这个意思。就好像他们在说"造成事故的人"时，会用"perp"指代"肇事者"（perpetrator）一样，强奸这事是他干的，而我就是他实施这个罪行的对象。

庭审的最大好处之一就是我可以在法庭上有所作为：不是什么"假模假式"的表演，而是"真刀真枪"地采取行动。我是控诉和作证的施行者，他则在那里接受整个过程的煎熬，丝毫不得动弹。

一个从我这里得知这事的朋友，一直试图说服我庭审的主要意义在于防止未来更多的人受到伤害。他认为"惩罚""报复"甚至"正义"这些都是不切实际也不体面的想法。可是，我被人死死压在公寓的地板上，跟我站在法庭上指控，两者之间天差地别。无论是否能够拯救别人，但让他受审是我的权利，也是警察、地区检察官和宾夕法尼亚州对我的馈赠。无论对我，还是对未来每一个可能免受侵犯的受害人而言，都同样重要。

写书的时候，故事怎样开始又如何结束，这一切都由作者说了算。我的那位朋友相信，我的这个故事在弗莱尔离开我公寓的那一刻就已经落下了帷幕，意味着在此之后，我做什么都对此无济于事，也正如此，他所考虑的只会是未来可能被伤害的那些人。但我不这么认为，我这故事还没完，直到有一天我亲自站上法庭，这事才会有个了结。

今天是召开提审会议及预审会议的日子，我得到了一个让我不安的消息：地区助理检察官凯文已被调去负责凶杀案，接手我这个案子的是埃文，一位从业不超过五年、比凯文还年轻的律师。

我已经跟凯文一起出席了上次的听证会。虽然那次作证的时间较短，但也算给庭审做了准备，据说正式庭审时给我的作证时间要比上次长。我不想从头再来一遍，我不想跟一个新接手案子的人从头到尾再解释一遍。凯文已经认识我了，至少那天他在走廊里、法庭上还有那间办公室里跟我也相处了好几个小时，就算两个人在一个房间里就那么呆着也可以相互了解很多。他听到了我在庭上忍不住对着辩方律师吼叫，他没觉得有什么不妥。事后我问了他一些问题，他都一一通过邮件回复了，甚至还给我发了一些类似案件的庭审记录供我参考。我要凯文继续留下来负责我这个案子。即将在公开庭审时问我那些非常私密的问题的人，在此之前得先跟我见个面，我觉得我这个要求一点儿都不过分吧。

凯文没有在邮件里告诉我他调动的事。埃文也还没写邮件给我做一下自我介绍。阿普瑞尔又一次在法庭上碰巧见到凯文才了解到这事，而我又刚巧写邮件给阿普瑞尔，她这才告诉了我。

因为时差关系，等匹兹堡那边开完预审会议确定正式庭审的日期时，我们这边应该差不多要到晚上了。让我感动的是，那些记得今天这个日子的朋友们都已经写邮件或者上门找我。每个人都想知道哪一天会正式开庭。

我知道，我说"每个人"似乎有些滥用这个词的感觉，显然实际情况并不符合字面上的意思。但我还是喜欢用这个词，也不想找一个更准确的词来形容。当"足够"达到令人满足和感到安全的程度时，基本上就和"所有"差不多意思了。现在，已经有够多的人知道每一件事情（这么说好像又夸大其词了，其实我想说的是"每一件重要的事情"），让我感觉这里的"每一个人"都在关心我这件事。

匹兹堡那边检察官的变动，让我感觉自己像被摔了出去，一下子又变得极其沮丧。而在这个时候得到周围所有人的关心，特别让人感到欣慰。如果我没有写邮件去问，我到现在可能还不知道这事。我现在等着，看今天晚上会不会听到预审会议的最后结果，如果今晚没有什么消息，那我明天一早就去问。阿普瑞尔认为这是她负责的案子，丹觉得这是他的，埃文可能觉得这事由他负责。可这个案子是我的，是我和乔治娅的。我们的，就我们俩的，他们必须把发生的事一五一十地告诉我们才对。今天他们有可能要等开会结果出来之后再联系我们，但是调换地区助理检察官这么重要的事他们早就应该知会我们的呀。

至于那张我年轻时的大学毕业照，我不打算通过邮件发给他们了。新来的检察官跟我都还没见过面，给他看我年轻时的照片能有什么意义。我对阿普瑞尔和丹又产生了疏离感，好像我这个案子根本没什么意思，不足以引起他们的重视。比尔不需要看那张照片，他知道我那时长什么样。但我转念一想，还是把照片给他发过去吧，因为他在医院见到我的时候，我整个人的状态简直糟糕透了。

就在今天，我先生盖文在得克萨斯州的法庭上，以专家证人的身份为一起专利纠纷案作证。他不是这起纠纷的涉事方，这场官司对他个人而言不存在什么输赢，但出于自己的职责他还是严肃对待，并对自己支持的那一方深信不疑。他跟我一样，之前从没有出庭的经验，甚至连陪审团成员也一次都没当过。所以，我俩都是今年第一次做这样的事，大姑娘上轿头一回啊。

看到他在出庭前那么充分的准备工作让我不由得心生妒忌：他在几

个月的时间里不断跟律师交流互动，现在庭审期间，每天傍晚和一早都要进行汇总、准备。而我这边，给我的听证会准备工作连半个小时都没有。

盖文找到他公司在得克萨斯州的律师，通过他们的关系打听到匹兹堡那边确定了弗莱尔提审的时间，这样我就可以知道大概什么时候能得到最后的消息。我想不通匹兹堡那边负责弗莱尔案子的律师们为什么到现在都还没顾得上告诉我今天什么时间举行提审会议。

我想，凯文和埃文会不会像我剑桥的朋友们在听证会后所表现的那样，心里默默地关心着我，言行中却不会有任何流露。也许他们都跟丹一样，只有被他太太那样来一下才会让我知道他的内心究竟在想些什么。也许这个世界到处都是默默不语的关爱，得靠我自己去发现。

终于，在这一天结束前，在没有任何征兆的情况下，凯文和阿普瑞尔同时给我发了邮件，我的心情马上平复了下来。

要么有了结果，要么继续等待，我就在这两个临界状态之间摇摆，这已经是我熟悉的常态。等待，这种状态跟大海不一样，不会一点点冲向海滩；而是像一个四周筑着高墙的水坑，你在这个水坑里游啊游，哪怕已经非常接近高墙的边缘，但你还是在游，几乎没有任何变化。要么在水里，要么出来。身陷水中，痛苦万分，一旦脱身，欣喜不已；两者之间的切换是瞬间的，没有任何过渡。

我这会儿的心情好极了。凯文刚办了一起割喉案，很快又接手了一起酒吧枪击案，他确实没时间告诉我埃文接替他的事。虽然现在他已经不再负责我这个案子，但他还跟我联系，这点让我特别感激。

他告诉我，不仅我这边换了新的检察官，弗莱尔那里也换了辩护律师。上次听证会是他最后一次可以聘请私人律师；从现在开始都由公设辩护律师为他辩护，这次的新律师是个女的。听凯文的话，我不由得觉得女律师应该更好对付一些吧，她不会像那个男的，为了达到辩护目的在法庭上故作不经意、假装无知地追问我一些问题。她的提问方式肯定有所不同，但作为一个女人，她应该不会指责我真的记不起一些什么，对吗？她也许会从收集的证据和警方那边寻找给他辩护的理由，而不是对我下手。

但庭审法官让我有点失望。我查了一下最近她对一些类似案件的裁定，感觉她的判罚比较宽松。盖文在电话里跟我说，哪怕弗莱尔二十年后刑满释放，他也已经是八十多岁的老人了，早已习惯时刻受人监管、严肃刻板的监狱生活，很难再去适应监狱外的生活了，恐怕在外面对他的惩罚要远比待在监狱里大得多。虽然盖文在电话那头根本看不到我，可一听到他说就算弗莱尔出狱还是会继续痛苦时，我立刻振奋了起来，不停地点头。

凯文给我打电话时他刚结束作证，站在得克萨斯州的法庭外面跟我说话的时候还带着点兴奋，像咖啡喝多了一样。他在法庭上接受了交叉询问，随后这一天的庭审也结束了。他会出去吃点东西，休息一小时后再回到"作战指挥部"——他们在酒店租的两间会议室——跟律师们一起准备明天针对对方专家的交叉询问，以及最后的总结陈词。

我开始查询飞机航班信息。凯文告诉我庭审安排在六月三日举行，我那时应该护送 S 的唱诗班在瑞士参加一个音乐节，正好也在这一天结束。

因为跟庭审的时间靠得太近，我担心有人可能会认为我的情绪会比较波动，或者我受此影响没办法照看好孩子们，不让我随队出行。我考虑带孩子们飞回伦敦后，我就不陪他们坐车回剑桥，而是直接在伦敦转机飞去匹兹堡，这个我得先征求一下音乐总监的意见，至于他会怎么答复，我心里一点底都没有。不过他很快就向我确认，哪怕我跳过回剑桥的最后这一程也没有关系，他不指挥的时候可以担任护送工作，所以届时车上应该是配足了护送孩子的大人。尽管我跟他解释了我这样安排行程是出于庭审的原因，可他在答复我的时候根本就没提庭审这茬。

一起去瑞士的唱诗班上年纪最小的孩子的妈妈，一个劲地替我担心怎样才能打包好足够多的衣服带去瑞士和匹兹堡穿，她帮我考虑着怎样合理安排酒店的干洗服务：一半的衣服在我们离开巴塞尔酒店前干洗好；另外的等我一到美国就送洗。唱诗班的行政人员一再强调，我从伦敦飞往匹兹堡的这段飞行距离长，必须得多花点钱升到公务舱。人们似乎根本就不认为我会跟平常有什么不同，还到处帮我张罗着各种事情。我必须得去瑞士，我要用双手牢牢抓住这个机会，不让它溜走。

我刚从听证会回来那会儿，被英国人讲究分寸的处世之道伤了心，但现在我觉得他们这样反而对我更好。

7

我跟新的地区检察官在 Skype 上聊了有一个多小时，因为是视频通话，基本上就跟见面会谈差不多了。埃文只有三十岁，彬彬有礼，待人友善。他的脸刮得很干净，就像从来不长胡子似的。他早前曾在地区检察官办公室实习了三年，正式工作也已经有四年了，接手的大多是强奸案和虐童案。

听我说想要多了解些信息，他便把情况一五一十地向我说明了一下。

他先跟我解释接下来可能判罚的刑期跨度，以及能够影响最终判罚结果的因素。宾夕法尼亚州专门有一份建议刑期判罚的图表，各种罪行按照严重程度由重到轻依次列出相对应的罪行评估值，法官们以此作为量刑时的参考依据。我的三项重刑的罪行严重值均为十二分，已经非常接近分值为十四的谋杀罪。

每一项罪行都会有以月为单位的最低和最高的建议量刑期。只要把这些数字除以十二，得到的结果就会使最低和最高时间跨度的影响拉开差距，让它们感觉上不那么像真正的以年为单位的刑期。

除了根据这些建议的刑期进行量刑外，法官还可以自主决定数项罪名的刑罚是依次实施还是同时实施。如果是依次实施，就是将各个罪名的刑期进行叠加，最终的刑期可能会很长。如果是同时实施，则将各罪行的刑期重叠执行，如果各项罪名量刑均为十年，最后执行的刑期也就是十年。负责我们这个案子的法官以审理性犯罪案件为主，从报纸对她审理过的类似案件的报道来看，我发现她习惯在判刑上偏向居中的量刑。我们只能寄希望于提高弗莱尔的前科记录评分，只有这样才能让弗莱尔被重判。

所谓前科记录评分，反映的是庭审的犯罪行为发生之前已被定罪的罪行的量刑情况。一九七七年，弗莱尔在纽约的奥兰治县被判处二级强奸罪罪名成立，随后在辛辛监狱坐了七年牢。我在地图上找到那个县、监狱以及他高中所在的灯塔小镇，全都在纽约州北部。在地图上标注出这些地方后，我竟然发现它们都分布在我过去参加的音乐剧夏令营附近。八十年代初，我还只是个十来岁的小女孩，在音乐剧里笨拙地跳着舞，演着戏，没有排练的时候会趁着空当做点手工编织或者去划个船；而那个时候，他就在距离我只有两小时车程的监狱里服刑。

埃文还在收集之前那起强奸罪的定罪量刑细节，这样他才可以正式把弗莱尔的 PRS 从当前的零分提高到我们希望的四分。增加 PRS 的分值会直接提高建议量刑的等级，最后刑期也会随之加长。但是跟交涉弗莱尔的移送一样，和纽约方面的沟通总是特别费劲。宾夕法尼亚州得付钱才能获得这些信息，而且整个流程还挺费周折。

埃文同时在等另外一件事，那就是弗莱尔的认罪请求。但从弗莱尔的天性来看，我觉得这根本就不可能；警探们告诉我他们从没见过有人会抗拒移送的，但弗莱尔当初就这么干了。埃文说，鉴于我们这个案子证据确凿，他的辩护律师已经提到认罪的可能性。这么做对弗莱尔有好处，承认所有罪行并对此道歉，尽可能争取从轻发落。如果他真的认罪，那对我而言整个流程就会出现巨大的变化。

假如弗莱尔继续不认罪，那我们只有法庭上见，我的任务就是出庭证明他当初的所作所为。这个我早有准备。如果他认罪，他还是会坐牢，这与由陪审团定罪无异，但我就没有必要出庭作证了。我唯一需要做的就是准备好"影响声明",以期对最终的判刑施加一些影响。可那并不是我想要的。当堂作证的话可以历数他的所作所为,而一份受害声明只能解释我的情况。

我没必要把自己的悲伤拿出来示人,这对我是一种羞辱,而且还会告诉那个人:"你看你有多强大、多厉害啊。你彻底改变了我的人生。"我原本就不必告诉他这些,更何况在公开场合,那绝对不行。我不该给他那样的机会。

埃文知道我的想法,但弗莱尔确实也有权有条件认罪。埃文能做的就是拒绝对方提出的协商认罪条件(也就是说,弗莱尔以认罪为条件,换取埃文对他提出的足够低的量刑),但不拒绝他的无条件认罪。一旦对方无条件认罪,最终量刑裁定权就会掌握在法官手里。埃文想尽量搞清楚这种情况对我们有利的地方,因为如果开庭审理,就算我们证据充分、胜券在握,只要有一个陪审员不认为他有罪,就会让我们前功尽弃,弗莱尔认罪的话至少可以确保他会受到法律制裁。

对此我不置可否。我知道他认罪的另一个好处就是等于向所有不明真相的人承认他所犯的罪行。这样的结果对一些案件可能意义重大,但对我这个案子则不尽然。没人对发生的一切有过任何质疑。

我能盼望的最后一个可能还不错的结局,就是要求被告对犯罪过程进行描述,以此作为他认罪的依据。有些地区的法院会坚持要求这么做。如果我能听到他对这件事的阐述,甚至还有可能知道他为什么以及在什么时候选中我作为他的作案目标,有哪些记忆足够深刻让他至今难忘,就算我放弃出庭作证来交换这些也还值得啊。但阿普瑞尔已经告诉我,阿勒格尼县并没有对认罪提出这样的附加要求,他只要认同指控的罪行即可。所以,就算他认罪了,我也不会有机会知道这些。

可能是为了让我准备得更充分一些,也可能是为了稳定我的情绪,埃文开始跟我一起讨论作证的细节,这样万一开庭的话我心里也会比较有底。

我现在做的这些准备工作，跟盖文作为专家证人为开庭做的准备相比，差别还是非常大的。我之前一直认为相比出席刑事审判的证人，民事审判的证人之所以能准备得更充分，完全是因为钱的关系；跟政府检察官相比，私人公司简直太财大气粗了。但是，埃文告诉我这并不是唯一的原因。目击证人和专家证人的作证目的完全不同。专家的目的是提供分析、陈述供法庭参考，提前准备可以让他们看起来更有责任感。而目击证人则不同，他们只要根据自己的记忆在法庭上简明扼要、直截了当地回答问题就可以了。准备过头的话反而会让人产生疏离甚至不诚实的感觉。在刑事法庭上，陪审团希望听到的证词是目击证人当着他们的面直接从记忆里抓取的，而不是预先已经背好了的，哪怕背好的证词最初是凭记忆准备的也不可以。

跟我和凯文准备听证会的时候一样，埃文也要求我必须把所有的肢体接触全部说出来。每一项指控都会具体到各个身体部位的确切位置的触碰。就连前戏的每一个细节也要讲得一清二楚，听着让人感觉特别傻。

埃文说，在正式庭审时作证跟听证会作证最主要的区别在于，庭审时作证的时间会被拉长。他不会让我一个人在那里不停地陈述，而是会在中间打断我，问我更多的细节。这对我来说不是什么问题，因为我本来就准备好把一切都原原本本地说出来。

但他说了到时候会询问我案发整个过程中，我在每个环节的感受是什么，因为陪审团不仅需要了解弗莱尔对我做了什么，还要知道我当时是怎么想的。他们需要知道发生的事对我意味着什么。一群色鬼。

不，我并不是说我案子的陪审团成员，这些人都还没选出来呢；我是泛指陪审团这样的一个组织设置，很明显，假如他们要给我的案子定罪，就得要求我成为一个完美的、内心破碎的小公主。我这么说完全是因为自己就是这样一个非常接近所谓完美的受害人：强奸案发生时，我是一个内心虔诚、头脑冷静的处女，现如今我已为人妻、为人母。但是，如果我说他干了我，那我就跟这样的完美形象丝毫不沾边了。尽管埃文完全理解我在听证会上冲着辩护律师嚷嚷的举动，但他还是提醒我在庭审的时候千万不要爆什么脏话，因为陪审团并不喜欢那样。我得装得跟个傻子似的，但又不那么傻，愣愣地一字一句地说"他把他的阴茎放到我的阴道里"。这可真他妈的瞎扯淡。

至于说到会追问我在案发时的感受，我觉得埃文是担心我在法庭上回答这类问题时会表现得过于冷静，不动声色。我知道那其实根本不是问题；我在听证会上差点都要晕倒了呢。但因为我对"影响声明"总是一副嗤之以鼻的态度，他有这样的担心我也完全可以理解。我开始考虑，就在我们通电话的这会儿，我是不是该表现出一副很难过的样子（但我还不能爆粗话！）；为了让他放心，我应该看上去相当悲伤和脆弱才行（但不能愤怒！）。我并没有，但最后又懊恼自己为什么没那么做。也许，在打这个电话前我根本就不该化妆，我也用不着如此彬彬有礼、神清气爽。也许我不用在庭审前专门吹一下头发或者买身新衣服来穿。万一人们认为我拥有太多幸运或幸福，或太过强大，他们可能就不觉得弗莱尔做的那些事对我造成了什么影响。他们会认为我应该不需要什么了，甚至也不需要让他受到惩罚了。

那就是为什么需要"影响声明"的原因。我得苦苦哀求，这样他们才会给他定刑。

盖文说他再看一集电视剧就上楼去。我之前没想到跟埃文的 Skype 视频电话会打这么久，我本以为盖文这会儿早该上床休息了，但他没有。他没去睡觉，一直在等我。

我告诉他我再写封邮件就马上上楼。我写了封感谢信给埃文，顺便附上我的大学毕业照。这样他就知道我当时有多年轻。可我马上又担心起来，我那张灿烂而骄傲的笑脸会不会让他觉得发生在我身上的事根本不值一提。他会不会没法领会我的用意。

盖文还在厨房里磨蹭，一会儿整理餐盘，一会儿又去逗猫玩。他在我身边晃悠，搞得我没法集中注意力。这也是我不想让他陪我去庭审的原因之一。在我的定义里，每个陪我参加庭审的人，包括比尔、丹、阿普瑞尔和埃文，都是只跟我的诉讼有关的人。但盖文不一样，他是三维的，我不能只把他看作是支持我的团队成员之一。我也担心听我讲这事对他而言会有多难。我要顾及他的感受，否则会让我很内疚。

我忍着没叫他上楼去，任由他继续在我跟前晃着。其实这会儿我并不需要他陪——什么人都不用——但总体上我还是需要他在我身边，而此刻他就在这里陪着我。我写完邮件，点了发送键。

他没问我电话里说了什么，只是陪着我一起走上楼，然后在我身边躺下。我对着黑乎乎的房间，跟盖文说了一些在电话里讲到的细节，包括前科记录评分以及对方提出认罪请求的可能性。我们聊了一下酒店和机票的事，还有两个月后的六月三日，无论是开庭审理还是对方正式提出认罪，到时候该来的总要来。

在我的案子庭审前，盖文就已经为他公司的案子出庭作证过了，这时间点掐得堪称完美。他在跟我聊案子的时候，不仅措辞更到位，而且还可以经常拿自己的经历来作比较。尽管在他那个案子里他既非原告也非被告，而是以专家的身份出席，但最后他的技术知识成为整个案子的争论焦点。到了总结辩论这个环节，对方主张盖文的证词带有偏见而不应被采信，而盖文这边的主辩律师则向陪审团一再申明盖文是个"好人"。最终，盖文这方打赢了官司，当他告诉我这个消息的时候，随着压力的释放，他忍不住在电话那头哭了起来。

盖文这边一共有十二名律师帮他们打官司，对每一位律师他都心存感激。这对我来说是件好事，因为盖文完全能理解我和我这边团队之间的亲近。我对比尔、丹、阿普瑞尔以及埃文和凯文同样心存感激，老实说，对每个到法庭的关心我的人，我都有这样的感觉。在我眼里，他们就是我的世界。

在这场诉讼之前，盖文性格上最吸引我的是他的"温柔体贴""才华横溢"和"心地善良"，但经过今年发生的这些事情之后，我发现"充满自信"已经成为他最突出的品格标签。只要是我的朋友，无论男女，他都全力支持我们的友谊。他满心感激约翰对我的善意和关心。他完全明白，要是没有别人的帮助，我们根本就做不成这件事。

我一个人去参加听证会，我对办案的这支团队——而且大部分还都是男人——在情感上产生的强烈依赖，通过这起性侵案我们彼此之间建立了紧密联系，所有这些在别人看来可能都那么别扭，但盖文对此显得相当平静从容。我根本用不着跟他解释什么，或想办法逗他开心；就算他不是很认同我的决定，也会把自己的想法放在一边。他就是百分之百地信任我，这点特别让我感动。

现在，就算他有什么不放心的，他也不必装作视而不见；他能理解，也会感同身受。我和比尔、丹、阿普瑞尔还有埃文跟凯文，现在我们几个形同一体。彼此之间你中有我，我中有你，可能这样的感受我会比他们强烈得多吧；尽管我们各自感受到的程度不尽相同，但这种感觉却如此真切而鲜活。

我想起二十二年前我写下的一段话："崭新的记忆。这样是不是会更好？如果想起我的手，我想到的会是一个好人，而不是他。但如果看着我的手，我看到的是我的手，想到的是我的身体还有我自己，那不是更好吗？我的手和我的身体，总让我联想到男人，哪怕某天联想到的是个好人，非得这样吗？"

我看自己的时候只想看到我的样子，却感觉弗莱尔早已把这个可能从我这里拿走了，之后我能做的最多的也就是用另一个人（一个好人）的触摸，掩盖住他曾在我身体上留下的印迹。我没办法将他拿走；我只能在上面叠加别的东西。我再也无法回到"我就是我"的那种状态。

我现在怀疑这种状态是否真的存在过。我从来没有机会选择做我自己，甚至以前也没有过。审视自己的时候，我看到是不同地方在我身上留下的印记。性爱、生孩子当然是显而易见的，但除了这些，还有别的。我跟身边的每个人都被千丝万缕的线缠绕在一起。这种纠缠是良性的，是生活，是每一个我所认识的人。其中有警探和检察官们，每当我看着自己，就会想起他们，还有我从前和现在的家人以及朋友们，还有躺在我身边这位高挑英俊、才华横溢、风度翩翩、一口英伦腔的剑桥男人。这交织的网足够容纳所有的人以及未来更多的人。我被弗莱尔强暴时还是一个处女，但我的身体并非从没有被人触碰过。从我出生的那一天起，我就已经开始和别人的生命交织融合了。

弗莱尔是不会认罪了，也不会有人来告诉我关于他的事了。阿普瑞尔知道弗莱尔的女朋友跟他分手了，除此之外她就没别的消息了。听证会上说到保释金的时候，我听到弗莱尔声称自己靠政府的残疾老兵抚恤金生活。我知道的只有这么多。

我一直不明白为什么有人总想要去攀登那些已经被人征服过的高山，或者潜入为人熟知的海域深处；我总觉得这样的举动充满危险，让人不安。但要是有人想要探索新事物，我肯定会举双手赞成。走进丛林深处探寻传说中的古城遗迹，这样的想法我不仅完全能够理解，事实上我还觉得很有必要。那里究竟藏着什么，跟我有什么联系，人天生就有搞清这些问题的冲动。弗莱尔这个名字就是我的那张皱巴巴的藏宝图，带我去发现更多的未知。

我在谷歌上搜索。上面并没有太多的信息。他的名下没有房产。他也没工作过，至少不是那种可以在领英上查得到的工作。他有大半的人生都在互联网出现之前，除了在一个类似同学会的网站上找到他高中同班同学的名单外，我几乎一无所获。

我肯定自己可以在脸书上找到几个他的高中同学，我不否认确实动过这样的小心思。但我最终还是决定为我自己好的话还是不要那么做。我会浏览那些找到的关于他生活的事实，但绝不可以跟任何人有什么接触。

那样的话，留给我的实在少得可怜。我没法看到他脸书上的个人主页，但就算他没有设置成"仅朋友可见"，我也觉得他不会在上面放什么内容。他还在其他几个网站上注册过，有些还上传过照片、生日或学校毕业的年份，但注册之后就似乎没再更新过什么了。

尽管他注册的同学会网站上信息寥寥，但通过藏在这些网址中的用户名，我还找到一些其他的信息，比如他在一些约会网站上的个人介绍。

但是他在约会网站上填写的信息也很少，只提供了年龄、照片，还提及他的居住地位于布鲁克林。他在其中一个网站上的留言是"一起打炮吧……"，在另一个约会网站上他写得没这么露骨，也还算简明扼要："寻欢派、乐天派和行动派。我想要见面，而不是一直陪人聊天。不想见面的请直接绕行。"

看到他之前这些到处撒网寻欢的种种尝试真的令人作呕。我想他会不会是那种通过强奸寻求性快感的人，因此他才不会关心被强奸的女人是否会反抗，或者对方的反抗也是吸引他这么做的一个原因，他也因此得到更大的满足。从比尔的记录中我能看出，弗莱尔起初只是刚巧碰到我而已。

他在我身后拉住大门，我当时心里还有那么一丝侥幸，也许他是楼里的住户，只不过我之前从没跟他打过照面而已。我让自己保持礼貌，避免以貌取人以为他不可能住在这一片。根据警方的记录，我当时这么问他：

　　　　［被害人］："你住这儿的吗？"
　　　　［行为人］："是的，你没见过我吗？"
　　　　［被害人］："没见过，你叫什么名字？"
　　　　［行为人］："鲍勃。"

　　我这会儿记起来了。很奇怪，我之前从来没写到过他当时是这样做的自我介绍，我甚至都没怎么想过这事。我肯定从来就没相信过这真有可能是他的真名。从写他第一次被捕的那篇新闻报道来看，他还有个化名，叫"布奇·约翰逊"。我以为用这个化名可能会在网上找到不少有意思的信息，但找到的却是一个同名同姓的橄榄球运动员，他职业生涯的信息，包括两次参加超级碗杯比赛的信息直接把弗莱尔自称布奇·约翰逊时的所作所为都给淹没掉了。

　　　　［被害人］："我叫艾米莉。"
　　　　［行为人］："那是你的公寓吗？"

　　我花了点时间才想起这一段来。我记得说这段话的时候应该是我们在楼下关上大门后，而不是在楼上我公寓门口，所以他问的"那个"究竟是指哪一间？我记得，我故意留在楼下翻看自己的信箱好拖延一些时间。我不想走在他前面上楼，他肯定是在那个时候瞥到了我的房门号码，这也解释了他上楼后知道躲在哪里可以突袭我。在我看到这条记录之前，我曾想过他会不会事先在大楼外透过窗户观察过我。我不记得自己是否拉好了窗帘，甚至连公寓里装没装窗帘都想不起来了。这么看来，应该是我从信箱取信件时不够谨慎被他钻了空子。

　　　　［被害人］："是的。"
　　　　［行为人］："你会邀请朋友去你公寓玩吗?"
　　　　［被害人］："不会，我跟人客气，仅此而已。"
　　　　［行为人］："你有丈夫吗?"
　　　　［被害人］："那是我的隐私。"

　　有意思的是，我当时没对他撒谎，这很可能也保护了我。除非我说"是的，他在楼上等我"，不然随便我说什么都很明显地告诉别人我是一个人住。但我发现，就算是说谎的老手也可能会因为扯得离事实真相或事先想好的说法太远而没法自圆其说。一旦你问一些他们事先没想过的问题，你就很可能会找到真相，或者至少发现他们露出的马脚，因为纸终究是包不住火的。

　　"鲍勃"似乎只想在我身上发泄他的性欲，似乎只要我说"当然！一起上楼吧"他就会很开心。假如我邀请他一起上楼，那样就会让他满足了吗？要是我直接说"不"，他会因为制服我产生的快感而高兴吗？他有女朋友的时候也会强奸别的女人吗？还是说他只在单身的时候才干这事？

　　也许不管我说"是"还是"不"，这两个答案他都喜欢。如果回答"是"，就会让他飘飘然、自我感觉良好，但要是回答"不"的话，就会让他因为之前被人拒绝的经历或内心对自己的厌恶而伺机报复。他以不合常理的方式接近我，显然应该预料到会吃闭门羹，现在想来，这也许正是他希望的。我认为他在遇到我之前就已经憋了一肚子气，而我的拒绝正好让他趁机伤害我。

　　但这并非是一阵拳打脚踢，而是通过性来蹂躏我，羞辱我。怎么会有人享受这样的性呢？强奸对施暴者而言应该是很糟糕的经历吧。我花了好几年才想出一个激起他这个冲动的原因：

因为我说了"不"而收拾我，给了他彻底掌控局面的机会。两厢情愿的性爱是相互的，彼此的回应带来即兴的快感。只有压制住我，才可以完全按照他的想法来控制整个过程。假如我说"可以"，就会让我变得有些狂野且难以捉摸，我的个性和喜好会影响到他，甚至有可能让他感到出乎意料。就算我最后放弃反抗，顺从他的要求，我行动上得到的自由度会让我保留一些控制力。而在这种我不停抵抗而他不断征服的局面中，他能完全主导我们之间的互动，最终确保自己得到想要的一切。

所以他才会在脑子里事先把整个过程编排好，机械化地逐项执行，只有这样他才能全面掌控，而结果却是空洞可悲的。我并不是说传统性爱是可悲的，性爱本质上是令人愉悦和满足的，这无需赘述。但他理想中的性幻想却像机器一样缺乏互动，没有交流和探索，太可悲了。所谓的完全控制，这样的定义本身就狭隘得可怜。生命最大的乐趣之一是享受别人的慷慨和个性带来的惊喜。我知道自己这么说很容易，因为在我生命的大部分时候，我都一直被人如此善待着。

不单我和乔治娅被弗莱尔侵犯过。警方怀疑他在强奸我的三天前，还企图对一位匹兹堡大学的学生下手。跟我一样，那个女孩也被问道："你想死吗？"后来阿普瑞尔告诉我，还有个女的咬了他而得以逃脱。但这两位女士现在都不能起诉他，因为她们拿不出 DNA 证据来推翻时效限制。

幸运的是，最后她俩都没被他强奸。我记得在大学四年级时，有一次下大雨，戏剧学院的一个老师开车送我回家。路上她告诉我有一次有人闯进她家，结果被她给吓跑了，所以她完全了解我的感受。我根本没想到她会说这话，惊讶得都忘了纠正她的说法了。

互联网上我能找到的大多只是年份：他哪一年出生，哪一年毕业，还有几次坐牢的年份。

假如他确实如他所说是个伤残老兵的话，那他的服役时间极有可能是在高中毕业后以及一九七七年他在纽约奥兰治县因强奸罪被判刑的这五年中间。

一九七七年到一九八四年他在辛辛监狱坐牢，但我查不到他在之后三年的任何行踪。

霍南警探告诉过我，弗莱尔在一九八七年到二〇〇二年这段时间住在匹兹堡。我不知道他为什么会去那里，我也查不到任何可以联系的信息。他脸书上的朋友没有一个住在匹兹堡的，甚至没有一个住宾夕法尼亚州的。我又上谷歌，结果在上面找到更多的运动员：一位在匹兹堡海盗队打球的篮球运动员跟他同姓；还有一个橄榄球运动员也跟他同姓，虽然这位运动员并不在匹兹堡铁人队，但他的球队经常跟匹兹堡铁人队比赛，所以他的名字也被搜索到了。在匹兹堡的那几年，弗莱尔也有可能用的是另一个名字布奇·约翰逊。

二〇〇二年到二〇〇五年期间，他因为贩毒在纽约州的奥蒂斯维尔监狱坐牢。他的 DNA 就是在那时被提取进入警方系统的。

二〇〇五年出狱后，他南下来到纽约市。他应该是在这个时候开始上网。二〇〇五年，他在一个同学会网站上注册时，填写的居住地是长岛市，我查了一下那个地址，是老兵救助站。二〇〇九年，他在这个网站上更新了地址，居住地改为布鲁克林。据一些记录显示，他在布鲁克林期间至少有一段时间是跟一个女的一起住在那个地址的公寓的。

也是在布鲁克林的那几年里，他开始出现在我找到的那些约会网站上，还在推特上给一个并不成功的拍卖公司做过宣传。他试图跟一个参加《X音素》（X Factor）真人秀的参赛选手调情，还因为被一个假彩票骗了而怨声载道。估计也是在那个时候他开始出现在一个"艺人"网站上，我也是在这家网站上找到了他大部分的照片，但之后他没在上面更新过，也没有迹象表明他通过这家网站找到过工作。我在互联网电影资料库（IMDb）找到他唯一一次参演记录，是在即将上映的电影《解放乳头》（*Free the Nipple*）中当群众演员，这部独立电影主要探讨的是妇女在公众场合裸露上身的权利。

九月，他在布鲁克林的住址被警方逮捕，他人生的基本框架就此全部勾勒了出来。但我还想知道得更多：我还要一些细节以及一些色彩。

我得更努力地去查找。

8

　　一九九四年，我搬回新泽西州跟父母一起住，其间我有很多时间都在纽约。我的大学同学毕业后大多到纽约追寻他们的演艺事业。我当时已经放弃表演，一边继续攻读研究生学位，一边在大都会博物馆实习，先后在珍本典籍和埃及古董展这两个部门当志愿者。我的同学依然在追求最初的梦想，有些甚至小有成就，而我已经不再追梦，我为此感到难堪。我连试镜的机会都放弃了，我担心他们会不会因此认为我是个懦弱的人，但我又很享受这份安静、有序的工作。我被派去把博物馆里所有画着书的绘画作品找出来，作为装订书历史的参考资料。有一天我独自在埃及古董展部门负责接电话，其中一个是一位律师偷偷摸摸打来的，他语气急切地询问他客户如果要继承一具木乃伊是否合法，听着让人忍不住要笑出来。

　　有一天我在坐车去纽约上班的途中读到报纸上一起强奸案的报道，跟我那起案子很相似。我现在想不起其中的具体细节了。老实说，同一类型的强奸案基本上大同小异，很有可能只是表面上看起来很像而已，但我当时读了那篇报道后心里倍感绝望。虽然我并没什么真凭实据，但我脑子里想着弗莱尔是不是有可能搬来纽约了呢。我都来纽约了；他为什么不可以呢？

　　我给负责报纸上那起强奸案的警察局打了电话，跟一名警探约好了见面。见面那天，我朋友卡莉陪我一起去，她带了朵粉色的牡丹花给我。这是我第一次看到这种来自异域的花朵，真的美极了。我跟警探约在大都会博物馆巨型横幅前的台阶上见面。他没穿制服或西装，只是一身便服，看上去很像自行车骑手。不知为什么，我觉得我的样子跟他想象的也不太一样吧。我还记得当时看到他脸上惊讶的表情，估计他认为我不是那种长得漂亮到让人动歪脑筋的人。那次会面后没再有什么下文；他们拿了我这边的信息，应该记在某个地方的某个档案里了吧。

我坚持每隔两年就给匹兹堡警察局的性犯罪热线打电话，每次都要给新接手的警探做一下自我介绍。我跟盖文在一九九八年结婚，因为他的工作关系我们搬去了硅谷。婚后不久，我从加州打电话给匹兹堡的警察局，这才知道我的案子已经过了诉讼时效。可在这之前根本就没有人跟我提过这事，我甚至连诉讼时效这个词都没听说过。

从那以后，我开始研究诉讼时效究竟是怎么回事。所谓的诉讼时效，是各州法律的一部分，各州规定不尽相同，无法在全国范围对法规进行统一的修改。我给宾夕法尼亚州的一位政客写过邮件；但石沉大海。我联系了一个关注强奸犯罪的全国性组织，询问他们是否正在针对诉讼时效采取什么行动，比如游说相关政府部门或哪怕只是收集相关信息，可是我得到的答复是什么都没有。我主动提出可以在这方面协助他们做一些工作，但最后也没有任何进展。

之后我们搬去英格兰，我从新家再次给匹兹堡警方的性犯罪部门打了电话，接电话的是丹·霍南。我告诉他我只想知道他是谁。我知道自己那件案子已经过去太长时间了，地区检察官不能提出诉讼，但我恳请他，是否可以把我的物证套件送去化验，然后把检测结果输入联邦调查局的罪犯 DNA 数据库——DNA 联合索引系统（CODIS）呢？我提出可以由我自己来支付化验的费用，但发现根据规定这是不允许的。我跟他提起最近被判刑的东区那个强奸犯，但他认为我的案子跟那起案件相似度不够。我又找过他几次，最后他找到地区检察官说了我的要求，他们答应可以授权化验我的物证套件，不过我得答应一个前提条件，如果化验结果匹配的话我要自付旅费出庭作证。原来废除诉讼时效的新立法在当时已经生效，但我那时对此毫不知情，不知道丹是否也知晓。我以为检察官要我在他被另一个受害人起诉时出庭作证，以证明他的犯罪模式，或者让他被判处更长的刑期。

我继续等着。我就不理解了，为什么阿普瑞尔认为我不够有耐心。我其实够有耐心的了，主要是因为我发现给警察局的性犯罪部门打电话会让人紧张，而且当时没人给过我他们的电子邮箱。

很久之后，至少过了好几个月，甚至可能有一年多了，当我再打电话过去了解我的物证套件是否已被送到实验室时，丹没想到我会打电话过去，他一直以为我已经跟地区检察官办公室那边直接沟通，我不清楚他为什么会这么想。不管怎样，之前答应他可以授权化验我的物证套件的那个人已经不在地区检察官办公室了，于是我又重新回到原点。好在这次他把自己的电子邮箱给了我，这样我们写邮件沟通就会简单很多。

那次之后不久，阿瑟·弗莱尔因为乔治娅的案子被捕，丹告诉我那个案子跟我的案子很可能有关联。我点开他邮件里的链接，找到了相关的新闻报道。

我相信在互联网上还能找到更多的信息。

我在谷歌上输入"连环强奸犯心理学"进行搜索。尼古拉斯·格罗斯博士在二十世纪七十年代率先对连环强奸犯进行分类，时至今日，连环强奸犯的分类已有进一步的扩展。我这个案子的罪犯属于"权力确认型强奸犯"，犯罪行为人的表现特征是缺乏安全且自感无能为力，因而通过实施强奸得到渴望已久的权威感。这一类男人并非虐待狂，他们使用暴力的目的是了控制受害人；威胁、疼痛和伤害只是他们的工具，而非目的。也有一些地方嫌"权力确认"这几个字过长而用"绅士强奸犯"（gentleman rapist）来代替，听上去相当荒谬和煽情。如果我没记错的话，强奸案发生当晚在医院的时候，有个警探，应该是比尔，就是这样当着我的面称呼强奸我的那个人的。

权力确认型强奸犯的另外一个特点，是幻想自己与被害人之间存在着某种关系，或是幻想自己所做的一切都是为对方好，就算被害人此时可能会抵抗，事后仍会心存感激。我记得弗莱尔完事后，语气温柔地告诉我要好好休息。他肯定知道只要他一离开，我会立马打电话报警，但他根本没有采取任何行动来阻止我这么做。他只是告诉我不要报警，但他没有威胁，也没拿走我的电话（我的意思是拔掉插在墙上的电话线；那时还没有手机）。他甚至都没捆绑我；他得到了自己想要的东西；对我做的事也都做完了。他就这样让我躺在地板上，然后走了。

事后他去了哪里？如何避开四处搜查的警察？离我住所近一个街口外就有很多餐馆，但我很难想象他会去餐馆吃饭。他肯定高兴坏了，甚至会因为这次胜利兴奋不已。

当然，他也有可能会感到悲伤。这事就这样结束了，所有急不可耐的情绪也都随之烟消云散，回头来看却发现这一切似乎并不值得。

也许他也感到有些害怕。他可能看到到处都有警察在搜查，可他身上带的钱不够去餐厅吃饭。也许他就躲在楼房之间的夹道里，或者在药房货架的走道上，努力不去引起任何人的注意，但早已紧张得汗流浃背，无法集中自己的注意力。

没人能告诉我，因此我就选了一个自己喜欢的假设：他当时应该害怕了。我希望他在过去的二十二年里，一直为今天这样的结局而担惊受怕、如履薄冰。

我跟一个朋友解释最后可能的判决结果以及所有可能影响刑期的因素，比如罪行评估值、前科记录评分等。她一下子冒出了一个我从来没有想到过的问题，而且司法系统也没有使用但应该使用的概念：他犯罪后逍遥法外了有多久。按照她的说法，他犯罪后逍遥的那些年里的自由本来就不属于他，因此他至少先应该在监狱蹲满那几年。我们应该在二十二年的基础上再往上加刑期。

埃文告诉我他们向纽约那边索要的只是他早期犯的强奸案的"判决书"，只有判决的总结说明，没有完整的庭审记录。我想自己问纽约要庭审记录。

网上能找到的信息不多，而且还相互矛盾。纽约的一个数据库将他逮捕的时间标为一九八四年，另一个却说他在这一年刑满释放。他被捕的地方名字都带"橙"字，一份材料里说那是个小镇，另一个却说是县。我给两个地方都打了电话了解情况。奥兰治县接待办公室的那位女办事员一开始还有些热情，但很快就嫌我麻烦了。她拿出一堆有关申请查询的规定，告诉我要书面申请，查询费按年份计算，每年2.5美元。我决定把一九七五年到一九八五年这整整十年都给查一下。

如果我够幸运的话，可以通过这个查到那起案子的编号，有了编号就可以向法院申请调取庭审记录了。我一边在脑子里想着还有什么问题要问清楚，一边急急忙忙地把她说的话记下来，也不管笔迹潦草了，只要没写错就行。他们查到结果后可以发邮件告诉我吗？不行？哦。那么，我可以随书面申请一起寄一个写好收件地址的信封，我可以用我朋友在美国的地址，但我没有美国邮票贴在信封上面。不过我有美国的支票本；反正我本来也要开支票过去付申请费的，要不我直接把邮资加上去？我跟她解释说："我是从英国打电话过来的。"

最后这几个字似乎有一种神奇的魔力。就如当年我说"DNA样本"就能让警察们自动进入处理性侵案应有的谨慎又冷静的调查模式，现在我刚提到是从英国打电话过去的，电话那头的女办事员马上变得友好起来，就跟换了个人似的。书面申请也不需要了，她直接让我先在电话这头等着，然后立马去查我说的那个案子。

她究竟是在数据库里搜索，还是在档案柜里翻找，这个我就不得而知了；但我等了一会儿她就急急忙忙地回来了，应该是想着为我这长途电话省点钱吧。她的语气中带着获胜的喜悦：阿瑟·弗莱尔，又名弗兰克·弗莱尔（所以他中间名简写 F 指的是弗兰克），一九七六年被捕，这下他一九七七年进入辛辛监狱然后一九八四年刑满释放就对得上了。她给了我案件编号，并把我的电话转到了刑事法庭。

奥兰治县刑事法庭的办事员一副官僚作派，态度差不算，还毫无耐心。她跟我说没找到案子，我刚问她会不会她手头的数据库里的数据还没追溯到我们要找的那个年份时，她就直接把电话挂了。我重新打回接待办公室，那个女办事员还真不错，亲自打电话到刑事法庭去帮我问。

我在电话这头等着，感觉过了很久才等到那个女办事员回来，她告诉我她也一无所获，但是答应会亲自去找案件编号。"可能只有判决书，没有庭审记录。光有判决书行不行？你要找到这个做什么呢？"

"如果可以的话，最好能有庭审记录。"我回答她，"因为一些私人原因，我需要拿到这个记录。"我决定不去解释我跟这件案子有什么关系，而且想好了万一非要解释，就说我是个记者，实情也差不多如此吧。但最后我脱口而出的是"私人原因"这几个字，这与事实相符，带些暗示，也很有效。她很清楚这是一起强奸案。

她告诉我过一个星期，也就是耶稣受难日①这天再打电话给她。那天他们会上班。她的名字叫玛丽。她一定会尽力帮我找到这些东西。

就在我跟玛丽通电话的这一天，我依据《信息自由法案》，向位于圣路易斯的美国国家人事资料中心②递交了信息查询的要求。在申请时

---

① Good Friday，复活节的前一个星期五，西方传统节日。——译注
② National Personnel Records Center，负责保管曾在美国军队和联邦政府工作过的人员的人事档案。——译注

我用了盖文的名字以及他在马萨诸塞州的办公地址，以防他们万一有规定需要让被调查者知道信息调查的申请者是谁。

我对结果并没有抱太大希望。申请表要求填写的大部分信息，比如"服役部队"什么的我手头并没有，这我还想知道的呢。我只知道他的名字、生日，其他的也都是我的猜测而已，比如他可能在一九七二年高中毕业那年，前往他所住小镇附近的征兵登记站登记，四年后他退役回家，之后犯了强奸罪。

我一直对一九七六年情有独钟，这一年不仅有双年展，还是美国宣布独立、脱离英国的殖民统治的二百周年纪念。我还记得那年发行了专门的 25 美分纪念币，每天都像庆祝七月四日独立日那样热闹喜庆。我母亲给了我姐姐和我一人一条绘有美国独立宣言的丝巾，我家祖上是开国元勋之一，所以她还教我们在丝巾上找到他的签名。那年我六岁。

我不知道那年被弗莱尔强奸的那人有几岁。他被判二级强奸罪，按照现在判罪标准来看的话，被害人当时应该还不满十四岁，当然我不知道当时会不会跟现在一个标准。我觉得弗莱尔并非恋童癖；要不然我也不会被他强奸，我那时都已经二十二岁了。

一九七六年时弗莱尔应该有二十四岁，刚从军队退役回来。受过军队训练后，他的身体强壮有力，善于动武。

我突然想到弗莱尔可能不是自愿登记入伍的，而是被直接征召的义务兵。我之前一直没想到这点，主要是因为我家里或亲戚中没人参加过越战，所以我对征兵这事不太了解。我祖父服役后随军去了法国，参加了第一次世界大战；我母亲出生在纳粹统治下的德国。我的家族里有人参加过战争，但那都是在我出生前。越战的爆发对我家没什么影响。

如果弗莱尔是被直接征召入伍的，那他应该在一九七一年八月五日，也就是他高三开学前拿到了自己的编号。当年政府征兵抽签时，给所有在一九五二年出生的男子从"1"至"366"（那年刚好闰年）中随机选一个作为编号，抽中的即是一九七二年的预备兵①。弗莱尔的生日是三月十九日，他的生日日期对应的编号为53。直接招兵的时候，生日日期被抽到编号"1"的先被招入伍，依次往上推。我们不清楚每年被抽中招入军队的编号有多少，只知道编号越小，对应的生日出生的人服役的可能性越大，而抽到三位数编号的人基本就比较安全了。一九七二年，尼克松总统征召了九十五批、超过四万九千名预备役军人入伍服役。

在我查到的七个义务兵步兵培训中心里，距离弗莱尔最近的那个应该是位于新泽西州的迪克斯堡陆军基地，从我家乡沿高速公路再开一个小时多一点就到了。新兵弗莱尔入伍开始基础训练时我只有两岁。我家住得离迪克斯堡陆军基地很近，但我不记得小时候认识过什么服役的军人，也没听说我朋友中有哪家的兄弟在军队服役。我父亲在海军服役时还没认识我母亲，我自然也还没出生呢。他没有继续军旅生涯，因为对他而言，那就是成长的一段经历，就跟他在常春藤大学攻读学士学位以及之后攻读法律学位一样。朝鲜战争爆发后，他主动请缨去往前线，但还是被安排在美国本土服役。

征兵抽签在一九七三年之后就暂停了。如果弗莱尔是被抽中号码后征召入伍的，那他基本上也应该是征兵抽签的最后一批入伍军人了。

幸运的是这些我都没亲历过。我那时还是个刚学会走路的小孩子，整天被人照顾得妥妥帖帖的。我们家从来不收听这方面的新闻。我朋友们的母亲也没有谁因为战争失去丈夫而成为寡妇的，至少我知道的应该

---

① 美国的征兵抽签制度是根据每个人的生日进行抽签。在一个透明的玻璃容器里有三百六十五个（闰年为三百六十六个）蓝色塑料胶囊，每个胶囊里装好一个日期，然后随机一个个取出，分别按顺序对应数字"1"到"365"，直到每个胶囊里的日期都有对应的一个数字。数字越小，其对应生日的人将越早收到入伍通知，服兵役的可能性就越大。——译注

是这样。我那时从没觉得战争对我们造成过什么影响，甚至现在回想起来也完全没有这方面的印象。但我清晰地记得，长大后学到越南战争这段历史时，我相当惊讶地发现原来自己在战争爆发前就已经出生了。

我觉得不应该让别人知道我在查找有关弗莱尔的信息。他们不一定能理解我的想法。

弗莱尔老家的一位图书管理员打电话过来时，盖文刚巧在楼下，他先接了电话，等我讲完电话，他很自然地过来问我："呃，刚才那个电话是怎么回事？"

我想知道在弗莱尔的高中年鉴上，除了他的照片之外，还有没有什么描写他的只字片语。那位图书管理员帮我查了弗莱尔的高中年鉴，结果他只找到另外两个也姓弗莱尔的黑人男孩，根本就没有我要找的弗莱尔这个人。

我告诉盖文我在"做一些调查"。如果陌生人问起，我也会这么回答。这些都是公开的信息，我完全有权查询而不必给出任何解释，话虽如此，人们还是会来问。我得欢快却又略带一丝不耐烦地回答，语气中带着笑意但又有一种"千万别让我费神解释这事有多复杂！"的调调。人们通常都会对此报以同情与支持。

盖文在我调查阿瑟·弗莱尔这事上保持谨慎的中立，从我最早知道他被捕的消息，到后来我开始上谷歌搜索他的照片，盖文一直都是这个态度。我记得自己抱着笔记本电脑坐在床上，一边说着"嗨，亲爱的，我又找到一张照片啦！"一边拉盖文过来看。

在过去的二十多年里，这是个对我的人生造成巨大影响的男人，但我对他一无所知。知道他的名字，找到他的照片，这些对我而言都是一种馈赠。我正在打开这个礼物。

我跟孩子们说起互联网出现之前人们的生活是怎样的。那时候我们有百科全书、图书索引以及卡片目录。在我十几岁的时候，我们州有一个可以直接打到图书馆参考部的电话号码，可以在深夜打电话过去请人帮忙查找资料，能这么任性听起来很奇妙吧。那时记录信息的方式不是手写，就是印刷，只有去专门保存资料的地方才能进行查阅，所以能在晚上十一点打电话查信息，这样的便捷不但奢侈，甚至具有颠覆性。

现在我想一整晚查找信息都没关系。但互联网并非万能，也有让人失望的时候。

并非所有公开的信息都可以在网络上查到，尤其是那些发生在互联网出现之前的。报纸、法庭记录、年鉴：这些主要以纸质而不是电子文档的形式保存。因此我还得拜托那些接听我电话的好心人帮忙查找相关的书面记录。

虽然有些人会对我提出的要求表现得极没耐心、甚至有些厌烦，但大部分人还是亲切而有耐心地欣然接受，甚至会跟我聊一聊，一起头脑风暴想一些办法。纽约州的三个县属接待办公室都有人在帮我查找资料。我记下了他们的名字，对他们一再感谢。有些资料并没有放在应该保存的地方；有些则已损坏。最高法院的工作人员建议我跟刑事法庭的人沟通，等我找到刑事法庭，他们却建议我找最高法院，我跟皮球似的被踢来踢去。无论是弗莱尔的生日、住址，还是他身上发生重大事情的年份，我都已经了然于胸，张口就来。我可以感觉到他在纽约上州的生活轨迹变得逐渐清晰起来。

我没给宾夕法尼亚州打过电话，因为我手上还没什么东西可以让我开始那边的调查工作。我对他在宾夕法尼亚州那些年的生活一无所知。然后互联网突然给了我一个大大的惊喜，弹出了我正在找的信息。正如我之前猜想的那样，他在匹兹堡的那几年用的是布奇·约翰逊这个名字。

有些网站利用技术将公开的信息收集汇总并梳理出一些颇具内容的背景调查，包括基本的个人信息、所有居住过的地址甚至被捕和判刑的记录。

当然，你也完全可以想象，这些信息并不完全可信，因为每个人都会被归在不同类别的列表中，因此同名的人很容易被错误地联系在一起。有时候就算信息是正确的，但因为没有上下文，也就很有可能被断章取义。但没关系，有了这些起码就算起了个头。

弗莱尔的化名，布奇·约翰逊，明显带有可笑并且过度补偿的寓意：除了"有男子气概"外，这个词在俚语里还可以指"阴茎"。我惊讶地发现还有很多人也用这个名字，如果没有别的辅助信息就很难辨别谁是谁。

中间名缩写 F 一下子引起我的注意力，弗莱尔的中间名缩写也是F。有些人在开始新生活前会先把自己的名字改了，这也很好理解。但就像写小说一样，你要虚构出所有的内容还真是一件劳心费神的事，无论怎么改都无法把一切完全抹去，多少还是会有些过往生活的印迹留了下来。我在鉴赏课上学会辨别画像真伪的窍门就是观察人物的耳朵。在临摹别人的画风时，人们往往会把精力集中在如何控制好人物的眼睛和嘴巴上；但恰恰是那些看起来微不足道的细节，因为创作者缺乏思考，想当然地随意处理最终暴露了蛛丝马迹。

生日是另一条线索，月份正确但年份对不上：眼前这个布奇·F·约翰逊六十一岁，应该跟六十二岁的弗莱尔相当接近了。除此之外，其他一切都跟弗莱尔相当吻合，我不由得联想弗莱尔会不会在他居住在匹兹堡的时候谎称自己三十九岁而隐瞒了他四十岁的真实年龄。他在强奸我两个月后就满四十岁了。

我找到的这个布奇·F·约翰逊，或者应该称他为男子汉-F-阴茎，在匹兹堡有四个住址，我把这些地址全都标注在了地图上。其中两个距离我上大学时住的公寓仅半小时的步行距离，还有一个步行四十五分钟可到，最后那个得走一小时十五分钟。我还查到一个地址，其对应的居住者的名字并没有简写的中间名，从那儿到我住的公寓得走上四十分钟。我看着眼前的电脑屏幕，这些用虚线连起来的路线，像蜘蛛脚一般从我住过的那个区域向东西两侧伸展开去。

布奇·F·约翰逊的地址中到我那里最近的只需步行二十七分钟，在我被强奸的三天前，一位匹兹堡大学的学生就在那地址所在的同一条街上被袭。

我在确认那名大学生在哪条街被袭的过程中，找到当时报纸报道中被我忽略了的一个细节：那个女孩被人从楼梯上推了下来。当天，作案人企图在公寓大楼的走廊里侵犯她，因为这个错误他没能得逞。三天后，弗莱尔选择更有效的作案手段，将我推进我的公寓，在屋里任凭我如何挣扎喊叫都无济于事。

丹·霍南跟我提起过弗莱尔在匹兹堡期间曾经居住在威尔金斯堡附近的宾夕法尼亚山一带。我对威尔金斯堡还算熟悉，那里是匹兹堡的一个主要黑人居住区，以前每个星期日我都会坐公交车去那里一座气氛轻松的教堂做礼拜。弗莱尔也许如霍南所说也在那一带住过，但在我看来，这些距离我公寓更近的地址看着更确有其事一些。

我没能在那些网站找到关于日期的任何线索，也不知道这些地址该如何排序，甚至都不确定弗莱尔在其"匹兹堡生活期间"是否真的在这几个地方住过。至于一九九二年匹兹堡大学女学生被袭的那条街上恰好住着一位名叫布奇·约翰逊的人，这个时间节点只是我的猜想，就算果真如此，那人肯定也不想在路上再次遇到被害人，因此事后不太可能在那条街久住。

可这个曾在这些地址居住过的布奇究竟是不是他本人，仍是一个未解之谜。

我给弗莱尔老家灯塔市的那位热心的图书管理员写了封电子邮件过去，询问除了那本找不到弗莱尔本人的高中年鉴，他还有没有什么别的建议可以帮我查到弗莱尔早期生活的一些信息。之前在我们通电话的时候，他曾经提起过一九七二年他在弗莱尔念书的高中上高一，弗莱尔应该就在那一年从高中毕业的。我希望他能跟我在电话里一起再把这事好好梳理一下，但我也提醒他我并不想联系或打搅弗莱尔的家人。

我这么跟他交谈，像一个正在寻找亲生父母的成年子女，一边讲着诸如"这是私事""非常重要"之类的字眼，一边又小心避免触及那些实际相关的人。我敢肯定那位图书管理员猜得出我是谁。随便在谷歌上一查阿瑟·弗莱尔这个名字，就可以搜索到我们现在这个案子的信息，上面提到我这个无名氏是"一位现居英国的女性"。这位图书管理员当然很清楚我从哪里给他打去的电话。

但我并非只对他一个人这样小心行事。

我们家的打印机有些不太好用。我之前让盖文把快要用完的墨盒拿出来摇一摇，我们在换新墨盒前经常会这么做。我把打印出来的那些灰灰的、沾满油渍的文件拿给他看，原本是想让他尽快把打印机弄好，结果却让他看到了我写的那些信，包括写给县接待办事员们的，还有可能在很久前把房子租给弗莱尔住的一对夫妻。我并不想刻意对盖文隐瞒什么，但如果不是因为墨盒的问题，我也不会拿这些给他看。就算是最了解我的人，看到我向美国那边到处打听阿瑟·弗莱尔的消息，应该都会觉得我有些怪异和钻牛角尖吧；但我心里很明白，唯有结果能够证明我现在付出的一切努力。

9

无论是庭审，还是正式认罪，距离现在还有七个星期的时间。

我上网查了一下关于这起案件的哪些新闻已经成了搜索热点。点开其中一篇，文章开头是这么写的："他找上她们是因为喜欢她们的腿。"出于对被害人的保护，文章不可以描述我们出庭作证的情况，因此仅凭那么一句话就在人们的头脑中把彼时年轻可爱的我描抹得面目全非。

我不知道准备出庭前行李箱里该带哪几件衣服。我年轻时在穿衣打扮方面并不怎么吹毛求疵，可现在不比当年了，更何况这次开庭日期定在六月份，这让我更为难了。天冷的时候靠一双质地不错的皮靴和剪裁得体的外套完全可以把自己打扮得很不错。我真希望到时候天气别太热了，这样我就可以穿春秋装。我想穿紧身裤；还有带袖子的上衣。

我得买新鞋了，但看了半天也没找到我想要的款式：厚底的黑色皮鞋，鞋跟粗短，可能还有一个搭扣。就这样随便逛了几个星期后，有一次路过几家貌似能找到我要的鞋子的商店时，我突然意识到原来自己一直想要买的其实是我被强奸那晚穿的那双鞋，那双被他粗暴地从我脚上拽下来的鞋子。

埃文提醒我，不管最终出庭作证，还是宣读影响声明，我都不可以有任何藐视法庭的言行，他的警告让我有些坐立不安。其实我也不想爆粗口；这事搁谁身上恐怕都不太好把控吧。只有让我的情绪真实地流露出来，才能让陪审团看到我所遭受的精神创伤，但我同时还得注意把握好尺度，不能因为太过愤怒而冒犯了他们。

我知道无论我说什么，埃文自己并不会介意；他之前就说过，对方的辩护律师在听证会上就像个混蛋，所以我那么回应也是他活该。

凯文也不觉得我在听证会上的反应有什么不妥。我想这可能跟听证会上我们只面对法官一个人有关，所以当时弗莱尔出庭时穿着囚服、戴着手铐，因为法官完全有能力忽视一些表面的东西去洞察事实的本质。等到正式庭审的时候，他很有可能穿着西装出场，但陪审团跟法官不一样，他们的想法还是有可能被一些表面的东西所左右。

比尔告诉我，他很担心我在听证会上作证时会晕倒，但一看到我生气的样子，他就知道我不会有事。

这就是比尔跟其他人不同的地方：他明白愤怒能帮到我，而且我生气也合情合理。但能够影响陪审团和法官量刑的不是被害人有多愤怒，而是他们有多悲痛。

我喜欢有人替我把气出了，这样也用不着我自己生什么气了。但只要跟弗莱尔同处一室就会让我难以压抑住内心的怒火。而他们偏要我当着他的面，在陪审团和法官面前装出一副毫无回击之力的样子。

这也许跟工作场所根深蒂固的一种文化常态以及女性该有怎样的行为举止的期待有关。司法系统中对不同角色的定义也是一个可能的因素。被害人受到伤害；法官和陪审团为此伸张正义。如果我怒火冲天的话，就相当于抢走了他们需要扮演的那个角色。宣判"有罪"的人是他们，不是我。

那就把假装柔弱的样子当作自己的工作吧，这样对我也更容易。让非涉事方在听取各方意见后做出裁决，这样的安排没什么错。所以我的工作是说服他们，而不是自己采取复仇行动。

我必须相信埃文会支持我。我知道其他几个人以及比尔都在帮我，但除了埃文，他们几个在法庭都说不上话。

我认为埃文会把一切照顾得好好的。他看上去人还不错。更重要的是，他还是一位有事业心的律师。他一心要办好我这个案子，而这，意味着他也会成为替我出气的一分子。

还有两条跟弗莱尔的过去相关的线索至今还没理出什么头绪。弗莱尔在史坦顿岛有过毒品犯罪行为，随后他的DNA被输入犯罪记录系统，并于二〇〇二年至二〇〇五年间被羁押在奥蒂斯维尔监狱服刑。但在史坦顿岛当地的法庭里却找不到这起案件的任何记录。

有意思的是，一九八五年，弗莱尔在史坦顿岛因无照驾驶被开了罚单，二〇〇二年他又在那里犯了毒品方面的罪，而中间这段时间他刚好住在匹兹堡。

纽约州奥兰治县那位热心的接待办事员玛丽说好了让我今天打电话给她，这些天她在帮我查找弗莱尔一九七五年的那起强奸案的卷宗。

我把电话打了过去，她告诉我在一个星期前她找到了那份卷宗的编号，当时就要求把材料直接寄给她。因为周末正好赶上复活节，加上别的一堆琐事，她让我六天后再打电话过去，估计那时她应该可以收到材料了。至于材料到底有多少，她现在还不太清楚。听她说找到卷宗时，我整个人都兴奋了起来。虽然还得等上几天才能看到，这让人有些小失望，但我终于可以看到这份材料了。

我在自己的iPad上建了一个文件夹，专门存放这些收到的材料，包括两版详细阐述审判过程的宾夕法尼亚州"性暴力手册"，在纽约举行的弗莱尔移送听证会的会议记录，埃文发给我的刑期判罚参考图表，凯文给我的同类案件的庭审记录，以及丹扫描好的比尔一九九二年给我这个案子做的笔录。当然我也把一月份那场听证会的现场记录归在这个文件夹里了。

听证会现场记录的大部分内容跟我印象中的差不多。但其中有一条记录着我在回答一个问题时，一开始很清楚地答了一句"是的"，接着又有些不耐烦地连说了一串"是、是、是"，看到这一条我自己也有点吃惊。我猜自己说这话的时候可能刚好感觉有些头晕吧。在回答了几个问题后，他们要我确认自己的名字，我没有礼貌地简洁回应，而是用略显疲惫的语气夹着一丝嘲讽的意味回答道："当然了。"

我还注意到一个细微的差异。当被告律师问丹当时办案的警探是否还活着的时候，根据听证会的记录，丹的回答是："事实上他今天就在法庭上。"而我印象中他当时一边侧着朝坐在背后的我跟比尔甩了一下头，一边说："他在法庭上。确切地说，他就在我背后！"（还记得我说过的，在市级法院里，出庭作证的人得面对法官站，所以他们是背对着下面的听众席。）我之所以这么清楚地记得丹当时的回答是因为他说这话的时候差点都要笑出声来，被告律师根本就不相信比尔居然就在那里，还继续追问了一下。

我查了一下我说的话是怎么被记录下来的。谢天谢地，法庭记录员并没有修改掉我说的"操"这个字，但她肯定调整了我说话的语序。于是我再往上查她记录的辩护律师的话，似乎也跟现场讲的有些不一样。她的记录让他的提问显得更正面："你能够看清犯罪人的脸，我说的对吗？"但真实情况根本不是这样。无论是他的措辞还是语调，都充满着怀疑的味道，并暗示我声称看清了对方的脸根本就是无稽之谈。也正因为这样我才被他激怒的。

尽管记录里的话跟原话没有太大的差别，但这也提醒了我过去绝非如此。法庭记录员是根据现场录音做的记录；而我本人就在法庭上。我们应该都不会错。她的记录和我的记忆应该完全一致。也许我因为自己亲历了听证会，所以除了说的那些话之外，我还有其他方面的理解。而她可能仅仅只是对录音做了简化或总结，也有可能只是误听了而已。

我想知道法庭记录是否应该逐字逐句地记录，不做任何改动，还是说文字上稍有不同也可以接受，就像大家都公认的统计学中允许细小的偏差存在。就我在网上能看到的而言，法庭记录一旦出具就不容修改了。但我也看到专门针对法庭记录员的错误和疏漏投保的保险业务在不断发展，不止一家这样的保险公司在网站提醒潜在客户"错误是不可避免的"。

在法庭记录中还有一条引起我注意的是法官对弗莱尔的警告："往前看。在听证会上得一直朝前看，知道吗?"法官说这话的时候正好轮到我作证，他毫无征兆地打断了我，命令弗莱尔朝前看，估计那时弗莱尔正盯着我看。关于法官的这个警告，《匹兹堡邮报》在报道中有这样一段描写："犯罪嫌疑人……站在距离第一位被害人约十英尺的位置，一直盯着她直到［法官］要求他在接下来的听证会期间一直保持目视前方。"

但比尔在听证会结束后跟我一起喝茶的时候告诉我，弗莱尔根本就没看过我。法官一直都在全神贯注地听我说话，站在我身边的比尔和丹则一直留意着弗莱尔听我说话时的样子。比尔认为肯定是他和丹同时瞄了弗莱尔一眼，而他们的这个动作刚巧被法官看到了，以为弗莱尔做了什么举动引起他俩的注意。比尔说，其实弗莱尔什么都没做，但法官因为他和丹的眼神对弗莱尔发出了警告。对于只看法庭记录或者读报纸的人而言，甚至包括法官本人，他们则完全有理由相信弗莱尔确实做了些什么。

在我所有的小说里我都是以第一人称来写的。其中一本的初稿里，有两个人物从各自的角度讲述了同一段对话，两个版本之间存在着细微的差别。尽管只是在一些琐碎的小事、各自的注解和事情的转承变化上存在差异，却让这两个人物的想法都变得更鲜活了起来。到了修改文稿的阶段，对用词和标点我都要逐一仔细斟酌，这些差别就被一一标上记号，并逐一"校正"以确保两人讲述的版本完全吻合。我之所以这么修改，主要原因是不想让读者在这段对话的两个不同版本上浪费功夫，故事的情节发展更值得他们关注。但我还是会想念这些具有对比性的故事叙述方式，因为这更能代表我在构建故事时想要表达的一个更大的主题：万物皆可解释。读者会很自然地相信故事的叙述者告诉他们的是纯粹而完整的真相，而我就喜欢拿这种信任来做文章，好让读者们看到，尽管每个叙述者都诚实可信，但由于自身视角的限制，他们根本不可能告诉我们纯粹而完整的真相。他们仅凭自己的所见、所闻以及所记忆的一切告诉我们所谓的真相，而那绝非事实本身。

讲了这么多，其实我想要说的是，尽管官方文件看似客观中立、叙述准确，但事实并非完全如此。所有的记忆，甚至包括官方记录，都容易有失严谨、一错再错、妄加臆测。

作为乔治娅案件的警探，阿普瑞尔并不负责我这个案子，因此听证会上她并没有跟我在一起。即便如此，在我这个案子上，如果说比尔是从我个人角度而言最重要的人，阿普瑞尔则是客观上最重要的那个人。是她揭开了像弗莱尔这样的人的真面目，将其逮捕并送上审判席。她像引擎一般不断推动着这样的努力。她才是真正的明星。

自二〇〇七年起，她开始着手查看那些积案，在勤办她手头大批现案的同时，每年成功说服重启大约两件积案。根据二〇〇四年生效的法律规定，只有当DNA分析显示有之前未被怀疑的嫌疑人，也就是由陌生人犯的强奸案，才能重新启动调查。

我时常庆幸自己与那个强奸我的男人素昧平生，因为这不仅让警方和检方可以重启我这个案子，还意味着我被强奸并非出于对我的某种背叛。我从来不用质疑我与他人的关系，或怀疑我周围的异性朋友。强奸我的是不知从哪儿冒出来的"那个坏人"，别说有什么亲密关系，我甚至根本不曾见过他,对他更是一无所知。他也许更像电影中的怪物,而不是人。

明知自己还算幸运,明知自己很可能会像很多人那样身处截然不同的处境,但当我看到有文章在讲到熟人强奸时强调此类案件发生的频率之高,而显得陌生人强奸案鲜少发生、不足一提时,还是难掩内心的愤慨。诚然,跟约会强奸或酒后无意识强奸相比,被陌生人强奸的概率确实低很多,尽管我们这种案件或许如铂金般稀有,也绝不是像独角兽般无迹可寻。这样的案件的确存在。

造成未检测的物证套件在全国范围出现大量积压的原因有很多:现有资源无法满足现案物证检测的需求,从而造成积压持续上升;如此往复形成恶性循环;另外还有上世纪八九十年代积压至今的案子。其实早在那时,人们已经认识到 DNA 证据对于破获案件的潜在作用,只是当时做 DNA 检测无论从技术还是成本角度来看都还不可行。最关键的是,在联邦调查局创建 CODIS 数据库之前(一九九四年获批,一九九八年启动),直到数据库不断扩大的这段期间,就算检测出陌生人强奸案的证据,也没有任何可拿来作比对的对应物。一九九二年,我那些在当时看来毫无用处的证据还是被采集并妥善保存了起来,就盼着将来有一天可以派上用场。也正因为如此,我始终对匹兹堡警方心存感激。

时至今日,CODIS 数据库储存的罪犯 DNA 样本已超过一千万个,但匹兹堡警局积案的证据依然没有自动进入检测,化验室目前的工作量太大,一时无法消化。这问题并不仅限于匹兹堡警局;在美国,未经检测的强奸案证据套件的总数尚不得知,但城市抽样的统计数据总计已达数万件之多。

除了保存罪犯的资料,那些经过检测但身份尚未明确的数据也可提交给 CODIS 数据库。即使不能马上找到匹配的对象,这些未知的资料每周都会跟系统中的其他数据进行比较,以期可以跟新录入的罪犯资料比对成功，或者跟其他案件的新证据产生关联。我也曾为了把自己的证据提交进去而绞尽脑汁、劳心费神。

但只有不停地唠叨，才有被选中的可能。仅仅盯着丹一个人还不够，直到乔治娅的证据被阿普瑞尔送到化验室检测并跟弗莱尔的比对成功后，事情才真正出现了转机。

所幸我还记得比尔的姓，通过领英联系上了他之后，把发生的一切告诉了他，要不然他根本就不会知道案件已经发展到这个阶段。至于乔治娅那边，据我所知，根本就没跟最早负责她那个案子的办案警官联系过。也许他们现在已经联系上了那名警官，这样在正式庭审的时候可以让他/她出庭作证，但在听证会上那名警官并未现身，因此，听说比尔就在现场时，法庭上所有人都感到相当意外。

这些老警探们和自己负责过的案子都不再有任何联系，就跟一九九二年那会儿一样，当时比尔还在警局，刚被调去另一个部门，然后我得知他不会再跟我这个案子了，我只能跟接替比尔负责我这个案子的警探联系了。

我忘了事后是否还跟那位警探联系过，我只记得他离开后我这个案子就没再交接给任何人，而是直接存档了。直到 CODIS 数据库出现，更确切地说，直到弗莱尔的 DNA 数据被录入系统，这才找到了突破口。

我出庭作证的那天刚好有个聚会，我肯定是去不了，在邀请函的回执中我简单地解释了自己缺席的理由，顺便提了一下那起强奸罪以及将要进行的庭审。这已经不是什么秘密了，也算不上什么坦白，在我看来，这就是一个客观存在的事实。我会出庭，虽然不会公开我的真实身份，但这将是一场以我的名义进行的公开审判，与他人无关。

我时常担心自己这么做会不会让人感觉不舒服。

但一些小事让我意识到自己还是多虑了。一位住在同城的老友在预祝我庭审顺利时，直接称弗莱尔为"这个'人'"，在人这个字上加引号，等于说他没有人性、不配做人，我很感激朋友的这份仗义。面对一个陌生人，尤其还是一个持续施暴的陌生人，要比面对自己认识的人容易很多。就像科幻电影里的敌人不是人类，而是一心想要毁灭地球的外星物种，这样即便战斗场面血腥，你也丝毫不会感到任何不适。

我对弗莱尔在史坦顿岛的那些年还是知之甚少。我没找到他在那里的住址，也没发现他家有谁跟这个地方有什么联系。但他肯定在那里住过，至少得有几个晚上，可能跟他的朋友一起，也有可能跟女朋友。从地理位置来看，史坦顿岛不是那种人们会随随便便逛过去或者沿途经过的地方。

纽约市惩戒署确认了他在二〇〇二年至二〇〇五年期间因为毒品犯罪被拘捕，并在史坦顿岛的监狱服过刑，但相关记录并没收录在瑞奇蒙县的法庭系统中。经过多次联系和沟通后，他们告诉我他们那里有几起针对弗莱尔的起诉，包括一九八五年驾车违章，同年还有一次妨害治安行为，以及一九八六年的一次犯罪，但相关案件记录已经被封存起来了。封存了？那人居然还可以电话里很大声地说出这个词来。刚听到案件被封存这个消息时，第一反应总感觉有什么不可告人的秘密，其实一般青少年犯罪、情节不严重或者被撤销的案件都有可能被封存起来。当年的弗莱尔肯定已经不是青少年了，所以案子被封存了的话，肯定是因为情节轻甚至根本就没犯罪。

我还想确认一下他在二〇〇二年被判刑的那次犯罪的一些细节，我上网快速查了一下罪犯"背景调查"，发现对其中一次逮捕和认罪的描述跟我正在查找的那起毒品犯罪吻合，而且犯罪地点也在同一个县，但日期出乎意料地没法对上：一九八六年八月逮捕，一九八七年六月认罪。从认罪到最后服刑，中间居然隔了十五年之久，这又该如何解释呢？

一种可能性是他时隔十六年之后，在同一个地方犯了与当年相同的罪；但如果是同样的罪行，为什么二〇〇二年的案件无论在县接待办公室还是网上的背景调查中都没能找到任何相关记录呢？而且，一九八七年认罪后被判三到六年的监禁，这个记录并没收录在惩戒署的信息库中，这又如何解释呢？不过那里倒是有弗莱尔犯强奸罪后从一九七七年到一九八四年服刑的记录，可见信息库收录的信息追溯的日期都已经足够早的了。

就算假设惩戒署那条二〇〇二年的记录搞错了日期，实际上应该跟八十年代末的那起是同一个案子的话，那么这种情况还是站不住脚。CODIS 创建于一九九四年，而纽约警方一九九六年才开始收集罪犯的DNA 信息，而且当时只针对被判刑的谋杀犯和强奸犯，并没有包括毒贩在内，直到很多年以后，纽约方面才逐渐扩大收集范围，这样弗莱尔的信息才被收录其中。所以，二〇〇二年他被捕入狱这个信息应该没错，至少对的可能性更大。他肯定在那段时期因为犯了别的什么事被警方录入到了 CODIS 中。

那他在八十年代犯的那个案子又该如何解释呢？会不会是那起被封存的案子？成年人犯了重罪的案子还会被封存起来，这到底是怎么回事呢？

更让人匪夷所思的是，在一九八七年这起案件的资料中，注明了罪犯认罪的日期，也就是宣布审判结果的"宣判日期"，却是时隔九年之后的一九九六年的万圣节。从宣判判决结果到最后执行，中间隔了六年。史坦顿岛发生的事情实在让人百思不得其解。

我写邮件给埃文，想了解一下他那里是否有弗莱尔过去的犯罪记录等信息。这些都属于公开信息，所以如果他手头有的话，跟我分享不会有任何问题；当然，我心里很清楚，这么问他多少有些唐突。我担心他会反问我"你为什么要知道这些呢"，就算他嘴上不说，也一定是满腹疑云。

其实，只要当面跟弗莱尔了解一下，马上就能搞清楚他的这些基本信息。这事不可能由我来做，一来不允许，二来就算允许，我也做不了。没人会为了我去问他；其他人对此都不关心。警方和地区检察官已经拿到他们想要的东西了：知道他对我和乔治娅所做的一切，也很清楚他这会儿在哪里。唯一有用的是他在一九七六年犯的那桩强奸案，因为那个会影响这次判刑的刑期。除此之外，任何事情对他们而言都无关痛痒。但我并不这么认为，而且我觉得弗莱尔也不这么看。

他刚在九月被捕，这次不仅是人被抓了，而且身份也确认了。在此之前二十多年里，我根本不知道这人是谁。他的作案动机是什么，为什么要对我下手，他从中得到了什么，所有曾经无法破解的问题，如今都有可能迎刃而解，这太令人兴奋。

我时不时地会调查他一下。虽然我人在大西洋彼岸，甚至都没离开家半步，我的调查手段也还是行之有效的。我就当他已经死了，甚至已经死了很久，这样的话，我的调查跟凭借古墓里斑驳的壁画对古代生活进行学术猜想没什么不同。

我找到了他姐姐。

起初我没在他的脸书好友里注意到她，因为他没注明哪些好友是家人，而且她也已经改了姓。但有一点，她的脸书账号没有隐私设置，她在脸书上的发文、照片和信息全都是所有人可见，因而可以一览无遗。

到目前为止，所有我能找到的无非就是他的住址、几次被捕情况以及在社交媒体上的若干次不太成功的尝试，虽然都带些距离感，却也符合我关于他的记忆：出现过，随之又消失得了无踪影。他只存在于他强奸我的那段经历中，仅此而已。

但他姐姐似乎很爱他。

她在二○○九年注册了脸书账号，跟很多人一样，她放了一张美美的头像（九年前拍的），然后是一连串记录重要时刻的照片，比如她的高中同学聚会以及家庭活动等。但这些照片让我惊得差点喘不上气来。

在一张照片上，年轻的阿瑟身穿燕尾服、戴着领结，跟一群朋友有说有笑，好像准备参加一个正式活动，可能是一场舞会或一场婚礼。

另一张照片上，稍微年长一些（但比现在要年轻）的阿瑟弹着吉他，和流浪者合唱团同台演出。他并没有穿跟合唱团成员一样的服装，所以应该不是他的正式演出，而是合唱团邀请台下观众参与的即兴表演；但他就在舞台上，跟合唱团在一起，玩得很嗨的样子。

这让我非常生气。这样一个享受着友情、亲情和音乐的人，我实在无法想象他有什么理由强奸我，难道是绝望吗？我写过很多坏人，因为生活过于逼仄，得不到他们想要的东西，最后决定铤而走险。我看见他弹着吉他，看上去那么快乐而无忧，我在心里不停地问：你怎么敢那样？

有一张阿瑟的姐姐跟他父母一起拍的全家福，我也是看到这张照片后猜想她应该比他要年长。翻看了她好几年里在母亲节和父亲节的各种发文后，我可以断定，他的父亲应该在一九七七年五十二岁的时候过世，而那时弗莱尔因二级强奸罪即将开始服刑，也有可能当时已经被关进了监狱。他们的母亲是在一九八三年——也就是弗莱尔出狱的前一年——过世的，享年五十六岁。他父母去世的时候年纪都不算大。

阿瑟的姐姐没有在脸书上发表任何有关他九月被捕的推文。我也没有。我跟他姐姐还像以前那样发文：我继续晒娃、晒我写的书还有家里的猫咪；而她发的更多是一些宗教的心灵鸡汤，而且都是大写字母、最后来好几个惊叹号的那种。

一月份的听证会后，我就没在脸书上更新过什么，尽管这段时间发生了很多事情：复活节欢庆活动，W 新买了超酷的鲨鱼睡衣，还有 S 在他十三岁生日会上第一次参加彩弹射击大战。如果写一些和庭审无关的话题，我总感觉自己好像在说谎一样。我可以随便聊聊天，做一些跟匹兹堡庭审无关的事情，这些都没问题，但用文字记录下来就不一样了，那是我最坦诚也最自我的一块田地。现在，我想写的只有这事，别的我想都不去想。

我在谷歌上查找弗莱尔父母去世的具体年份时，意外地发现他父亲跟我父亲同名。

查到他父母的一些信息后，我可以到一些家谱网站上试试运气。除了灯塔市，附近隔着哈得孙河的纽堡市也有好几个名叫弗莱尔的人。而一九七六年，阿瑟就是在纽堡市被捕的。

我忍不住总要多看两眼他穿着燕尾服的和弹吉他的照片。我现在觉得那张穿着燕尾服的照片上的两男两女看着不像是两对情侣，更像是兄弟姐妹。我拿这张照片跟另一张拍摄时间离现在更近一些的四人合影比较，照片上的人看着还都挺像的。他们几个当中年纪最大的和最小的之间相差了十三岁，这样的话，照片上的阿瑟看着至少得有二十五岁的样子。他恰好是在二十五岁那年进的监狱，所以如果这张照片是在他服刑前拍的话，那他那个最小的妹妹虽然在照片上看起来显得比较成熟，但她当时很可能最多也只有十四岁而已。但我经常是猜不准别人年纪的。还有一种可能性是阿瑟拍这张照片的时候已经刑满释放，那就是他差不多三十多岁的样子，比他小的那两位同胞手足就应该有二十多岁了。不过，这种类型的照片通常更像他们父母拍的，可阿瑟出狱的时候他的父母早都不在人世了。

我一直盯着这几张照片上的阿瑟，戴着黑色领结嬉笑着，穿着西装，弹着吉他。他的辩护律师肯定会想办法在法庭上展示这些照片，给人看到他的另一面：穿戴整齐的阿瑟，和家人合影留念的阿瑟。我不知道庭审当天他家里人会不会去现场旁听。他们要是来的话我肯定认得出来。

我一直担心他出庭时究竟会穿什么衣服。如果他穿正装出席，那么眼前这些照片可以帮我提前适应起来。盖文会穿西装出差，去亚洲拜访客户，而S登台表演时也会穿正装戴黑领结。一个身着西装的男人通常给人的印象是有一份体面的工作或者有一技之长，人们会认为他们有地方可去，不会漫无目的地游荡或居无定所。这也是为什么男性被告人在出庭时会选择穿西装，因为这样让他们看起来更有责任心、更受人尊重（直到他们被证明有罪）。一想到我不得不面对那样的弗莱尔，不得不面对别人在法庭上看到穿成那样的他，我心里就慌得厉害。装得人模狗样也好，故作镇定也罢，无论他怎么努力伪装，我都要在每一个人面前揭开他的真面目，这就是我出庭作证的意义所在。

我一直认为"音乐"是一股足以荡涤心灵的清流，所以看到他这样的人居然还会弹吉他时，我的内心是相当震惊的。明知我这样的想法很愚蠢，但脑子里一出现这个念头就怎么都甩不掉了。在我看来，任何一种形式的艺术都可以用来宣泄情绪、表达自我，并在这个过程中创造出美好的事物。我想不明白的是，为什么他不在自己情绪低落、欲望受挫的时候好好利用自己的才艺转移掉这些负能量。但是，仅仅会演奏乐器并不等于有多大的才艺，这只是起步。懂几个和弦并不代表有创作能力，即使是真正具有创造力的人也会犯严重的错误。或许对已经无可救药的人而言，创造力并不能完全排遣他们的负面情绪和欲望，反而会让他们心安理得地去干坏事，甚至是刺激他们去干坏事。

对我而言，"排遣"内心的愁苦或困惑的方式就是写作。不管心里烦什么，只要我一五一十地写下来，就能完全把它从我脑子里清理出去。有人因为读了我写的东西而有所领悟，我就感觉自己跟他们产生了联系。一通发泄之后，我会发现竟然还有更多的情绪积压在那里，假如之前没有先释放一部分的话，我可能根本就不会意识到。

当然我并非一直如此。最初我从不以自己在大学写的诗示人。虽然我认为这些诗写得酣畅淋漓，但我还是为自己在诗里描述的那些挣扎、脆弱以及欲求而不得的苦闷感到惭愧。我只让陌生人读我写的东西，尤其是那些写作比赛的评审。渐渐地，我开始获得一些认可，也有机会可以出版自己的作品，我觉得在这之前至少应该先把作品拿出来给一个人看。她是我非常敬佩的一个人，我在其中一首诗里提到了她，虽然没有点明身份，但只要是认识我俩的人都很清楚我写的就是她。我不想在没有得到她许可的情况下发表我的作品。

我当时真的认为别人只要读过我写的诗就不会喜欢我了。好吧，也只能这样了，从今往后，她再也不愿意做我的朋友，也不会相信我就是那个我一直努力想要成为的人。尽管我担心将永远失去这样的朋友，但我没动摇过在正式发表前征得她许可的决定。我给她看了整本诗集，有了上下文她就更容易理解。

结果她只用了一个晚上就把整本诗集看完了。第二天一早她跟我说的那些话成为撑起我人生的重要支点：她告诉我，我的诗也写出了她的心境。

她的这番肺腑之言彻底改变了我的生活，我就像《绿野仙踪》里的多萝西一样，从前生活在非黑即白的堪萨斯，现在来到了五彩缤纷的奥兹国。在此之前，我一直以为别人，尤其是她，都是那么美好而与众不同，就像他们毫不费力表现出来的那样，而我却无法做到表里如一。当她承认跟我有些相似的时候，我一下子就联想到自己其实也有一点像她的可能，我不再因为周围那些我所敬仰的人是如此举足轻重，我却是如此微不足道而自怜自艾。仿佛突然之间我们都变得既不高大也不渺小，还比我之前想象得复杂得多。

　　我假设弗莱尔会穿西装上庭，那我就得穿西装，下面配长裤而不是裙装，我得把腿给遮起来。我知道弗莱尔喜欢我的腿，至少二十二年前喜欢过，我不想再让他看见。而且阿普瑞尔作证时会提起他说过还记得我们的腿，我不希望其他人会对此产生什么联想，也不想他们时不时瞟一眼我的腿，评头论足一番。

　　他还没有认罪。我不清楚他会不会跟我一样期待在法庭上对质，是不是还想再看到我。

10

尽管出庭作证是一种宣泄，但宣泄绝非作证的目的。我很清楚自己的目标是什么，我必须将此牢记于心。庭审时，我只需表现出柔弱、悲伤、我见犹怜的那一面就行。其余的那些不需要，我可以留在别的地方用。

我给自己定了些规矩：

1. 不可以晕倒。

要做到这一点并不难，只要吃好早饭、带上水、集中注意力就行。

2. 别爆粗口。

宁可说得文绉绉，甚至听上去像教科书般刻板得可笑，也千万不能说脏话，甚至用脏字字面上的意思也不行。

根据我的听证会经验以及跟埃文的沟通，我先确定了上面这两条，但这只是开了个头。我上网查了一下，这方面的建议还有很多，有些我从来没想到过，先摘抄下来：

3. 翻阅自己以前的证词。

我以前认为这跟作弊无异，但时隔二十二年重新复习一下比尔当年的笔录、我自己的记录和大学时写的诗现在看来还是很有必要的，也合乎情理。被告那边肯定也会从最近那次听证会的记录中找出辩论依据，因此我得把之前对每件事的描述再拿出来仔细对一遍。绝不给被告任何颠倒黑白、混淆是非的机会。

4. 眼睛要看着陪审团。

哇，这个我可不行啊。我觉得这条建议更适合其他的证人。更何况，在我陈述需要陈述的内容时，我不认为他们会跟我有任何目光的接触。我也可以选择看提问的律师，跟上面那个相比，我更喜欢这样。

5. 对每个人（包括辩护律师）都彬彬有礼

要做到这点可不容易。我当然知道庭审中对方辩护律师扮演着举足轻重的角色，但我早就对她反感了。更何况就算我对她以礼相待，也不能掉以轻心，这一点很重要。她并不站在我这一边，因此肯定会想方设法挖坑给我跳。如果是埃文问我问题，我肯定会顺着他的思路回答得一清二楚，还要真情流露。若换她来提问，表面上我可以对她彬彬有礼，但绝不可能像对埃文那样敞开心扉。绝不，因为她为敌人效劳，我必须保持警惕，但也要避免过早就摆出一副坚不可摧的架势；假如我的谦谦有礼换来的是她别有用心的或隐晦的提问，那就让陪审团亲眼看看我因此受到的伤害。那只会对我更有利吧。

埃文的建议很容易记：

6. 如果发生了什么会激怒我的事，埃文会替我出头。

如果他没有提出反对，那就说明这个没问题。我必须相信他的判断。

最后是我自己的一点想法：

7. 记住陪审团并非只在我作证时才看我，从我走进法庭的那一刻开始，我就一直在他们的注视之下。

无论我在那里观摩还是聆听，我的一举一动他们都会尽收眼底。我必须时刻提醒自己会给他们留下怎样的印象，因为他们评判的人除了他，还包括我。

再过一个月就要正式开庭了。三天后我就要带上打包好的所有行李，包括为出庭准备的东西，随唱诗班一起踏上瑞士之旅。

我都快等不及了。这次唱诗班的目的地巴塞尔景色迷人，河道交错，魅力无穷，但这些我都无心欣赏，因为我的心早已飞去匹兹堡法院了。从网上的介绍来看，法院的建筑非常美，有雄伟的台阶和庭院喷泉。看得出来，法院在设计和建造上投入的精力和物力相当巨大，足以凸显出正义对这座城市的重要性，这多少让人倍感欣慰。

风格独特的建筑，往往会让在里头工作的人感觉有些与众不同。就算那些一直在里面工作的人对建筑的宏伟早已习以为常，也会在不知不觉中受到这种氛围的感染，而影响他们的不仅是建筑本身，还有建筑所蕴含的价值。他们或许并没有意识到，但心里很清楚：我就属于这个地方。

在剑桥生活的人也会有相同的感觉。我动笔写第一部小说的时候是想尝试去表达我到英国新家后的一种心境。我热爱建筑以及创造建筑的幕后人物。我喜欢浑然天成的东西，但建筑本身折射出的人类的智慧光辉也同样打动我。

这次的合唱音乐节让我从家里很好地过渡到法庭去。虽然自家孩子也在团里，但跟唱诗班随行照顾孩子们总强过自己在家带孩子。那几天的行程早就提前定好了，每天的活动安排得紧凑而有序，我只消做好自己负责的事就行，这不仅可以分散我的注意力，还会让我心情舒畅。跟团的其他几个大人也都知道我结束瑞士行程之后要做的事，只有去年才毕业的管风琴助理因为之前没在大学所以对我的事情并不知晓。

我做好计划，提前打包好所有的东西。我把弗莱尔身穿燕尾服的照片存在我的 iPad 里，这样我可以经常拿出来看看。他在那些约会网站和演员网站上贴的照片里，人往前倾，眼神迷离，看着让我浑身起鸡皮疙瘩。还有一张他穿着燕尾服的照片看着也让人感觉不舒服，我猜是跟他的兄弟姐妹的合影，他在照片一副愣头愣脑的样子，像我们身边那种很容易引起别人同情的普通人，好在这跟他去我公寓那会儿时间隔得更久。

对于六月份庭审结束后的日子，我也提前做好了规划，增加了跟约翰会面的次数，取消了原本答应好的在做礼拜时读经以及给唱诗班准备糕点果汁之类的事。我记得一月份听证会结束后，我去教堂做礼拜时宁愿坐在教堂中间走道的座位上聆听，也不愿意在小礼拜堂里跟着大家一起诵经、唱圣歌。这次我可就没机会像那样一个人躲在边上了。W已经从试唱生成为唱诗班的正式成员。他在我去匹兹堡参加庭审时开始穿白色的法衣，等我一回来，他肯定迫不及待地希望我能坐近些，好看见我看着他。

《圣经》里我最喜欢的一段是《旧约·申命记》中的"选择生命"。特别讲到了是否选择服从上帝所导致的不同后果，并断言服从上帝即得永生，背弃上帝则将走向灭亡。经文这样写道："……我将生死祸福陈明在你面前，所以你要拣选生命……"①

我对《旧约》里写的那些繁文缛节并不热衷，但那些召唤跟随上帝的慈悲和善良让我心向往之。有时可以一眼洞见"生命"的选择，尽管要做到很不容易；有时一片迷惘困惑，不知如何做才对。但我始终探寻着生命，只要看到就努力做出正确的选择，即使寻不见，至少也要做出最接近的生命选择。

我做事喜欢有始有终，只要开始做了，就要好好完成；我想毕业、结婚、生子；我决定完成下一部书，直到交付印刷最终把它摆上书架。我不愿意也不喜欢半途而废；我做事的目的就是为了得到结果，因为那

---

① 参见《申命记》30：19。——译注

才是我要的东西。只有做完了才知道这事是否真的获得成功，这也是为什么我希望看到结果吧。如果事情尚未画上句号，一切仍在进行之中，那么失败、出错或不如预期，最终皆有可能。

回想起来，我曾如此渴望一切都结束，成为过往云烟，我终于意识到原来自己一直盼望的是消亡和死去。所以，我经常提醒自己要"选择生命"：哪怕尚无定论，不知结局如何，也要努力做到随遇而安。

我还等着很多事情的发生，对尘埃落定后自己可以好好享受内心的平静充满着幻想：我等着出版人跟我确认最后一版书稿。我期待儿子们的音乐会和测试都能顺利进行。不过和这些相比，我心里更盼望着参加庭审，但我绝不能因为这样而恨不得马上跳过这几个星期，日子不能过得这般仓促。

在瑞奇蒙县/史坦顿岛记录弗莱尔毒品案的文档中，我找到了一些之前没试过的索引号，为了彻底调查清楚，我决定再打一圈电话试试。

我的电话在史坦顿岛县接待办公室人员和法庭工作人员之间切换了好几个来回。他们听上去都差不多，讲话语气仓促，鼻音也重，我分辨不出接电话的到底是谁跟谁。但我就像皮球一样从县接待办公室人员那里被踢到刑事法庭，再被踢到高级法庭，我像在跟同一个人反复说着同样的话，一遍又一遍。高级法院接我电话的那人告诉我写信给谁要求复印件，他急着想要挂电话，我却铆足劲问了一堆关于他手上这份文件的问题。他没忍住，脱口而出说这案子中间跨了"好几年"，然后我又盯着他那句话继续追问。最后他只好跟我解释："好吧，这人有担保的。"

一开始，我没反应过来"担保"是什么意思，不过透过他说话的语气，结合我们谈话的前后内容，我才明白：弗莱尔是交过保释金后直接弃保潜逃了。一九八七年他认了罪，但之后没有到庭参加最后宣判。我不知道是他自己掏钱交的保释金，还是找担保人给垫付的。如果是担保人付的，有可能派出过赏金猎人①抓捕他。

如果是这样的话，之后他改名换姓去匹兹堡这事也就说得通了。

但这还是解释不了为什么他一九九六年被宣判却到二〇〇二年才开始服刑。会不会瑞奇蒙县法院的两次判决他都潜逃了？

他之前因强奸罪蹲过监狱，肯定害怕再去监狱，为此甚至改头换面、切断与家人的联系也在所不惜。弗莱尔在匹兹堡的那些年过得也好不到哪里去，因为不能用真名，估计拿不出可以证明自己合法身份的文件，应该没办法找到工作，也领不到退役军人福利。最糟的是，他保释金的担保人还派出了赏金猎人到处抓他，他不得不东躲西藏。不管怎样，他肯定过着离乡背井、举目无亲的日子，没有家人支持，还整天担惊受怕。

想到他那么怕蹲监狱我心里就很开心。真希望这会儿他正在为这事担惊受怕了呢。

那些相关年份的问题还在我脑子里来回转着：

当纽约的 CODIS 系统降低 DNA 的收集标准并将数据范围扩大到贩毒罪犯时，如果他在一九九六年已经进了监狱，那么他的 DNA 样本不太可能被加到系统里面。那样的话我们也不可能找到他。因此，不管是什么原因导致了他服刑时间的延后，我都应该感到庆幸。

话说回来，如果他当初没有潜逃，而是按期从一九八七年开始服刑的话，那他根本就不可能到匹兹堡去。

史坦顿岛真太他妈的混蛋了。当初要么把他关进监狱，要么给他自由，怎么会让他逃跑了还不知所踪呢？为什么非要把他逼上逃亡之路，结果让他遇到了我？

---

① bounty hunter，即为了奖赏和金钱（赏金）而去捕抓亡命之徒的人。——译注

有意思的是，我知道剑桥这边至今还没有人觉得我在那里瞎编滥造。他们为什么不这么想呢？我的故事发展到现在，情节已经变得很不一般了，甚至还出现了携带武器的赏金猎人。如果上谷歌搜索我的名字，你根本就找不到关于这起案子的任何信息，因为受害人是匿名的。但这并没有妨碍别人对我的信任，没人对我说的这些事产生过任何质疑，至少从没当着我的面流露过一星半点的怀疑。这让我感到特别欣慰。

美国那头亦是如此。这么多年来我改过住址信息，但每次我打电话给匹兹堡警局，警探从没要求过我证明自己的身份。一般我打电话过去，对方基本上就是第一次接触我跟这个案子的新警探，他们会按我说的更新我的联系方式。去年九月霍南发电子邮件告诉我弗莱尔被捕的消息，他用的那个电子邮箱也是我在几周前才给他的。从来没有人让我证明我就是艾米莉·温斯洛，就是一九九二年的那个女学生。没人让我出示驾照、护照或者任何什么东西，甚至在法庭上也不用。

当然现在警方已经确认我就是我，因为利用我新采集的 DNA，他们从证据中证明"他"的那部分里找出能够确认"我"的依据。但假如不需要这么做，如果一九九二年提取的证据依然完好可以拿来使用的话（而不需要配合弗莱尔的），那么我真的完全可以假冒身份。我甚至可以骗过比尔，而他也有可能来骗我。二十二年很漫长，如果真有人冒用我的名字出庭作证，我不知道是否会被弗莱尔看穿。

我天马行空地想着。我对说谎和信任这样的话题很感兴趣。是时候开始写一本新书了，我心里这么对自己说着，很高兴自己重新燃起了写小说的冲动。

我们又要等化验室的消息了。

他们需要确认除了 CODIS 系统里录入的信息外，证据套件里的

DNA 还得跟在听证会上用试纸提取到的弗莱尔的 DNA 样本相匹配。当这个化验结果确认后，被告方可以选择邀请专家对化验结果进行审核，这样的话庭审日期就会延后。

埃文又跟我约了一次 Skype 视频电话，届时他会告诉我最后的决定是什么。他很想尽量说服被告认罪或放弃延迟庭审。但那是弗莱尔的选择，那是弗莱尔的权利。

我继续在脑子里不断演练着我在法庭上该做什么，不该做什么，我也准备好在面对陪审团时既要做到言行坦诚，也要表现出脆弱的一面。我反复提醒自己，在法庭上我还会面对他。这么多年过去了，他们还是要求我在他面前表现出一副柔弱、受伤的模样，这只会让他自我感觉良好，内心更膨胀。你这男人多威猛多厉害啊。我都被你折磨成了这样。

原本约好的通话时间我们不得不延后了，因为这个时间埃文还在法庭上。我一点都不介意，反而觉得这样挺好的；我希望哪天他跟我上法庭的时候，他也会为我推迟其他案子的电话。

话虽如此，这多少还是让我感到有些受伤和震惊。有点像孩子们很小的时候盖文必须出门办事，我就掐算着他回来的日子一天天地计划着，除了越到后面越感到疲惫和兴奋之外，总的来说都还好。但有几次眼看着那天马上就要到了，他又不得不重新订返程航班，这让人感觉整个人一下子掉了下去，本来都走到头了却还得多走一步。我算好了日子一天天消耗着我的体力，到这儿刚好用完了所有的储备，再没什么力气继续支撑我走下去了。

在整个诉讼过程中，在一些重要节点上我都有这样的感觉，每一次我都计划好要努力支撑到下一个节点。每当日子逐渐临近，快要等来消息的时候，比如移送听证会、DNA 检测报告、庭前会议，我的身体就会开始发生某种反应，像摄入过量咖啡因那样兴奋、敏感。但这些在我看来如此重要的事情，对别人而言都只是工作清单上的一部分而已。

我父母生了四个子女，但他们那一辈却没有太多的兄弟姐妹。我妈妈是家里的独女，我爸爸只有一个姐姐。我这个姑姑的丈夫已经过世，他是我唯一的姑父，我很想念他。我姑姑和姑父生了三个子女，我就只有这么几个表亲，我视他们为至亲，但我姑父那边的家族人丁兴旺，所以在我这几个表亲眼里，我不过是众多表亲堂亲中的一个罢了。他们对我如此重要；但我对他们却未必。

我在埃文和那些警探那边也是如此，我必须很清醒地认识到这一点。我唯一的一次庭审也只不过是他们日常工作的一部分。他们经手的案子有些比我这个更糟；有些受害人甚至还只是孩子。我不断调整自己的心态，直到准备好自己能接受最坏的情景——最多也就是他们表面上对我和善，其实早就对我讨厌甚至没什么耐心了。我很意外他们从没有手一摊对我说："不就是性嘛。都是成年人了，你自己可以处理好。"

埃文把 DNA 检测的结果发过来了，他知道我肯定想要尽快拿到这些资料，这样在跟他讨论之前的这段时间里我不至于等得太过焦躁不安。文件的扉页上方标注着"保密"字样，信笺的图标设计有些花哨，上面还注明了当地政府为这次化验支付了四千美元的费用。

DNA 检测并没有比对所有的基因序列，因为那样会使原本冗长的检测过程变得完全不切实际。因此化验室只检测了一部分基因，确切地说，是十五组更能体现个体之间差异的基因密码。如果这几组比对成功的话就完全可以说明问题。举个例子，警方从我体内提取到的精液跟随机抽取的黑人男子进行比对的话，其匹配成功的概率是二十六万兆亿分之一。（这已经是针对特定人种的比对结果了，如果找一个白人或西班牙裔男人来进行对照的话，匹配成功的概率甚至更低。）

除了 DNA 检测报告，埃文还给我发来了更新过的判刑表。宾夕法尼亚州已经拿到纽约那边关于一九七六年弗莱尔犯强奸罪的判决文书，他的前科记录评分从之前的零分提高到三分。我发现表格之前自动生成的"4"分已经被记号笔涂改，变成了手写的"3"分了，想必埃文之前应该希望这项可以达到四分。除了这个，我还有其他几个问题也需要向他问清楚。不管怎样，最后的判刑不会因为前科记录评分从零到三而增加很多，就算是最严重的罪行，每项也就在原有基础上最多增加十八个月而已。

　　看着眼前的表格，我开始明白为什么我至今梳理不清楚弗莱尔的官方历史记录了。因为犯罪行为发生日期已经很久远，司法系统对所有指控的真正"犯罪日期"都不予接受，因此表格中有几栏里写了这起案件发生在去年八月（其实是我在他被捕前再次对他提出指控，丹因此选择了这个日期）。其他几项指控在另外一个数据库里准确记录了犯罪日期是一九九二年一月，但在这个表格中却不知何故变成了一九九七年六月，我猜这可能因为当时数据库能记的最早年份是一九九七年，但月份还是对不上，这个就解释不通了。这两个错误的日期直接导致了系统中弗莱尔"犯罪时年龄"的错误。如果这张表格放到二十年后再看的话，人们根本没法从中看出整件事情的来龙去脉，甚至还会让人以为他在那次强奸我之后，隔了几年又强奸了我一次。

　　这些还不算是最严重的，在"非礼指控"中，有一项本该归在"暴力强迫"下的，结果在一些数据库中却被错误地归入了"精神疾病或缺陷"，也就是说被害者患有严重精神疾病以致无法表示认同或接受。我本以为因为输错了指控编号才造成了这样的错误，所以一直盯着丹去更正过来。最后我们发现编号是对的，但链接到了错误的指控项目，有可能是连到了旧版的法律条文，所以看到的指控就对不上了。埃文准备的文件没什么问题，但其他的，尤其是那些允许公众查询的文件里，却充斥着各种错误，真很让人生气。

还有一些事我也有些摸不着头脑，文件根据现行标准自动生成了刑期，但其实犯罪的实际年份是一九九二年，因此我们只能用当时的标准来量刑。比如最早的四项指控，手写的"量刑参考范围"的最高值，远低于自动生成的"法定期限"的最低值。

我还得学习新的缩写词。每一项指控下"符合 IP"的选项都已勾选。我上谷歌查了一下，IP 是"中间刑罚"①的缩写，以包括软禁、电子监控或缓刑等执行措施代替监禁。另一个缩写词 RS，是对轻罪指控可能的刑罚。这些都是"强制性制裁"，不需要蹲监狱。

看到这些内容真把我给吓坏了，还好我跟埃文的电话推迟了，这样在我们通话前我还有点时间好好消化一下这些文件。我给埃文发了封电子邮件，其中一段写着："不，不，不，不，不。"

借着这股劲，我把所有收集到的文件都仔仔细细地看了一遍。

一月份听证会结束回来后，经过一番周折，我终于收到了纽约那两场移送听证会的会议记录。虽然在匹兹堡听证会前我一直想要得到这些文件，但当我最终拿到后，这些文件似乎显得没么重要了，我当时匆匆瞥了一眼就束之高阁了。纽约的两场听证会上弗莱尔都没有亲自到场，而是让他的律师（两次的律师不是同一个人，而且都是法律援助律师）去。一份法庭记录只有一页纸，另一份多了几页。我这会儿就要好好读一下。

他拒绝了宾夕法尼亚方面提出的移送申请，最终迫使对方不得不大费周章地申请州长令。难道他在里克斯岛监狱的日子更好过些吗？难不

---

① 中间刑罚（Intermediate Punishment），又称中间制裁（Intermediate Sanction），是比传统缓刑更严厉但比监禁成本低的刑罚执行措施。它是一种介于监禁与缓刑之间的刑罚，并与监禁刑和缓刑共同构成了刑罚执行的梯度。——译注

成他对监狱的情况了如指掌，知道宾夕法尼亚州的监狱更糟糕？还是说真正让他惶恐不安的是他移送到宾夕法尼亚州后那些针对他提出的正式指控？据说跟毒贩或逃犯之类的罪犯相比，强奸犯在监狱里的日子更不好过。这个他应该已经有切身体会了吧。

还有一个我之前没注意到的细节，在曼哈顿举行的第一次移送听证会上提到了八十年代史坦顿岛那个案子的担保，有意思的是，那次担保最终并未执行，但实际上他最后还是去了奥蒂斯维尔监狱服刑，我对这点还是有些想不明白。听证会快结束的时候，法官让他们先交了一美元保释金，然后休庭，第二天再审理史坦顿岛那起案子。

我得再打电话去瑞奇蒙县，找那几个工作人员了解一下情况。

还有一天我就要跟埃文在 Skype 上视频通话了。

我发出邮件后没多久埃文就回复了，简短地解释了"符合 IP"旁那一栏勾选框实则最上面还有一个"不"字。所以勾选了这一栏实际上说明弗莱尔并没有在监狱外接受过任何刑罚。这个消息让我大舒一口气，但又忍不住恼火起来，要看懂这些表格简直比报税表还要难啊。

还有一小时我们就要通电话了。

我抓紧时间给史坦顿岛那边的法庭记录员办公室打了个电话。这次接听电话的不是那几个"差不多"男人中的一个，而是一个语气尖刻、态度恶劣的女人。她并不着手帮我找，反而先问了我一堆问题：我是谁，要让她查什么，还要解释清楚既然我不是律师为什么还要看这些法庭记录。我的回答很简单，作为普通大众的一员，我就想看一下公开审判的记录，仅此而已。她语气怪怪地说道："哦，你是法庭观察员吗？整天坐在法庭上，是吗？"她说这话一副很不屑的口气，似乎认定了我听她这么说就不会再坚持了。我又把刚才的话重复了一遍，我是一个普通民众，有权要求查看公开审判的法庭记录。她再次要求我亮明自己的身份。我措辞谨慎但语气坚定地告诉她，我不需要跟她解释什么，这就好比我去店里买东西或者去餐厅点餐，用不着说明我的身份。至于我为什么要求拿到法庭记录，这也不关她什么事。

她冲着我嚷嚷然后直接挂了电话，把我气得浑身发抖。我再次打电话给瑞奇蒙县的接待办公室，是之前那几位听上去差不多的男性工作人员中的一位接的电话。我情绪激动，语无伦次地跟他投诉了法庭记录员办公室那个可怕的女人。那人一边敲着键盘，一边跟我说话，他的声音舒缓而亲切。他找到了九月十三日法官把弗莱尔没有执行的逮捕令发回给史坦顿岛的记录，案件"基于司法公正，予以撤销"并封存了起来。

我猜那个撤销应该对我们这个案子更有利，因为这可以涵盖到宾夕法尼亚州方面提出的指控范围，这样两者之间就不存在竞争关系。他当时已经被关押在纽约，如果当时宾夕法尼亚向纽约提出要求的话，他们完全可以继续羁押他。所以我得感谢史坦顿岛，把羁押他的机会让给了我们。

我一直想搞清楚为什么弗莱尔还有一起一九八六年的案子被封存了。从法律角度来看，我猜那起案子所涉的要么是轻罪，要么因为证据不足而没被裁定。还有一种可能，那起案子就是之前担保的毒品案，直到去年秋天因为宾夕法尼亚州这边而被撤销并封存了起来。这么做是为了我，是的，我，以及乔治娅。

至于那个法庭记录员办公室接听电话的态度恶劣的女人，我还是忍不住要多说几句。如果有人提出要查看案子的相关信息，他们肯定有自己的理由。涉事方的家人，被告的或者是受害者的家人，都可以查，不是吗？试想一下，这些人已经遭遇了如此可怕的经历，千方百计找到法庭想多了解一下整个案件的情况，凭什么他们一定要说明自己的理由好让她满意？凭什么我也得那么做？

在非律师从业人员中，不可能只有我一个提出想要看法庭记录的吧。这绝不可能。我想要知道事情的来龙去脉，难道其他人不这么想吗？

　　埃文很快就要打电话过来了。

11

埃文在视频电话里看上去比以前要老，也更疲惫了。也许只是因为我之前把电脑显示器调到了最亮，也许是因为他那边接近傍晚光照不是很好吧。但这个时间对他来说还是合适的，他还有一小时就到下午五点。而我这边，已是晚上九点。

他跟我解释了一下判刑表上的一些内容。

如果按一九九二年的标准，最终的前科记录评分应该是三分，因此手写修改了自动生成的分值。他还指出，以一九九二年标准最后得出三分的评分，跟以现行标准得出四分的计算方式差不多，这样倒也好理解。

判刑的指导刑期分为三类，包括"减轻处罚"、"标准处罚"和"加重处罚"，但并未规定具体哪一类案件应该放到哪一个类别下进行判定。所以在量刑的时候，被告方肯定会争取减少刑期，而我们则力争加重刑期，最终结果由法官全权定夺。

我以为指导刑期可拿来作为判刑依据，具体量刑时尽可能争取高于推荐的刑期范围，但无论怎样也不可能超出法定年限的范围。可是我的理解并不完全正确。事实上，法定年限既是判刑的下限，同时也是上限，也就是说，最低不能低于此，最高也不能高于此。换言之，无论是量刑的最低值还是最高值，都不能超过法定年限，避免出现量刑过严。

埃文说假如出现认罪协商的情况，他很有可能先建议两起案子数罪并罚，判刑三十年至六十年，可以接受的最低刑期是二十年至四十年。

他安慰我千万不要认为最低刑期过轻。他保证弗莱尔不可能获得假释，万一有那么一天，他将亲自去弗莱尔的假释听证会上进行反驳。这种时候埃文年纪轻的价值就体现出来了。等我老了，他应该还在继续工作呢。

如果由陪审团定罪，埃文就会跟法官具体说明，参照指导刑期的"减轻处罚""标准处罚"以及"加重处罚"各自对应的最低刑期，以数罪并罚刑期叠加，得出量刑期限。他的底线是以"标准处罚"为基准的数罪并罚刑期叠加，而终极目标则是争取"加重处罚"。单就我这一边，以"标准处罚"的最低量刑，数罪并罚刑期叠加后总的刑期接近十九年，但如果是以"加重处罚"为参考的话，同样数罪叠加执行则刑期将达到三十一年。乔治娅的指控比我稍微少了一些，量刑的话差不多是我的四分之三。所以，我们两个加在一起的话，以"标准处罚"量刑，总刑期将超过三十年，刚巧在指导刑期范围内，如果"加重处罚"的话，最高刑期差不多会达到七十年。当然法官也可以选择不以指导刑期作为参考，而是完全依照法定年限，那样的话最后的量刑结果甚至会超过一百年。

在匹兹堡发生的针对陌生人的连环强奸案的数量比我想象的要多，通常被裁定的刑期都比较严，甚至可以说高得离谱、震慑力十足。但负责我这个案子的法官的办案风格并非如此。

我们在电话上说的更重要的一点，就是庭审是否会延期目前尚不明朗。辩护律师最迟在星期一跟弗莱尔会面，针对已经确认的 DNA 检测结果进行讨论。埃文跟弗莱尔的指定律师一再强调，不管是否考虑延后，他们必须在会面时决定弗莱尔选择认罪答辩还是走庭审程序。如果他们在决定选择庭审的同时，着手找 DNA 专家审核检测结果，那么根据《定罪后减免法》的规定，辩方在案子裁定后还可以提出上诉。假如弗莱尔决定不找专家而是按期举行庭审，那么埃文就会要求弗莱尔签署相关文件，明确自己放弃邀请专家鉴定的权利。

三天后，也就是星期一晚上，我们会再来一次 Skype 视频通话，讨论对方最终给出的决定。

假如被告认罪，埃文会给我准备一份清单，在我起草宣判当天用的影响声明时可以拿来做参考，他还承诺跟我一起修改这份声明。

如果对方决定庭审，他也会给我一份清单帮我准备证词。我们会有更多次的 Skype 视频电话，还会让丹一起参与我们的讨论。因为假如他单独跟我开会，万一我在电话上说了一些警方记录中没有的信息的话，埃文就变成案子的证人，就不能以检察官的身份继续负责我这个案子了。如果有第三方参与我们的谈话，那么那个人就可以作为证人见证这些新的信息，而且这个人最好就是警方人员，因为任何新的信息都需要一份正式的警方补充报告。

我问他不管是认罪答辩，还是庭审，在正式启动前我是否有机会看一下法庭现场的情况。我的航班在开庭前一天晚些时候抵达，他说我们可以在第二天早上七点大楼开门后见面，到时候找一位治安官（又是治安官啊！）带我们去法庭开门看一眼。之后他会让我在他安排的一间会议室里等，估计两小时之后就会正式开庭。跟听证会时在嘈杂忙乱、徒有四壁的走廊里相比，这儿的档次明显有所提高了。

他尽量不动声色地帮我做好被告会认罪的准备，并跟我保证这其实是好事，因为这样的话他肯定会被判刑。他觉得这事在星期一就可以确定下来。他逐一列出这个结果带来的所有好处，无意间提到受害者也可以不用出庭作证了。"我知道你并不愿意跳过那个环节，"他随即更正道，"但大部分受害者的确会那么想。"

我同意他说的"大部分受害者"不想出庭作证，但剩下的那些，姑且算总人数的百分之三十左右吧，他们应该是想要出庭作证的，对吗？所以，我有同样的想法应该不算奇怪。

他承认确实有个别受害者希望可以出庭作证，但他们通常更注重结果，把重点放在上法庭的当天以及如何在法庭上表达出他们的愤懑，进而对陪审团或判决结果施加影响。我当然也想那么做；当堂作证在我看来至关重要。但以埃文的办案经验来看，我对整个诉讼过程每一个细节的关注和一举击溃弗莱尔的决心，跟其他受害人相比显得非同寻常。

乔治娅这次已经决定不再出庭作证了，听证会上的那次经历令她不堪重负。假如我得偿所愿，那会伤害到她，反之则反。

哦，对了，弗莱尔显然在监狱里"找到了上帝"。

埃文讲到这个笑话的时候，我忍不住笑了，但满脑子想的却是：狗屁。弗莱尔有足足二十二年的时间去忏悔，但他之前却毫无悔意。

母亲节（美国的母亲节比英国的晚两个月）来的正是时候。弗莱尔的姐姐在她的脸书上放了张老照片，下面有一些亲戚的评论。我从中知道了他们母亲的名字，然后找到了她结婚前的名字以及她小时候住的地方。她出生在纽约州纽堡市，正是弗莱尔第一次犯下强奸罪的地方。

知道他父母亲的名字，尤其是他母亲的名字让我感觉更踏实了些，因为他看上去已经不再像一个符号那样神秘莫测了。他就是那样一个普通人，有着普通的人生，并没有什么超乎寻常的能力。他在我眼里一点一点地变得渺小起来。

我的宗教信仰要求我为我的敌人祈祷。

说到宽恕，我不能肯定那到底意味着什么。确切地说，要祈祷什么呢？肯定不是让他们能免于惩罚，这样受伤的还是我，而且也不合常理，甚至有悖于耶稣的教诲。耶稣的诫命中最重要的一条就是"你应当爱近人如你自己"。但这条诫命最为根本、合理而且自然的前提首先是要自爱。如果我连自己都不爱惜,那我用同样的方式对待他人当然也谈不上所谓的爱近人。只有我善待自己,那么这条诫命才不会沦为空谈。

我对这条诫命的理解是,不管他们从我这里拿走了什么,我还是要为敌人的幸福祈祷。就我这个案子而言,我祈祷弗莱尔最终能在监狱里不仅找到安身之处,甚至能找到安心之所;祈祷他有家人可依,也有朋友可交。

但这样又会让人感觉惺惺作态,近乎滑稽可笑。我的一切努力就是让他在监狱里度过余生,那绝对是让他胆战心惊的地方。我却祈祷他在里面得到平静、宽慰甚至一丝满足?这在他眼里如掉在地上的残羹冷炙一样可悲,我们又何必故作慷慨呢。

这让我想起他强奸我之后,一边拉着裤子拉链,一边语气温柔地对我说:"你躺这儿的话感觉会好一些。"我记得他说这话的时候,还指了一下我房间角落里的沙发床。他在那个时候表现出来所谓的"绅士风度"真是可笑至极。他根本没在那床上强奸我,一切都在我房门和沙发背之间的地板上发生了。

比尔的笔录里记下了这句"你躺这儿的话感觉会好一些",这段情节就算没有笔录提示我也有印象,虽然做不到只字不差,但我分明还记得他语气细柔而甜蜜地交代我要"休息"。就像在一个是非黑白完全颠倒的疯狂世界,他完事后居然可以理直气壮地说:"哦,小心肝,你第一次做肯定会疼,你好好休息一下。"但我从这句话中,还读到了另一层含义:别站起来。他要离开,而我得向他证明我不会做出任何有可能干扰到他的举动。我必须装出一副安分顺从的样子,这样他就不必再对我做什么,使我不能在他走了之后再爬起来做些什么。

比尔的笔录上还记了一句,我对他说:"晚安,鲍勃。"我对他很客气。我那么做的目的只有一个:保证自己不被杀死。

我不想为他祷告，但如果我假仁假义地祷告，也是因为我受这段经文的启发，可以名正言顺地把他视为我的敌人。我很高兴能那样称呼他。在这个世界上，除了他，我找不到任何一个可以被我称为"敌人"的人。

或许我应该为他认识到自己犯下的罪孽有多深重而祈祷，为他接受耶稣在十字架上承担了他的罪以换来的宽恕而祈祷。直到现在，他都还没真正反省过，甚至没有祈求过耶稣的宽恕，对此我深信不疑。

约翰一开始就明确说过很多事，其中一条就是最终目的并不是要像许多宗教故事里写的那样我要当面宽恕弗莱尔，然后在基督那里和他成为兄弟姐妹。约翰知道——可能很多我周围的人也都有这样的共识——我很理想主义，凡事都要做到最好，所以我很容易会这么想，如果不是这样我会为此感到愧疚。所以，他很早就告诉过我，弗莱尔已经使用暴力强迫过我一次，绝不允许有任何一种借着宗教的名义把他再次强加给我的做法。

如果弗莱尔希望得到宽恕，他必须要向上帝祷告和祈求，而不必到我这里来。同理，我要是想饶恕弗莱尔（如果我能悟透饶恕的真谛），那也仅仅是我和上帝之间的约定。我没必要也不值得跟那个坏人再有任何接触和互动。

我问约翰是否可以替我为弗莱尔祷告时，我的要求显然让他感到意外，但他立刻应允了。他这么做并非出于对弗莱尔的关心，而是因为他真的在意我的感受。

我有时也会想，作为一名牧师，他是否应该关心包括弗莱尔在内的每一个人。但我觉得作为一名牧师（和一个人），他应该对弗莱尔的所作所为深恶痛绝，这样的话也算扯平了吧。弗莱尔在监狱里也有自己的牧师。也许基督徒们可以共同承担信仰要求的所有职责而不必独自承受，就好比如果检察官和辩护律师由同一个人来担任的话，那么理想的法律制度就会失败崩塌，在宗教信仰里人们也需要扮演好各自的角色。弗莱尔需要有人关心他，但关心他的绝不该是埃文或约翰。每个人都有自己的立场。

埃文会在今天打电话告诉我弗莱尔的决定，我跟约翰说好会在这之前先见面。通常一个星期里我跟约翰见两次，简单讨论一下经文后，一起聊一下案子的诉讼情况。但今天，我在一天里头有两次机会跟人说案子的事，这实在太奢侈了。

我等着埃文的电话，等着他告诉我弗莱尔的决定到底是认罪、延迟还是庭审。这一年的诉讼走到今天这个阶段，弗莱尔手上几乎已经没什么牌可打了。该他做出选择了，想必对他而言也是一种震惊，或是一个解脱，或压得他喘不过气来。

约翰让我今晚告诉他事情的进展。如果我被这个消息搞得心神不宁，有必要的话这星期我们还可以约谈一次。

我准备了一张清单，把除了约翰外还需要知道这件事的人都列在了上面。至于如何告诉大家事情的最新进展，我的处理方式就跟准备开派对前邀请客人一样，摸清楚哪些人在社交媒体上有联系、或者在同一个朋友圈里，然后把他们分到一起；这样一来，这些人就会在差不多同一时间从我这边得到消息了。

就在这个时候我收到了埃文发来的邮件，而不是打来的电话。刚才洋溢着的"有重大事情要发生了哟"的那种准备欢庆的气氛随之烟消云散。埃文没有弗莱尔律师的手机，只有她办公室的电话，但打过去始终没有人接听。如果在他那边下午五点之前（还有二十分钟的时间）她依然不接听电话，他只能等到明天了。

应该是她主动打电话才对啊。我开始胡思乱想。会不会她还没见到弗莱尔？还是他们见了面但他决定不了？抑或他做了决定但被她否决了，然后她试图说服他？

我真希望有新邮件进来的时候我的邮箱会自动发出提示音。但我现在只能两眼盯着电脑屏幕上邮箱的视窗，在匹兹堡那边下班前的最后八分钟里，希望能看到埃文发给我点什么消息。我选了一首刚好八分钟的乐曲播放——唱诗班演唱的贝尔斯托的《圣城：塞勒姆圣咏》（*Blessed City*，*Heavenly Salem*），这首歌唱完，正好提醒我该去查一下今晚还有没有别的消息过来。

音乐结束了；宾夕法尼亚那边正好下午五点整；什么消息都没有。埃文这会儿肯定在跟她打电话。我把这首歌重新播放了一遍，如果他跟我想的一样这会儿正在给律师打电话的话，那我就再等一会儿吧，我回头再查一下邮件。

还是什么都没有。

我把这首歌又播放了一遍。盖文这会儿在楼下，一边看着一个我认为很无聊的电视节目，一边等着我空下来一起看我俩都喜欢的节目。

我又查了一下邮箱。我还得在这里继续等。我再次点了那首歌的播放，就这样一直单曲循环。

早上了。整晚埃文都没发邮件给我。尽管这时宾夕法尼亚那边天还没亮，但在接下来的几个小时里，我一边陪着孩子们攀岩和游泳，一边满怀希望地在我 iPad 上不停地刷我的邮箱。我们自己在家给孩子们上课，所以今天这样一个工作日里我还会陪着孩子，一边理所当然地期待着埃文不停地给弗莱尔的辩护律师打电话，直到她接听为止。从外面回家后，孩子们需要做数学和编程，他们会有新的书面作业要我在那里盯着。

多亏有了《信息自由法案》，弗莱尔在军队的主要记录终于寄到了，记录显示他在一九七二年八月加入了空军。但从我的调查来看，空军并不招募义务兵，所以他当时应该是志愿参军的，当时很多人都这么做，借此避开被征兵派到战场。如果他也是出于这样的动机，那他当初的选择还是挺明智的。他从来就没离开过美国。我之前还想着如果他从越战回来，很可能饱受战后创伤之苦，多少会让人有些同情，结果并非如此；他是一名空军三等兵，先后在得克萨斯州拉克兰空军基地和伊利诺伊州查纽特空军基地服役。因为他在战争期间选择参军而获得国防服务奖章，在一九七四年五月正式退役前他从没离开过美国本土一步。

史坦顿岛给我寄来了弗莱尔所涉毒品案的"出庭记录"。这份打印文件有好几页纸，逐一记录下每一次案子被递交到瑞奇蒙县最高法院的情况。

第一页最上面的一个日期立刻引起了我的注意。上面写着他于一九八六年八月二十七日被捕（估计是因为贩毒的缘故），同年十二月二十二日记着"INC"。这是指监禁的意思吗？也许吧。我一下子注意到这个日期是因为那一天刚好是我十六岁生日。"甜蜜的十六岁"，生日当然要比往年都隆重，我请了三十多个朋友到家里，又是喝饮料，又是切蛋糕。而且那晚我第一次跟人法式接吻了。那年弗莱尔三十四岁，他住的公寓距离我家只有半小时的车程。

文件里充斥着各种我看不懂的缩写和简写。我一边找盖文帮忙，一边在谷歌上查找，这才逐渐破译出如象形文字般的这套纽约司法系统用词。我还没法完全理解，但至少能看懂一些：

我了解到弗莱尔在史坦顿岛住的公寓位于人称"裂纹山"的地区。

一九八六年的那次指控包括毒品交易、多次持有毒品以及"三级非法持枪械"。

弗莱尔最终于一九八七年六月交保释放，等待开庭宣判。但到七月二十三日开庭宣判的时候他没出庭，当天的记录上写着"BFWO"，意思是"保释金没收，命令逮捕"（Bail Forfeited，Warrant Ordered）。他在那时走上了逃亡之路。

接下去，日期一下子跳到九年之后的一九九六年。那一年的四月至十月间，当地法庭先后七次想要对弗莱尔进行判刑，但每次不是休庭就是改期，直到最后一次在万圣节正式宣判，他被处以三到六年的监禁。

当然，这次他就没有提交保释金的机会了，在正式宣判前一直被羁押着（文件上 RE 的缩写是指 Remand，发回重审的意思），可我看到的他这次犯罪坐牢的记录显示是在六年之后，这又让人百思不得其解。我一心等着弗莱尔的公共辩护律师那边会有消息过来，但她似乎一直躲着埃文的电话，而文件里的一个细节马上引起了我的兴趣。

这是页眉上的一个拉丁词语 *pro se*，我得上谷歌查一下。在这个词下面是一段"律师摘要"，起初我以为这段内容是给律师看的。盖文帮我搞明白了，原来这段内容记录了弗莱尔的辩护律师们的大致情况。当然我一开始搞错也情有可原；弗莱尔的名字在这上面就出现过两次。原来在一九九六年和二〇〇五年，他没有委托律师，而是决定自行辩护，*pro se* 指的就是这个意思。

去年匹兹堡的另一名强奸犯也在法庭上为自己的罪行进行辩护，并交叉询问了受害人。如果弗莱尔这次也打算这么做的话，那也许可以解释为什么他现在的辩护律师那边会拖拖拉拉的了。

我讨厌所谓的可能性。我讨厌毫无头绪。这种时候我就需要不停地告诉自己：选择生命，选择生命。一切还未结束，那就活在当下，顺其自然。什么都不知道，意味着还有更多的事情即将发生，其中包括好的事情，甚至可能好得出乎我的意料。当初我坐在谢迪赛德公寓的地板上，内心也如此这般纠结、挣扎：活着，活下去。

埃文在坐飞机去外州参加培训的路上给我发了邮件；他不想让我继续等他打电话说这个消息：弗莱尔的律师正在申请延期开庭。

邮件发出来的时候我这边差不多快半夜了。我本来正要准备上床休息，看到邮件后顿时睡意全无。我得取消之前已经预订好的机票和酒店，本来等着六月份庭审后再去更新快到期的护照，现在我必须抓紧时间更新，以便能赶上调整后的庭审日期。我得重新调整自己的预期，还得通知朋友们最新的情况。

第一封邮件发出后，没过几分钟，埃文又发来了第二封。虽然他知道的还不全面，但造成延期的原因并不是我们之前以为的那样。他们并没有请 DNA 专家，而是提出需要精神病评估。我回了一封邮件，问了一堆的问题。

我睡觉前收到埃文的最后一封邮件，他解释了评估很有可能并非出于精神障碍防御①的目的；弗莱尔这么做可能希望在判刑的时候争取减刑的条件。但在我看来，由弗莱尔去年秋天想方设法逃避移送的做法可知，这实际上是他的拖延战术。

我回信给埃文，建议他应该催弗莱尔的辩护律师现在马上去找 DNA 专家，因为我受不了之后他们再找个理由继续拖延时间。借着等待 DNA 测试结果（最终的结果应该跟我拿到的一样），弗莱尔又提出精神病鉴定的申请，这分明就是在耍花招。他几个星期前就可以开始做这些事了，根本用不着申请延期的，早干吗去了。*屁话，满嘴屁话，屁话连天。*

早上醒来后，我仍然憋着一肚子的火。

自从日历翻到五月开始，我就感觉庭审近在眼前。我的情绪日益紧张，时常走神，而且身体也会不由自主地紧绷起来，有一种随时做好准备的感觉。我就要庭审，我想要走到庭审结束的那一头，而不要它像一

---

① 精神障碍防御（insanity defense），即以精神障碍为理由进行辩护。——译注

道彩虹般远远地挂在我前面。

日期变动对我的影响远不止取消机票酒店的预订。我对很多事情的安排，包括孩子们的事情和工作上的安排，都是围绕着庭审的日期来做的计划。更何况，我原本已经把我的人生划出了之前和之后两个阶段。如今，之前的这个阶段不断被延伸，甚至可能延伸出去很多，而原本让一切恢复正常的之后这个阶段则突然变得遥遥无期。我没办法长期处于随时准备好的紧张状态，我也没办法一下子从这个状态中抽离出来，虽然不确定具体什么时候，但我知道庭审最终还是会举行的。

也许弗莱尔就喜欢握有一种把一切都搞得乱七八糟的权力。毕竟这是他的权利，既然他能这么做，何不好好利用一下。若想要从实践层面或是心理学角度来看其中有什么战术的话，可能并没有什么用。他肯定知道最终的结果还是那一个。也许他根本就没想那么远，满脑子只要想着"我能搞点事情出来"就足以让他飘飘然了。

最早从一九九五年十一月开始，史坦顿岛的记录里所有出庭情况都补增了"动议案"。有五次提出的动议都是为了"重新安排律师"，结果全都造成了延期；直到第六次动议终于获批。在这个过程中，弗莱尔有可能提出由他本人来为他的毒品案辩护，也有可能他对指派给他的公共辩护律师挑三拣四。他曾经三次试图撤回他在一九八七年的认罪答辩（该动议最终被否决），他机关算尽，凡是能想到的全都试了一遍，最终还是没能逃过审判，接受判决。

他这次提出延期申请没什么可惊讶的。接下来这样的事情只会更多。

12

我们正在家门口的车道上启动车子，准备送孩子们去上戏剧课和瑜伽课时，邮递员来了。我朝她挥了挥手，她把手上的一个大信封从我们门上的信件投递口拉出来，直接递进了我们的车窗。这个从纽约寄来的大信封上的回信地址写着"奥兰治县"。是我盼望已久的信件。

信封里装着关于弗莱尔第一次因为一九七六年的强奸罪被判决的资料，差不多有半英寸厚。那时他二十四岁，退役有两年了，还没有工作，住在他妈妈的老家纽堡市，隔着一条河就是他出生的灯塔市。

瑞奇蒙县完整的记录材料已被损坏，所以他们仅能提供简单的案件摘要。与之相比，奥兰治县这起案件尽管发生的时间要早很多，但我拿到手的复印材料，其丰富和翔实程度令人惊讶。法律文件有好几页，我只是粗略地浏览了一下，还没来得及细分。此外还有受害人的病历资料，因为受害人当时只有十七岁，所以病历是由她母亲代签的字（受害人不是幼女，他被判"二级强奸罪"并最终认罪）。其中那份"强奸检查表"上专门有针对她的处女膜的状态（包括"完好""不完整"或"破损"）以及阴道口状态（"处女"或"已婚"）的不同选项的勾选框，看得我心里很不是滋味。

但最让人意外的是这当中居然还有弗莱尔详细的供词，他应该在作案后主动向警方自首的，甚至比受害人母女到医院报告这事还要早一个小时。他的证词中提到他跟那个女孩一起吸大麻，这可能是促使他做出自首这样不太寻常的决定的原因之一吧。

从这些打印出来的内容看，他似乎并不慌乱，也没什么歉意。警方明确告知他所有的权利，但他全都放弃了。

他的描述读起来颇为生硬造作，跟我在听证会上说的证词有些像。大概在他做了一番更自然流露、更充满感情的坦白之后，也跟我遇到的一样，有人建议他正式声明需要像列清单那样条理清晰、绝不能模棱两可。而当场记录他讲话的那个人，很可能又在这基础上加入了自己的理解。弗莱尔对警察的口述（原文如下）：

> 一九七六年九月八日，晚上九点四十五至十点三十分之间，我在伦威克街和威廉街路口接了一位年轻女士上车。我们一起去找一位朋友，我们开了差不多有两小时，一路上天南海北地聊着，慢慢地开始兴奋起来。我们开着车在纽堡市里游荡，然后开到前街。车子在那里停了差不多有半小时，我开始亲吻她、抚摸她的身体。然后，我克制不住想要再进一步的时候，她使劲推开我，开始反抗。她打开车门后下车，我们在车外继续扭作一团。因为担心她反抗得更厉害，我打了她几下，把她给打懵了。我们还在车里的时候我就已经把她的连裤袜和内裤给扒掉了。我应该是扯破了连裤袜的。我把她打懵之后，把自己的裤子褪到大腿那里，接着直接趴在她身上。然后跟她发生了性行为。

他对她反抗的那段描述得出奇地客观公正，说得好像一切合情合理、并不出格似的。他毫不掩饰自己的强迫行为。没有故意掩饰说这一切都是对方自愿、理所当然或者并没什么大不了。我没看出他有什么引以为荣或者自我炫耀的行为；反过来，也没看到他表现出任何内疚感或羞耻感。

问：阿瑟，当你一开始亲吻并抚摸这个女孩的时候，她有没有试图反抗？

答：她只说了"不要那样"和"住手"。

问：当你开始脱她的连裤袜和内裤的时候，那个女孩反抗了吗？

答：是的。

问：她是怎么反抗的？

答：她开始把我推开，一个劲地说"住手"和"不要"。

问：你说你在车子外面打了她，你是怎么打她的？

答：握紧拳头打的。

问：你是不是打得很重，都把她打得失去意识了？

答：我打得是挺重的，但她并没有失去意识。

问：那你把她打懵了吗？

答：是的。

问：你把女孩打倒在地后，她有没有对你有过任何方式的（这一段听不清楚，可能是"反抗"）？

答：没有。

问：她当时还能反抗吗？

答：我认为只要她想的话是可以那么做，不过她可能决定不轻举妄动，感觉那样最安全。

他的这段描述居然让我感同身受。虽然我没跟他在车上，他也没有打过我，而是用手捂住了我的嘴，但我当时也跟那个女孩一样，觉得"最安全的事"是必须先"稳住"。这个核心点他讲得非常清楚。

问：你知道那个女孩子的名字，或者之前见过她吗？

答：她的名字叫［此处文字被遮盖］。我之前见过她几次，但从没跟她说过话。

问：你为什么在威廉街和伦威克街把［她］接上车的呢？

答：因为她站在那里。

所以她是珠穆朗玛峰，我也是。

他根本就没有描述过她是个怎样的人。他对她既没有怨气也不憎恶，说起她的时候也没有摆出一副得了奖似的洋洋得意。他的作案动机纯粹就是为强奸而强奸，跟受害人长什么样没任何关系。

我无需对此做任何陈述或解释。一切都很简单：他就是一台强奸机器，而我刚好出现在那里。仅此而已。

这次认罪后，过了九个月开始进入判罪阶段，弗莱尔的律师要求在量刑上能够宽大些。但法庭没有批准这个请求，最后只允许他以强奸罪中相对轻一点的二级强奸罪来认罪（当时定这个罪跟受害人还只是个孩子并没有任何关系）。

律师辩称，考虑到弗莱尔没有任何前科记录，而且犯罪后又马上自首，应该得到从轻发落（此处辩护律师的原话在我拿到的复印件上有些字被拉掉了，所以我只能凭想象拼凑出完整的辩词）：

被告告知我，［案］发后他坐在她身旁，跟她说了一［会儿］话，最重要的是，他在她报案前就到［警］局自首了。他并未试图逃［跑］以躲避其应该承担的责任。事［实］上，他在警局的时候，［警］察叫他先回去，等警方收到正式报案再说。之后他又去了警局［并］做了书面声明。

我不明白弗莱尔为什么会那么做。当时他肯定有一种负罪感，或者至少知道他的所作所为将受到惩罚。我以前将这起案件称为他真正承认的强奸罪，而不是他犯的第一桩强奸案，因为谁知道他究竟是什么时候开始这样的犯罪行为的呢？但是，看到这段资料，我认为这起案子更像是他的第一次犯罪，甚至他自己也没想到他居然会做出这样的事情来。

弗莱尔在正式定罪前的某个时间点，突然从一开始的认罪转变为对判刑不服。为了争取宽大量刑，他的辩护律师提到了"缓刑报告"。

> 我知道他们认为他不在乎被监禁，但本案情况绝非如此。被告不想入狱坐牢。

他就是从那时开始想方设法逃避罪责的。

在这个信封里，最让我感到意外的是我居然解开了瑞奇蒙县的那个谜团：明明那些年他是住在匹兹堡的，怎么会突然出现在史坦顿岛的法庭上，而史坦顿岛的那次判刑又在事隔多年之后才入狱服刑的呢？

答案就是：他当时正在宾夕法尼亚坐牢。

一九九五年十一月，差不多当他开始跟瑞奇蒙县为几年前他逃脱判决的那起毒品案再次纠缠不清的时候，他从萨默塞特监狱向奥兰治县提出了请求。萨默塞特监狱位于宾夕法尼亚州，是一座新建的、中级保安等级的监狱，里面关押的全是男性犯人。他当时被判最低三年半最高七年的刑期，如果在萨默塞特监狱服满七年的话，就可以解释为什么他直到二〇〇二年才开始被执行纽约毒品案的判决。也正是因为他在监狱中提出的请求，所以当时他在法庭上进行自辩。他那么做绝非出于想要站上法庭的冲动。

跟他那些资料里头的其他法律文件相比，他在萨默塞特撰写的申请书至少从字面上看起来挺像那么回事的，虽然他一九七六年的认罪书里明确说明他只接受了十一年的学校教育（这也解释了为什么灯塔市高中十二年级毕业生年鉴里找不到他这个人）。

我不能理解的是，明明他很早以前就为一九七六年的那起强奸案在奥兰治县坐过牢了，那他为什么这次还要把奥兰治县扯进来。他根据《定罪后听证法》（*Post-Conviction Hearing Act*），要求奥兰治县把他所有的记录都复印好寄给他，而且还是免费的，因为他根本无力支付这笔费用。他似乎一直在为那次强奸罪的判刑进行上诉，他是不是考虑把已经为那起案子服刑的年数用来抵充即将判决的毒品案的刑期？虽然我不确定这种可能性到底有多大，但这是我唯一能想到的可以解释他不遗余力地如此折腾的原因了。

我对他人生细节的兴趣正在减退。我已经把那些大的片段拼凑起来：他在灯塔市长大，长到二十岁整；在空军服役两年；在纽堡市犯了强奸罪并在辛辛监狱服刑了七年；他在史坦顿岛因为毒品罪而逃亡到了匹兹堡；之后他又在宾夕法尼亚州的萨默塞特监狱服刑，刑期不超过七年；然后在纽约的奥蒂斯维尔监狱服刑三年；之后去了长岛市；接着是布鲁克林；然后，就是现在。

这些片段就像脚下的一块块石头那样足够牢固，踩着它们，我一步步穿越时空，最终抵达当下。我要一路向前。

当我拿着自己找到的信息专门向丹询问时，他才告诉我，原来弗莱尔因为在一九九四年犯了入室盗窃罪而被判入萨默塞特监狱服刑，他还说弗莱尔从一九九五年开始服刑，在牢里待满了七年。因为盗窃罪而被判七年徒刑，可见情节是相当严重的。

我一直认为"入室盗窃"跟偷窃有关，其实不然；入室盗窃是指进入私人或者有安防措施的地方图谋犯罪行为，如果这个地方是私人住宅和/或有人在现场的话，那么最终判罚的刑期也会更长。比如，在我这个案件中，弗莱尔的罪名之一就是入室盗窃。我猜想一九九四年的这起入室盗窃的最终目的可能是要实施强奸，但被那个女人成功扭转了局势。站在我的角度，我根本无法想象那样的画面。阿普瑞尔告诉我这就是她之前跟我提到过的那个案子，那个受害人咬了他，我是根本没胆量这么做的。我当时已经被他钳制住，任何轻举妄动都只会激怒他。而她的情况可能跟我不一样，她没跟他困在一个逼仄的空间里，也许她更接近逃生通道或者其他人。或者，仅仅是因为她比我更强壮、动作更敏捷；不管怎样，她成功了。

肯定是因为他被关在宾夕法尼亚州那段经历才让史坦顿岛方面在九十年代中期找到了他。这也解释了为什么直到二〇〇二年六月从宾夕法尼亚州萨默塞特监狱出狱后，他才开始在纽约奥蒂斯维尔监狱开始服史坦顿岛毒品案的刑期。

原来丹和阿普瑞尔一直都知道他在宾夕法尼亚坐牢的这件事，但我之前对此全然不知。宾夕法尼亚州跟纽约不一样，并没有网上数据库可以查询监禁和犯罪的历史纪录，或者至少没有对公众开放，因此我没能找到任何信息。但在我和我想知道的东西之间横亘着的是一道更厚的墙。

警探们只会给我提供一些大概的情况，如果我要深究，就必须非常小心避免钻牛角尖。当我对某件事过分感兴趣时，就会让人们有所担心。我不希望给人留下神经质或走极端的印象。我提问的时候必须小心谨慎，问题设计得要巧妙，要不然就要费很多口舌来解释。这让我想起我哥哥在拉斯维加斯的赌场算牌的情形。赌场当然是不希望客人算牌的，所以每次他要这么做的时候就会用"幸运数字"或者别的玩笑来搪塞，那样的话就算他算牌了，赌场里的发牌员也不能这么说他。他只要稍微赢点钱就换张桌子，甚至换一家赌场，好再赢一点。

我现在必须要做的似乎跟这个很像：不要问同一个人太多的问题，装出一副麻木不仁、漫不经心的样子。我是不应该想要知道这些事情的。

现在我知道得够多的了：

> 纽约州灯塔市，一九五二——一九七二年
>
> 拉克兰和查纽特空军基地，一九七二——一九七四年
>
> 纽约州纽堡市，一九七四——一九七七年
>
> （一九七六年九月：他的第一宗强奸案？）
>
> 监禁（辛辛监狱），一九七七——一九八四年
>
> 纽约州史坦顿岛，一九八四——一九八七年
>
> 宾夕法尼亚州匹兹堡市，一九八七——一九九五年
>
> 监禁（萨默塞特监狱），一九九五——二〇〇二年
>
> 监禁（奥蒂斯维尔监狱），二〇〇二——二〇〇五年
>
> 纽约州长岛市和布鲁克林，二〇〇五——二〇一三年

我现在的感受很像生完 W 后第二天。我一直想要有自己的孩子。订婚后我就提醒盖文，两年后当我年满三十岁，我们就进入"造人时间"。在我们有了 S 后，我不想让他成为家里的"独子"；我想再要一个孩子。四年后，当我跟出生才一天的 W 一起躺在医院时，那种想要孩子的冲动烟消云散了。我满足了。我第一次真的不想再要孩子了。之前，我从未停止过对未知的新生儿的渴望；突然间，我心心念念的一下子就来了，一切结束，如愿以偿。

关于弗莱尔过往生活中的那些有趣的小细节可能还会继续冒出来。我肯定会注意到这些信息，而且还会时不时想起那些我都已经知道的情况，但原本那种想要不断了解更多信息的需求也已经得到了满足。

如今我已不再一直想着过去的那些事，但我会继续执迷于现在以及不久的将来。酒店和机票的预订我都还没取消。埃文只告诉我被告有请求延期的意图，我还等着他来告诉我这个请求最后是否正式获批，以及调整后的日期是哪一天。

埃文那儿昨天一整天都没来过任何消息，今天到现在为止也音信全无。我猜想他这会儿正忙着打听更多的消息，我相信他一旦得到消息肯定会立马通知我。

单就上次他在飞机上给我发邮件的举动就足以让我为他这次迟迟没来消息留有回旋的余地。我欣赏他的另一点就是哪怕他得到的信息还不完整，也会迫不及待地告诉我。以需要了解全部实情为借口，一再推迟联系的人实在太多了，我就喜欢他这样有什么消息先赶紧通知起来的做法，我不喜欢那种藏着掖着什么都不肯说的。

我还是每分钟都盼着能收到他的邮件。弗莱尔和他的辩护律师已经定好了他们的计划，或者至少做好了最好和最坏的打算。我很想知道他们的计划和打算到底有些什么。

S的个头现在都已经赶上我一般高了。这个星期以前我跟他扳手腕的话至少有一半胜算，两人总体而言旗鼓相当；但现在他可以轻而易举地赢我，我们在大吃一惊的同时也忍不住哈哈大笑，他还要求我每天跟他比试一下。他因为自己长得比我更强壮了而充满自豪感。他就这么自然而然地超过了我，甚至都没怎么努力，这实在是太神奇了。男孩子好像都这样，不用特别努力，就可以渐渐长大变得坚强有力起来。

我跟约翰约约好了在一家糕点店吃早餐，我们点了吐司配果酱和咖啡，这里的咖啡有点贵。我告诉他奥兰治县那边寄来了文件，每次服务员走近我们桌子的时候，我都要缓和一下自己说话的口气。他坐在我对面翻看了那份一九七六年的供词，而我则跟着他脸上的表情把内容重新感受了一遍。分享出来了也好，这样我心里就不那么憋屈了。

跟约翰见完面，我给那位在一九七六年记录下弗莱尔声明的警察写了封信，问他是否还记得当时弗莱尔的精神状态。这位警察跟弗莱尔同龄，当时也只有二十四岁。一九七六年的那晚，他还只是一名负责案头工作的警官；弗莱尔认罪的十年后，他已是警监和纽堡市警局的探长了。我想他应该还记得弗莱尔当晚投案自首的那种积极表现吧。

我还在等埃文那边的消息。我强迫自己做事要耐心点，倒不是说不能发邮件给他，但写邮件的时候一定要注意措辞，要显得彬彬有礼，不可咄咄逼人。不停地联系对方应该算是咄咄逼人了吧。三天内连发了两封邮件，今天的邮件要求安排 Skype 视频电话，这样或许过于频繁了吧，但我最多也只能做到这样了。

之前我还担心自己在埃文面前装酷装得过头了，以致他都意识不到我对这件事有多投入，我那么想真是滑稽可笑。现在那都不是问题了。

庭审将在十八天后如期举行；也就是说，再过十一天我就要出发了（先陪唱诗班去瑞士）。至今我还没听到有关延期的消息。

几星期前，只要弗莱尔想这么做，他完全可以提出来，根本用不着要求延期。他们就这样让他跟我耍花招呢。

忙忙碌碌中日子一天天地过去了。为人父母有时候意味着得立马冲出去给脚一下子长大了的孩子买新鞋。还有些时候则是买好了新鞋、把校服改成便宜的燕尾服并收拾好他的琴谱和定音鼓槌后，坐在本笃会修道院的断垣残壁上享受明媚的午后阳光，等着 S 在里头排练贝多芬 C 大调弥撒曲。他是管弦乐队里唯一的未成年人，因此还需要家长陪同。而 W 此时在距此几小时车程外的家里，跟盖文一起给一架战斗机模型上漆。明天一早，盖文就要开始每月一次的出差周。

今天是星期天。我不可能从埃文那里听到什么消息；他按时上下班，不太像会加班的那种人。我对他也没之前那么信任了。我感觉焦虑不安。从星期二到现在，他那里一点消息都没有，我也不知道接下来到底会怎样，甚至不知道对方的延期请求是否已经提交到法官那儿了，也不清楚埃文究竟有没有去了解对延期申请有什么限制。我一直努力克制自己不去催促他，但现在必须有所行动了。

修道院那里的信号不好，直到半夜过后我们跟着乐队坐车回家的路上，我的短信才成功发送出去。第二天盖文天没亮就得出门了，所以等我在床上醒来时，发现埃文的回复早已在那里等着了。

今天，也就是星期一，会有一位法官批准对方的延期庭审的申请。如果请求被驳回，对方就会以此作为上诉的理由，这样的话庭审就不可能如期举行了。我手忙脚乱地为埃文整理出了一份清单，列出我可以参加庭审的日子，埃文可以拿着这个跟他们商量重新开庭的日期。我罗列了所有我能想到的细节，比如我要更改航班、取消酒店预订。埃文给了我他的手机号码。这个我先放着，等到必要时再用。但他主动把手机号码给我，这让我有种受到保护和被人呵护的感觉。

他在邮件中解释了精神病学鉴定的三个主要理由：其一是精神障碍防御，但这对我们这个案子并不适用，因为现在的评估并不能证明他在二十二年前就有精神障碍问题；其二是评估他接受审判的能力，如果弗莱尔试图以此为借口，我希望我们这方可以抗辩到底；最后是借此减轻量刑，如果是这样，我肯定会失望至极。如果六月三日举行庭审，在这之后三个月（也就是九十天）才会最后宣判，因此，延迟就是为宣判做准备这样的借口根本就是瞎扯。

我讨厌现在的这个被告辩护律师阿比盖尔。我尊重辩论式的辩护制度，即使被告明显有罪，辩护律师也要检查控方的权利，不让他们轻易定罪。我这个案子的 DNA 报告跟之前的报告相匹配，因此案件本身并没有任何新的信息。但在我这份 DNA 报告出来之前，这位辩护律师却选择对弗莱尔不闻不问，不采取任何行动，这样的偷懒让我无法尊重她。如果她认为弗莱尔需要做精神病学鉴定，就应该在几个月前刚接手这个案子的时候提出来。但她一直拖到现在，要么是因为懒散，要么就是她任由弗莱尔摆布利用，不仅扰乱了整个系统，还伤害了我。如果我跟她走在同一条路上，我肯定会走到马路对面避开她。如果她跟我进了同一个房间，我肯定头也不回地走出去。

我希望我这边也会有女人给我支持。我喜欢现在身边支持我的这些男人，但让我难过的是，所有跟我这个案子沾边的有影响力的女性，要么负责其他的受害人，比如阿普瑞尔；要么保持中立，比如我们的法官；要么是为弗莱尔辩护的律师。回想起一九九二年那会儿，在医院接待我的医生是女的。大学那边允许我可以不扣学分休息一段时间的学院负责人也是女的。我当时就喜欢那样。我并不需要被人保护免遭男人的伤害，很高兴现在没有这样的情况；我当然也不想找人替换掉埃文、比尔或丹他们，只是希望在整个庭审过程中也能有那么一两个女性在身边支持我，这样我就不必时刻提防着每个跟我这个案子有关的女人了：我得防着阿比盖尔，因为她为我的敌人工作；我得防着法官，怕她判罚不严；最后还得防着阿普瑞尔，因为我根本不能占用她任何时间。

庭审延期不只是等待，更糟的是，我能得到的支持将随着时间的推移而日益减少，这也是延期让我感到痛苦的原因所在。我不能指望人们一直关心我。经过一段时间之后，这个案子就算不上什么新闻了，只会把我周围的人烦得直翻白眼。就算要得到别人的支持，或者跟人提起这个案子，我也得拿捏好分寸才行。

我都不知该如何是好了。

有好几个朋友主动提出，只要我需要，他们可以随时帮我照看孩子，可问题是当我需要别人帮助的时候，却发现开口求人其实是件挺困难的事。我可以提前找人帮忙，在这次庭审推迟前我做了大量的准备工作（当然这些我现在得重新安排），但现在事情突然发生了变化，我自己都还没来得及消化就得再找朋友，谈何容易啊。而且，如果我告诉孩子们今天就要突然找人来照看他们了，他们肯定想知道为什么会这样安排。我一直努力不想让他们看出我内心的焦虑和不安。我也曾找借口说自己因为周末的音乐会累了，这样的托辞听上去倒也不假，然后我们就安静地一起待着。有一次我们在音乐课后去公园玩，回家的时候叫了一辆出租车，我在前排的座位上哭了。我就哭过那一次，只是流泪，肩膀都没抖过，也没清过嗓子。孩子们坐在后排，对此一无所知。我不觉得他们发觉我哪里有什么不对劲的。

十年前，我在两个孩子之间小产过一次。那天，盖文正好在国外，S 的兼职保姆又刚好休息回学校上课去了。她让她哥哥和男朋友在我去医院的时候赶到了我家。几个小时后，等我从医院回来，她也到了。接下来的几天里，盖文还在往家赶的路上，而我躺在楼上流着泪、身子淌着血的时候，他们三个人就一直帮我带着蹒跚学步的 S，不让他来烦我。

这之后有一年多时间，S 经常会时不时突然问起："嘿，妈妈，你还记得那时候黛丽亚、欧林和克里斯过来跟我一起玩吗？那是我最开心的一天！"听他这么说，我心里不免隐隐作痛，但也感到特别骄傲。我就想保护好他。看来，我已经做到了。

每次我写东西的时候，只要写到"弗莱尔"我就习惯性地用"他"来指代，因为我不喜欢写他的名字。可这样又很容易把他跟埃文和其他人混淆起来，我只能时不时地翻出之前写的东西，包括邮件和日记，一一纠正过来。把"弗莱尔"重新加回去，以便读起来更容易理解。

初稿才真正能流露出内心的想法。记得三年前，轮到我去照顾身患癌症的哥哥，我给父母和家里的兄弟姐妹写邮件，把哥哥这边的情况包括正在缓慢改善的病情、他的医生、喂食管和疼痛管理等，跟大家逐一汇报。在点击发送键前，我又飞快地扫了一下邮件，突然意识到所有原本应该写"疼痛"这个词的地方，居然一个都没写就直接跳过了。结果这些句子读起来逻辑不清、语焉不详。我原本想要假装这些句子里不存在这个词，但最后我不得不重新加回去。

哪天埃文感觉律师工作压力太大打算换个工作的话，我敢保证他做客户服务肯定很出色。他在解决投诉方面很有一套。每次只要我提到有什么事让我感到不安时，他总是对我的感受表示认同，还说如果他是我也会这样。听他这么一说，我的心情就会平复下来。他还会告诉我，我根本没麻烦他什么。他要么真的太好了，要么好到至少会跟我说这些善意的谎话。

这是我们第三次 Skype 视频电话。我们第一次视频电话讲了一小时十五分钟；第二次四十五分钟；而这次只有三十五分钟。我们互相越来越熟悉，不需要花时间说那些背景情况，只需专注眼下要做的事就行，只不过在法律行业无论什么都进展缓慢得令人痛苦不堪。

不出所料，法官已经正式批准了对方延期庭审的申请。埃文再次跟我解释，如果法官不批准精神病学鉴定的请求，就会犯下一个"可逆的错误"，也就是说，一旦驳回，如果被告对法官的决定提出上诉，那么整个审判就会被视为无效。因此法官不得不同意。"精神病学鉴定"真是一个可以用来拖延庭审的神奇词汇。

我给埃文所有今年我和比尔都能空出来的日期。我去法庭的话，比尔必须也在。

埃文说，如果我住的离匹兹堡没那么远的话，他们不会这么早就取消了六月三日的庭审，通常只会提前一周。这么看来，也许精神病评估做起来很快，也许能在开庭前做完。但因为我住得远，他们现在就取消了庭审，这样我就有时间调整自己的计划了。

我问他，是否无论评估结果如何，我们自己的专家都可以提出反对意见。但事实上，进行评估的医生是监狱的心理医生，并非由被告方聘请，所以评估是中立的。医生在接到法院指令后就会把弗莱尔的名字加进他/她的工作清单，然后按照先后顺序依次对名单上的人逐一进行评估。只是埃文并不知道什么时候才会轮到弗莱尔。

至于为什么要做这次评估，被告方到现在也没有亮出他们的底牌。埃文说，如果做评估的目的是希望说明他有精神问题而无法出庭，那么庭审的整个过程就会再次推迟，而弗莱尔则将被送往精神病院，直到医院宣布他恢复正常为止。如果被告对药物有反应，庭审就会重新回到日程上，会安排在被告进行治疗后的三十天、六十天或者九十天（以三十天为单位递增）。如果被告的问题连药物治疗都不能解决，那么弗莱尔在接下来的几年里都要留在医院接受治疗。那样的话我恐怕要在十年后的某一天突然接到一个电话："嗨，我们准备要重新进行庭审了。"

如果评估的目的是减轻量刑，说明对方将会提出认罪答辩，这也是埃文和比尔一致认为的事情应该的发展方向。

法官马上就要审理一起死刑案，埃文答应我明天会根据法官的档期，抓紧时间确定我们这个案子新的开庭日期。我之前根本不知道宾夕法尼亚州还有死刑。

我不知道埃文会不会跟乔治娅说那么多话。我肯定她应该如人们期望的那样：对案子的事退避三舍，能不用自己处理就尽量不出手。我觉得她这样的才是司法系统认为的受害者该有的样子。埃文还在适应我这种对案子紧张、还对互动有需求的类型，他跟别的受害者打交道应该会容易得多。

埃文一直主动为我找理由，说我离得那么远，隔着太平洋，还有时差，很多时候听不到什么消息，所以这对我来说肯定特别不容易。他完全理解人们在不知道任何消息的情况下会有多抓狂。我告诉他哪怕我住在新泽西或费城，甚至就住在匹兹堡当地，我跟现在也不会有什么不同。我就是这样的一个人。无论他有什么信息，我全都要知道。

我承认自己跟别人想象的不一样，甚至当初被强奸的时候也是如此。在热水下用力冲洗自己的身体，这是人们对强奸案受害者的普遍印象，但我不是。我记得当时至少有一天甚至可能有好几天我都拒绝冲澡。我不想脱掉自己的衣服，只想一直穿着。

我记得那时有个朋友送了我一件黑色的宽松羊毛衫。有好几个月我把自己裹在那件衣服里。我想这是我以前没有但在被强奸后才多出来的一个特点：喜欢把自己裹起来。我因为这会儿天气太热不能裹着我的那条羊毛披肩而提不起精神。我真的很喜欢把自己包在里面的感觉。

法律制度对被告会有一定的倾斜，而且审判过程可能对受害者也会造成"再次伤害"，为此埃文对我表示歉意。我并没有觉得自己再次受到了伤害，他说的那种无助感我从没有过，也不了解。侵犯和伤害我的并不是沉重不堪的官僚作风。

我在一天里跟盖文通了三次电话，一次是他从希思罗机场打给我的，一次是在芝加哥转机的时候，还有一次是我半夜打到他在美国的手机上的，最后那次我终于把庭审延期的这个消息告诉了他。我没在前面两个电话上跟他提这事，主要是因为不想讲得太过匆忙，况且孩子们在我身边也不方便。可我刚跟他提起这事，他的手机就没电了，我们的对话也被迫中断了。

早上了。我之前答应过约翰一有消息就会告诉他，但到这会儿了我也没跟他说。我感觉整个人冰凉。我不想只跟他说"六月三日的庭审取消了"之类的话，除非我接下来还可以说"新的开庭日期是……"，埃文说尽量会在今天给我消息。

等到他那儿终于来消息的时候，已经是五个月之后的事了，新的庭审日期是：十月二十一日。

三、夏　天

13

夏天可真不好过。

一直都是如此。在美国的时候，夏天的炎热和潮湿简直难以忍受。到了英国，光线又成了问题。

我们住在英国相对靠北的地方，随着季节更替，这里的日出和日落时间变化得非常明显。每到夏天，日落得晚，让人睡不着觉，第二天太阳又出来得很早，我也跟着早早地醒了，搞得我整天偏头痛发作。最重要的是，只要人醒着天肯定都是亮的，感觉整个人在日光下暴露得太久。天亮着的时候让整个世界显得极其庞大。我更喜欢这里的冬天，傍晚时日光渐弱，第二天吃过早饭后天还没亮起来。这样就有好几个小时开着灯，我一般只会打开几盏特别的灯。亮度上也更好控制。冬天总是给人很舒服的感觉。

但眼下就是夏天。

瑞士之行让我能够分散一下注意力。唱诗班的男孩子个个快乐无比、精力充沛，他们总在周围踢着球，你争我抢的。他们跟捷克合唱团那些十来岁的女孩子嬉笑打闹，还跟以色列合唱团一起随着《让我们欢乐》（*Hava Nagila*）的音乐翩翩起舞。他们在黑板上玩即兴的猜猜画画[①]（Pictionary）游戏，甚至还用到了"希格斯玻色子"[②]（Huggs boson）和"布狄卡"[③]（Boudicca）这类词。他们的歌声甜美无比。

我每天都要拍几十张照片，记录当天发生的趣事，然后写邮件跟那些留在英国的家长分享。回英国后，我在 Flickr 网站上建了一个专门站点，先上传我拍的照片，然后加上其他人拍的照片。我们的照片难免有些重复，比如有些照片上孩子们在演出间隙跑去公园踢球，他们的黑裤子上粘着草，白衬衣也没扣好；还有些孩子在不同的更衣室里，敞着唱诗班的红色圣衣半躺着，或者在擦皮鞋，或者在看手机。当我们的一位瑞士导游把她拍的照片发给我时，我才看到了一些不一样的画面。除了参加表演的孩子们，她还拍了其他人：比如我和另一位陪团的家长，她本人以及其他几位导游。这些照片一下子把我拉回现实，突然有一种存在感。原来我也在那里。之前我把注意力全部放在孩子身上，根本没意识到其实这也是我的一次远行。

当时，年纪最小的孩子中有一个问我，为什么我在音乐节上戴的胸牌跟孩子们的一样是白色的，而不像音乐总监那样戴黑色的。我半开玩笑地跟他说，那是因为我非常、非常的不重要。（尽管我明白自己有内在的人的价值，但我们这些陪孩子一起来音乐节的家长的确跟音乐没太大关系。）他眨着一双大眼睛，极为真诚地说我是重要的，并像要说服我似的一再强调，是非常、非常重要。

从音乐节回来后我感觉整个人焕然一新。家里也洋溢着新鲜的气息。这次旅行让我豁然开朗，甚至都不生弗莱尔的辩护律师的气了，反而对她有些好奇。接下来她还会祭出什么荒唐伎俩让庭审延期呢？等我哪天站上法庭面对她的时候，我应该感到好奇而不是恐惧吧。

---

① Pictionary，是由 picture 和 dictionary 两个词组合而成，需要两个人以上参与的一种游戏。其中一人用图画把拿到的词表现出来，而另一个人去猜这个词。——译注
② 希格斯玻色子是标准模型里的一种基本粒子，是一种玻色子。——译注
③ 布狄卡，旧名博耐阿迪西亚，是英格兰东英吉利亚地区古代爱西尼部落的王后，其丈夫普拉苏塔古斯是爱西尼人的统治者。——译注

我确定好了下一部小说的提纲，里头有一个说谎成性的角色。早在去年夏天弗莱尔被捕的几个星期前，我就已经写了五十页。如果我在当时能预见今年发生的这一切，就不会把书中的主要案件设计成一桩几十年未被侦破的性侵谋杀案了。书里的杀人犯用手捂住受害人的嘴巴和鼻子，结果因为用力过度把她的鼻子弄断了。

尽管"五月舞会"一票难求，我还是获准买到一张门票为我的小说收集素材。（剑桥的"五月舞会"并不是在考试前的五月举行，而是安排在考试结束后的六月，尽管如此，舞会还是以五月命名。）书中有个人物为参加大学舞会挑选礼服，这个场景我已经完成了，接下去要写她参加舞会的场景，但因为我自己从没参加过"五月舞会"，所以在动笔之前最好还是去现场亲自感受一番。

显然我这把年纪已经不适合参加这样的活动了，虽说现场也会有研究生和教职员工，但我可以想象大部分都是喝得醉醺醺的本科毕业生在那里拍照或者打情骂俏，我决定还是在一边看看就好，不去掺和什么了。从前几年舞会的准备工作和第二天早上的活动现场情况来看，每个学院都会专门围起一块场地作为舞池，现场规模盛大而隆重。我感兴趣的是现场精心布置、富有创意的细节。今年我买到票的学院舞会主题是"迷失林间"，

一位朋友很热心地答应当晚会来我家照看孩子们，这样我什么时候回家都没关系。舞会一直持续到第二天早上才结束。

我自己搞了一个中年版的舞会装扮：黑色长裤搭高跟鞋，亮色的上装，闪闪的耳环，还加了一条丝绒披肩以抵御日落后的一丝凉意。我过去经常穿那些仙仙的公主裙和优雅的礼服（这得感谢各种舞台剧表演，在高中合唱团任领唱以及我二十多岁时的那场正式婚礼），因此我并不介意自己不能像年轻女孩那样穿上美美的夏装。只要年轻时精彩过，年纪大了也没什么可遗憾的了。

那晚确实有点凉，很多人顾不上是否会破坏自己原本的优雅造型，把羊毛开衫和租来的燕尾服披在裸露的肩上。尽管如此，女人们如同舞会上的彩灯、烟花和旋转摩天轮一般光彩照人。相比之下，穿着正式礼服的男人们看上去都差不多。盖文整个星期都在加州出差；我非常想他。

我在舞会现场收到一封出版人发来的邮件，他们确认了我刚完成的那部小说的最后一版修改稿，整整一年我都如蜗牛爬似的修改我的书。这个消息没有给我一种大获全胜的感觉，但至少也让我大大舒了一口气。初稿完成的时候的确让人激动不已；但之后的每次修改只会让人有一种不断追赶日渐消失的承诺的感觉。

我在舞会现场无意中听到了人们聊天的只言片语。考试结束了，接下来可以去外面闯一闯了。大家笑着，彼此亲吻，摆好姿势拍照。现场的感觉真的很甜蜜。这让我想起自己的大学时光。当时梦想得到的一切，如今我都拥有了。

事前没有任何征兆，我突然收到星期天教会的一位牧师发来的邮件，他终于主动提出我们可以聊一下。自从八个月前我告诉他弗莱尔突然被捕的消息以来，这是我第一次听到他的回复。不过他的邮件来得晚了些，我们已经转去另一家教会了。

我对我们刚去过的第一家新教会的布道形式不太满意。这里布道时没有任何"有争议的话题"，也绝不涉及政治、令人反感的或过度控制的话题；我讨厌这种鼓励什么都要大事化小、小事化了，凡事自己消化解决的福音文化。这次的主题是对压力源于所谓"有罪"的回应，下周则会围绕如何做出更好的选择这个话题展开。让我不太能接受的是他们把重点不只放在人的行动上，也包括情感，好像人们可以对情感做出选择似的。他们那张有罪的情感清单上列出的每一项我都有，但我不认为自己有什么错。我认为感情是妙不可言的。我将它们归在身体和文化背景那个类别下，是人在其中发现自我并不断探索、认知和理解的那种东西。只有在经历过这些之后才会做出真正的决定。犯罪必须付诸行动，不是吗？你有过什么样的情感体验则是另一回事。你自己的行动才是做出决定的关键。

我给牧师回了信，就是那个最近才说愿意跟我聊一下的那位牧师。没错，我想跟他会面，但我们讨论的话题中应当包括一点，那就是他花了多长时间才决定跟我会面的。我考虑了几天最后给他回个信，我很高兴自己那么做了。我想说的也说了，我倒很想知道接下来的谈话会怎样。

我认为有些人以受害者不愿自揭伤疤这个思维定式作为自己避开讨论这类话题的借口，仿佛他们为了我好才会选择保持沉默。人们说过他们不想主动提起，主要是不想让我在"迫于压力"的情况下讨论这件事；但他们对我因为他们的沉默而不得不保持安静却毫不在意。这里并没有什么真正的"不作为"。视而不见本身就是通过口头或肢体表现出的一种实际行为。

我记得自己在大学里有一阵子经常会在脑子里回放强奸的情景，我当时根本就不知道该怎样向别人开口提什么要求。不管别人说什么，也不管我心里认不认同，我能做的就是同意别人，一口一个"好的"或者"没问题"。我无力纠正别人，甚至无法心平气和地跟人辩论或明确说出自己的要求；别人说什么我都一概全盘接受。我的大学同学们在这方面做得极好。他们不停地提供我这个那个，若要写下来的话就是满满一张清单：陪伴我或给我独处的空间，分散我的注意力或帮我一起解决问题，准备好吃的或陪我散步，带我出去玩或送我回家。他们总能提供我愿意接受、也确实需要的方案。每次遇到糟糕的情况，他们会再来问我，我愿意的话就可以接受他们提出的不同建议。

云淡风轻地来一句"你需要什么随时告诉我！"是远远不够的。在我绝望至极的时候，我根本无法对此做出任何响应。无论是提议，还是邀约，必须表达得非常具体才能显出谈话的诚意。

虽然我那时的朋友们对我照顾得无微不至，但我当时的教会跟现在的这个一样：一件性侵案就让他们慌了神。教会的领导们不知道该如何处理这事。没人跟我说话。匹兹堡那个教会的几个牧师有好几个星期甚至都不敢正眼看我一下。

我并不是要指责他们故意回避，绝没有这个意思。他们只不过感到不自在和尴尬。和我相比，他们更想逃避这个话题。

剑桥这个地方很小。所有的牧师都彼此熟知。我不应该把他们中的两个进行对比，但还是会忍不住这样去做。我那个教会只会说"我为你祈祷"而没有实际行动支持，完全就是废话。约翰倾听我说的一切；约翰没拿上帝和圣经做挡箭牌以保护他的世界观和敏感性不受我这堆杂乱之事的污染；约翰明白讨论性犯罪跟讨论性是两码事，因此我们谈论的话题不会让人感到慌乱、不安或担心。这一年我过得不容易，当我向他求助时他毫不犹豫地向我伸出了手。这才是一个好牧师该有的样子。

从我上次回信到现在已经过去六天了，原来教会的牧师没有反馈给我任何消息。在我收到他上一封回信的那几天里，我还因为他专门花时间写信给我而满心欢喜，当时想着牧师们一般周末都很忙，而且通常都会在星期一休息，但到了星期四后，我就不再抱什么希望，于是又写了一封信给他："我给你的信石沉大海，这让我感到心碎。我不知道为什么你会决定选择沉默。"

这次他回了，说了一堆解释的话，但没有太多歉意。他再次提议我们可以面谈一次，但前提是我丈夫必须在场。他这话的暗示让我震惊了，不管他对我提出会面的意图还是对强奸案有什么看法，他这么说好像我要求他跟我进行性爱交谈似的。他大费周章地告诉我这些担心是多余的，我说的那些他根本想都没想过。但他依然坚持我必须得找个人陪着；他说，事实上，教会中的任何一位女性不管出于什么原因提出跟他见面，他都会提出同样的要求。可是，这样的要求不仅侮辱人格，还有辱智商，甚至让人浑身起鸡皮疙瘩。从来没有牧师如此对待我。

后来，教会的高级牧师，也就是这位牧师的上级，提出跟他一起与我会面——还专门指出我不需要找人陪同——他们坚称我肯定是误解了，因为他们根本没有必须找人陪同这条规定，而且他们的不作为也是我自己造成的，因为我在做完礼拜仪式后、在他们最忙的时候找牧师说了自己的情况，事后又没在办公时间给他们打电话或者写邮件跟进。看来他们俩准备对我"一个唱红脸、一个唱白脸"了，那位我一直联系、要约谈的牧师似乎一脸真诚地跟我道歉，而他的上级则一个劲地打断他，说他根本没做错什么，让那位牧师的道歉诚意大打折扣。

当然，这些都是后话。我给那位牧师回了信，坚持说不会找人陪着去见他，然后我跑到约翰那里大吐苦水。我们家在那个教会已经有好多年了，但他们如此漠不关心实在太伤人心了。事到如今，我不需要他们给我什么建议或者安慰；我只想大家彼此理解并承认这事原本可以处理得更好一些。可就连这一点他们都拒不承认。

我跟约翰说："老实说，我也不想跟他们切断关系，但还是那句话，我不是故意搅局的人。"

十天后，约翰死了。

他出了车祸。同车的乘客在路人的帮助下逃了出来，而他人已经昏迷，车子又着了火，人们没能把他救出来。

刚听到这个消息的时候，我第一个想到的是他再也没有机会结婚生子了，这可是他一直希望的，一想到这个就让我特别生气。他人那么好，生机勃勃。他才 35 岁，有大把的时间让他实现人生的理想。

也许因为没办法去他家吊唁（他是独子，父母住在离剑桥几小时车程的德文郡），我们的悲恸情绪感染了周围很多人。约翰是"我们"这个巨大的朋友圈中的一员，各种团体也都因他建立起了联系：教堂、唱诗班、他的学生、神学院以及剑桥的城市教堂。到处弥漫着人们的哀思。大学也为他降下半旗。他去世的消息还上了剑桥当天报纸的头版头条。

我朝着大学校门走去，看到庭院那一头他房间里的灯还亮着。我不由得怒火中烧。谁这么大胆居然在他房间里走来走去，随意碰他的东西，住他的屋子？我加快了步伐。

穿过庭院，我才发现原来亮着灯的是他隔壁的屋子。他那里漆黑一片。此情此景让人心痛。凡目光所及，皆让人心痛不已。

这样的感觉真的很不好受，最糟糕的是，我再也无法向约翰倾诉内心的苦痛。我都不知该如何是好。就算和那些跟我一样悲伤的好朋友们在一起的时候，我仍是那么自我、愤怒、孤单。我因为失去这样一位好友而深陷孤独。没人可以替代他。

我尽量把他为我做的每一件事都列下来。他做了那么多，我不知道自己是否记全：

他倾听我说的每一件事，从不抱怨我的唠叨，我对他无话不说，他对我了如指掌。

我无法亲口跟人说的事，他会替我去跟他们讲。为了不让我独自面对棘手的问题，除了美国，我去哪儿他都愿意陪着。而当我在美国出庭作证的时候，他又去我们家陪着盖文。

他一直护着我，从不让我迫于压力不得不以德报怨或不计前嫌。凡是我发自内心的宽恕，无论有多微不足道，在他眼里都是值得尊重和认可的。

他让我开怀大笑。当我为要不要给敌人祈祷而烦恼时，他语气欢快地提议我可以读一读《诗篇》（*Psalms*），因为里面有不少生动描写报复和判决的诗句。

虽然他也恨弗莱尔，但还是替我为他祈祷。他这么做都是为了我，我必须做但却做不到的事只能请他来帮忙。

我已泪流满面。眼泪模糊了我的视线，随着我的头不经意地晃动，悄悄沾湿了我的胸口，轻轻滑落在我的肩头。

有那么一次，想到自己在写这个案子的过程中用了脏话，我不免担心人们会不会为此不满。约翰摇了摇头，轻轻地说了一句"不会"，他的表情看上去略显凝重。他说这么写没什么问题，他跟我保证。我们继续聊着，他说起自己刚去过的一个地方，看似随意地说那是个"下三滥的地方"，结果把我给逗乐了。我觉得他是故意那么说的，好让我觉得自己并不是唯一一个爆粗口的人。他不想让我感觉自己孤零零的。

文字是我最喜欢的表达方式，因此我搜肠刮肚地回忆约翰以前用过什么词来形容我的，但想到的是他每次看到我时那副容光焕发的模样，还有每当我问他我是不是太麻烦他了，他总是一脸的笑意，缓缓地摇着头。记得每次跟我在一起的时候，他总是斜靠着身子，双腿交叉，一副彻底放松、耐心十足的样子，仿佛全世界所有时间都是他的。我头脑里储存的只有画面，没有文字。我都不知该如何是好。

虽然唱诗班的家长们仅在晚祷时见过约翰，但他们喜欢他那快乐和温柔的样子。我收到了家长们的安慰，除了拥抱，他们还带了巧克力给我。

我努力甚至近乎绝望地回忆着，自己到底为约翰做过什么。我依赖他、信任他，我只向他索取，但从来没为他做过什么，无论我有多么感激，我为他做的实在少得可怜；但换个角度想，也许他因为我对他的信任和需要而感到高兴，如果是这样的话，我也算为他做了些什么吧。

有一次我们家请朋友们一起用晚餐，虽然第二天一早约翰还要去主持礼拜，但他还是一直呆到半夜才走。那时我还没开始起诉弗莱尔，所以他那么做并非出于对我的同情。我们就是聊得太欢，停都停不下来。"五月舞会"的门票早已售罄，但他还是想办法帮我搞到了。这就是朋友。

负责唱诗班行政事务的爱丽丝挺为音乐总监马克的状态担忧；我们大家都担心他。马克和约翰一样在一些方面把学院当作自己的家，而我们大家也像家人般感受着他的呵护。他喜欢保护我们所有的人，尤其是学院的学生以及唱诗班的成员。我们按计划赶录了新的 CD，借此机会聚在一起悼念约翰。录音时，看不出马克有什么问题，但在中间休息时，他的身子那样斜靠着，感觉快要跌倒的样子。他整个人看着相当颓废，丧友之痛溢于言表。

录音派对已经预订好了。为了那些因为最近进入变声期而要离开的男孩子们（包括 S）以及刚毕业马上要离校的唱诗班的大学生们，马克坚持一切仍按计划进行。爱丽丝把我拉到一边，告诉我马克需要这个来提提精气神。

我强打精神在一瓶香槟酒上绑了丝带。我把唱诗班所有孩子的家长准备的礼品卡全都装到送给马克、爱丽丝和管风琴助理的卡片里。送给马克的卡片很特别：里面有一个可以弹出的纸质管风琴，是盖文好几年前买了一直保存着的。每个孩子都用不同颜色的笔在卡片上签了名，他们略显稚嫩的笔迹虽然杂乱，看着却让人感觉甜蜜。

我记起自己以朋友的身份为约翰做过的一件事：我的一本书中有两个场景写到了他（我写那本书的时候我们根本还没开始因为案子起诉的事情见面呢），他很喜欢我在书里对他的描述。这本书就是过去这一年里我一直在修改的书稿，最后终于改好了。几个星期前我告诉他这本书二月份就将开印，我们俩共同的一个朋友告诉我约翰非常高兴和激动。通常我不会把生活中的真实人物写进自己的书里，但这本书讲的故事以剑桥为背景展开，而且故事里需要一位牧师。因为在我的犯罪小说中大部分角色都会受苦，因此我在书中描述他的时候一直都很用心，避免让他这个角色接触到含混不清或危险的情况。而他却反过来跟我开玩笑，说他因为自己这个角色既不是受害者也不是嫌疑犯而感到失望呢。

我把香槟酒跟卡片打包好，等我到大学的时候交给另一位妈妈。我们预订好了漂亮的花束，到时候有家长帮忙去取。另外还有专人负责准备介绍发言。爱丽丝和其他几个人都小心翼翼地照顾我；今天谁都不可以来问我问题或要具体的指示。我什么都不用管，只要管好自己的孩子就行，万一我需要走开，朋友也会马上接手照看好他们。大家像在我周围筑起一个保护圈，无论走到哪里，它都会跟着我、裹着我。

整个城市都在哀悼约翰的离去。他的正式葬礼将于下个星期在大教堂举行，好让所有爱戴他的人都能跟他正式道别，此外，各个教会还会组织自己的追思会。为了参加大学礼拜堂（我孩子参加了唱诗班的那个）举行的追思会，我认真挑选自己出席活动要穿的服装：不穿黑色长裙，这或许有点冒昧；但只要跟男士们穿的西装搭配，足够低调又不失考究就可以。我打开一件干洗好的衣服，我原本把这件衣服拿去干洗是准备六月庭审时穿，但后来庭审改期了，衣服洗好了我也就一直没动过。

在礼拜堂的追思会上我跟盖文坐在一位建筑师旁边，这位建筑师负责设计了礼拜堂的灯光照明和全新的法衣室。他一边摇头，一边感叹约翰"还只是个孩子，只是个孩子"，三十五岁的约翰长得一副后生相，作为一位令人敬仰的学者，他态度温和、举止热情。好几个月前，当我第一次跟约翰讨论宽恕这个话题的时候，他整个人变得兴奋起来，语气欢欣，充满热情地说："我曾经写过一篇关于宽恕的文章！我可是这方面的专家呢！"他很高兴能给我提供参考，而且毫不掩饰内心的喜悦之情。

回到家，盖文让我删掉日历上记录的跟约翰见面的信息，因为如果有日历提示跳出来的话就会让他触景伤情。我跟他保证今天的那个约会提示是最后一个，但我不想删掉过去的那些记录，哪怕是这个星期原本约好了跟约翰见面但后来没见成的那两个我也不会删。我们的日历不仅记录下我们做了些什么；也记录下我们想要做的事。我们有过预期、希望和计划，尽管这些最后没有实现。我会在日历中留存约翰的印迹，那个原本为六月庭审预留出来的一整个星期我也没删掉。

不管最终有没有实现，我们曾经希冀的对我们而言都意义非凡。是的，因为那是我们的愿望。

人每天都要吃喝、洗漱、抚触，我感激身体的这种运作方式。身体就像个小孩子，总是提出各种要求。在我不确定自己是否有能力的时候，身体还会推着我继续往前。

我有几件事需要处理：为即将在大教堂举行的葬礼安排好车辆；准备唱诗班家长们一起送给约翰父母的礼物；安排唱诗班家长们在八月份马克不在学校的那段时间轮流去爱丽丝的办公室陪她，现在约翰走了，马克就是她唯一的上司了。届时，约翰屋前摆放的花束、修道院里的纪念册以及礼拜堂里点着的蜡烛都会清理掉。这两天大学里集体悼念的氛围颇让人煎熬。两天前大家一起悼念还没什么问题，但现在我只能把这份哀思压在心底。

甚至就在两天前，我想到要跟人讲一些我以前只跟约翰说的话的时候，我很肯定自己会找些熟知约翰的人，比如圣约翰学院的牧师利兹，或是卫斯理学院的辛迪。现在我的想法却来了个一百八十度大转弯：我要找些根本不认识约翰的人说他的事，而他们听后肯定也会对约翰的为人赞叹不已。

我并不急于去找人说心里话。弗莱尔的辩护律师突然离开法律援助办公室了，除了这个消息之外匹兹堡那里没有别的动静。不过我们还不知道那位律师是可以放弃这个案子，还是必须负责到底。至于她离职的原因我当然不得而知，但我想象她是因为受不了弗莱尔才决定走人的。我心里想着：来，击个掌吧，我们都是这么想的。

一九七六年弗莱尔去警察局为他的强奸案自首时，给他做笔录的警长（后来升任警监，现在已经退休了）给我回信了，我这才意识到之前写信给他的时候用的地址原来并不是他的，而是他前妻。这也再次说明了我在互联网上找到的信息通常很有可能只是接近正确而已。

这位警长的名字叫桑托·塞特莫尔，他前妻管他叫山姆。他试图帮我找到这个案子在警察局的老档案，因此耽误了回信的时间，可惜最后他没找到。看来奥兰治县接待办公室那里的可能真是硕果仅存的材料了。

我最后找到了一份当地报纸，上面列出了对弗莱尔强奸案的两项判决，但报道中只写了他的名字、住处所在的街道名称以及案发的日期。为了保护受害人的隐私，对她们的情况只字未提，这样的做法虽值得称道，但也因为信息不全让人没法理清这些过去发生的事，看得有些摸不着头脑。

我倒希望几个受害人能站成一排，看看我们之间到底有什么共同点。当初我看到一九七六年那起强奸案的医学报告上写明受害人是一位黑人的时候，我感到相当惊讶；因为我们这两位在谢迪赛德的受害人都是白人。我曾经把他的作案动机归因于在越战中遭受了战争创伤，或跟他的种族主义情绪有关，或者他像泰德·邦迪①那样有自己喜欢的受害人类型。但是弗莱尔看起来不是这样。

塞特莫尔说他亲自记下了弗莱尔的供词。现在回想起来，他仍然觉得那个案子相当"残忍"。看得出他对案子的严重程度相当重视，听他这么说让我甚感宽慰。

我在寄给他的信中夹了一份弗莱尔供词的打印稿，塞特莫尔问我除了那个，我手上是否还有些别的什么可以帮他回忆的。我答应他还会再找些材料。

我只跟塞特莫尔说我是一名作家，正在调查这起案件的情况，这么说虽然算不上全面，但也没什么不对。他的前妻在把我的信转交给他之前也问过我到底为什么会对这个案子感兴趣；我告诉她当前正在指控的这两起谢迪赛德的案件发生时我正"住在匹兹堡"，我没说出全部原因，但这样解释也没什么不对。总有一天我不得不承认自己跟这个案子的关系，但现在肯定不是说的时候。我本来还想跟约翰讨论一下这事，谁料天人永隔，我再也没有机会问他这个问题了。

我能想到的可以帮我的人，这会儿也都沉浸在各自的哀思中。约翰对我们过去一年的谈话守口如瓶，他这么做是对的，但也给我带来了困惑。要是他能把我托付给什么人，万一他不在了，好歹还有人可以照顾我，那该有多好啊。多希望有人过来跟我说："约翰让我看看你有什么需要帮忙的。"随后我想起来其实早有人过来慰问过我了，只是我不想在他们悲伤的时候烦扰他们，所以没好意思接受他们的好意。我多希望他们中有人在我婉拒的时候可以再坚持一下啊。我这会儿都快要崩溃了。

这里正在举行环法自行车赛的剑桥段赛事，尽管天气炎热，孩子们

---

① 即 Theodore Robert "Ted" Bundy，一个美国连环杀人犯，在 1973 年至 1978 年期间连续犯罪。——译注

牢骚不断，我们还是坚持让他们跟我们一起在市中心观赛。比赛结束后，我终于感觉自己可以重新面对大学里悼念约翰的凝重氛围了，只要不用故作轻松就行。城市的街道上张灯结彩，行人如织，每个人都笑语盈盈。盖文带着孩子们回家，我则走去教堂。

刚进教堂没多久，有个美国旅游团就走了进来，领队热情洋溢地讲解着。他们从我身边走过的时候，小心翼翼地装作没看到我落泪，也有可能他们确实没注意到，但他们不可能没看到我肃穆的神情。导游告诉他们这里摆满的鲜花和蜡烛是为了纪念一周前离世的一位教堂神职人员。游客中发出一阵唏嘘，导游应该是在跟他们议论我的姿态和情绪，而不是摆放的花吧。我趁着他们转身的时候溜了出去。

一到夏天，唱诗班这边就没什么活动了，举行葬礼前唱诗班的学生们都在外面巡回演出，除了葬礼，整个夏天我们都见不到这些熟人，感觉太孤单了。

好在我有 W，接下去他还会在唱诗班的高音部；但对于另一些家庭而言，这个学期结束后他们就离开唱诗班了。我发现 S 在他唱诗班的座位上用铅笔写下了自己的名字，旁边注明了自己在唱诗班的年份：二〇一〇年至二〇一四年。看到这个，我不禁想起爱丽丝在给约翰葬礼准备的材料上，也这样打上了他的生卒年份。

我又给塞特莫尔寄了些七十年代的资料帮他回忆：有塞特莫尔签字的逮捕令、法庭记录、正式判罚书。弗莱尔在服完刑的多年之后，还无耻地对那次判罪提起上诉的事，我也跟塞特莫尔说了。我不清楚最后怎样了，也不知道塞特莫尔是否早就听说过。

我还是会不断想起那些关于约翰的美好回忆。有一次，我告诉他匹兹堡警局负责性犯罪的警员在接电话时说的第一句话是"这里是性侵案办案组，有什么我可以帮你的吗"，他们讲这话的时候语气轻快，就像唱歌似的。他一开始以为我是在跟他开玩笑。但他们的确是这么说的；至少有一人就是那样，而且经常还是她接听电话。我和约翰说着，不禁开怀大笑。

葬礼的一切安排都很完美，包括迪吕弗莱的安魂曲和精心安排的祷告，但那位陪着棺木从过道上走下来的殡仪馆工作人员除外。那人身材消瘦，一袭黑衣，一副凶神恶煞的模样，像极了电影《飞天万年车》（*Chitty Chitty Bang Bang*）里的那名歹徒。也许这也算是一种完美。死亡是可怕的，何况他年纪轻轻就走了。所以看上去应该就是这样的吧。

唱诗班上的成年男女都在葬礼上演唱了，但孩子们没有。我们这些唱诗班成员的家庭都坐在一起，儿子们戴着红黑粗条纹（这是学院的标志色）的领带，上面镶着一条金边（合唱团的标志色）。教堂里坐满了人，高耸的天花板上绘满了天使，漫长的走道里站满了前来送葬的人。我的两个世界渐行渐远。我的美国生活里有警探那样的主演以及法庭作为场景，这是一本封面绘有色彩绚丽、吸人眼球的插画的平装书，看似气势不凡，实则可笑至极。相比之下，我的剑桥生活则像一份描写中世纪场景的手稿，因其精致的笔触和深刻的内容而闪耀着庄严的光芒。

上星期是唱诗班孩子们录制新 CD 的最后一天，我跟唱片公司制作人和录音师一起坐在法衣室陪着孩子们。

最后一首歌录完后，制作人宣布那一周总共录制了上百条，最后还需要在教堂里录一条环境声，就是唱诗班安静地坐在教堂里的独特的声音。这是一种安静，但又不完全安静。仔细听的话，还是可以听到人们在屋里窸窸窣窣的声音以及教堂里的回音。之后，唱片公司会把每首歌录得最好的一条挑出来，在最后剪辑时把这条环境声用在歌曲之间作为过渡。

用这份独特的安静而不是纯粹留白，这样的创意我非常喜欢。安静也有其个性，这取决于选择保持静默的人和他们所处的地方。

约翰的这份穿插在赞美诗、祈祷和颂词之间的安静，显得特别与众不同。

一月份的听证会结束后，我因为没什么朋友对听证会表示关心而闷闷不乐，便开始跟大家分享我的日记，希望他们可以从中理解我的苦衷。在看过日记后，朋友们对我有了更深的了解，包括很久之前的遭遇、这一年来我经历过以及所有帮助我走出困境的人。约翰是所有帮助过我的人当中最善良的那个。最早读我日记的剑桥的朋友中有一位回复了我，言辞间充满关切，并提到了一点非常恰当的感受。此时此刻，我坐在教堂里，那句话一直在我脑海里回响：

"向年轻的约翰致敬。他真是一位睿智的年轻人。"

14

约翰的离世对盖文的打击也很大。他在家忙里忙外地修理漏的水管和坏了的电器。我们八年前造的这座房子，住了这些年后屋子里的东西七七八八的状况百出。盖文把火发泄在我们的房子上，被诸多不顺挫得忍不住落了泪。至少他可以做些事来排解情绪，这样也挺好。

令人担忧的是，我们现在能给对方最好的东西也只是独处了。我要写作，他要动手做事。我们轮流照顾孩子，陪他们玩、给他们支持。我们相互守望各自的独处空间。

我这案子的起诉过程是一场旷日持久的拉锯战。约翰的离世带来的悲痛加重了这不能承受之重。其实盖文的情况也好不到哪里去，但他不愿意接受别人的照顾，他不喜让人看到他柔弱的一面。我不知道他们这些男人都是怎么想的。有人帮我会让我感觉更有力量，盟友让我们变得更强大，不是吗？

他现在这份工作压力太大，他很想辞职不干了。但是 S 马上就要上学，眼下我们要考虑如何支付那笔昂贵的学费。我写书赚不了多少钱，尽管我们有些积蓄，但坐吃山空也绝非长久之计。

两个人都哀伤时会让彼此疏离。假如我比盖文更悲伤，他可以安慰我；反过来，我也可以安慰他。但现在我们俩都深陷在对约翰的哀思中，不能自拔。

盖文不喜欢将痛苦诉诸文字，这点挺让我费解的，因为将情感转化为文字是一件很神奇的事。这是我最擅长的魔法。

我又开始工作了。准备写我的下一部小说，我约了一位如今在圣约翰学院当门卫的退休法医见面，向他讨教专业上的问题。今天天气晴朗，稍有些热，我们坐在三一学院门前的一堵矮墙上，周围游客三五成群，在这座剑桥大学财力最雄厚的学院里一边走着，一边四处张望。而我们像站在远处的旁观者那样讨论着 DNA 分析和指纹粉。

大学所有的授课和考试在几个星期前就已经结束了。我们孩子所在的学校这两天也临近放暑假了。每个人都在为旅行做准备；我们也做好了计划。

周而复始的校园生活马上就要告一段落。习以为常的活动安排和时间表即将戛然而止，还真有些让人不太适应。我们当然也可以按照自己喜欢的方式重新安排每天的生活，但每个星期的私教、团课和排练全都结束了。时间是空了，人也闲下来了，但多少让人有种孤独感。接下来的六个星期里不会碰巧遇到什么熟人了。我要跟人见面的话得事先询问，还得等他们确认后才能见面。

就算人们跟我见面了，我还是会担心他们出于责任才这么做，而且像我这样无度的需要，是否也会让他们在暗中对我的积怨不断加深呢？

对他人的关爱有两种：自私的和无私的。两者都重要。

无私的关爱是不带任何私心地希望别人好。这种爱更慷慨，但如果没有自私的爱，这就只是公正而已。而自私的关爱则是一种有所渴望的爱。这种爱在乎人身上的价值。单单出于私心的爱是可怕的；但假如不带任何私心，无私的爱就会显得寡淡无味。无私的爱更像是施爱者为人的见证，而不是他们所爱的对象有多值得被爱。我当然喜欢自己是值得被爱的。

剑桥到处都是好人，而且每个人都那么大爱无私。我不确定这里是否也有自私的爱，也许人们出于礼貌都藏而不露吧。我希望如此。我希望，人们之所以对我好，至少有一部分原因是他们喜欢跟我亲近，而不仅仅是因为我需要他们的爱。

人们又开始用"勇敢"这个词来形容我。这挺让我抓狂的。

我只是想让我们所有人生活在同一个世界，彼此有共识而已。如果我藏了太多秘密，而且总是担心万一被人发现人们会对此作何感想的话，那就会出现太多的世界：一边是我的世界，那案子的诉讼是头等大事，另一边是他们的世界，那里完全没这回事。而且，如果人们知道了诉讼这件事，他们会愤世嫉俗或喜怒无常，或现实世故，或怒不可遏，或漠然处之，或担惊受怕，各种情况不尽相同，那可能就不止我的和他们的这两个世界了，而是有各种完全不同的错综复杂的世界。

所以，让别人知道眼下正在发生的事不仅可以在我们之间建立起一种共识，而且上面所说的那些不同的世界，只会变成人们在同一个世界里有可能产生的各种不同反应而已。如果大家认识一致，凡事还好办。但如果生活变得跟万花筒一般眼花缭乱，状况不一，只会把人逼疯。

更何况，我让大家知道这些事其实也会大大减轻自己的工作量！与其自己绞尽脑汁地设想人们对我的事会作何反应，还不如直接面对他们的反应来得简单。我只需做好自己就行；他们想要怎么做是他们的事。

所以这跟"勇敢"无关。我只是选择走一条捷径而已。

塞特莫尔给我回信了，他让我叫他山姆，他说他收到我补寄过去的资料，但没想起别的什么，只是发现自己跟弗莱尔同年，当年也是二十四岁，当然这一点我早就注意到了。

我不知道弗莱尔自己对此还记得多少，事情过去三十八年了，这可是很长的一段时间。

不过塞特莫尔还是找到了当时警局记录里的一份资料：弗莱尔的被捕照片。估计应该是案发当天拍的。我让他给我看一下。

我至今还没告诉他我跟弗莱尔在匹兹堡的案件之间有什么关系，只说了我在写这些案子。这么说并不是凭空杜撰，而且听上去还显得我颇有影响力，只要愿意，我可以一直用这个来替代自己作为案件受害人的身份。最终我会告诉他真相，但实不相瞒，我也有自己的打算：为了不把事情搞砸了，我得等他把知道的事情都跟我说了才会告诉他。我不想因为自己说了什么而让他缄默不言。

我们坐飞机离开了英国。我祖父在新英格兰的老宅成了我们家的消夏屋。每年我们会在那里跟我父母、兄弟姐妹和侄子侄女们聚会。盖文和我哥喜欢一起出去钓鱼。我们家两个儿子则喜欢划船。我母亲还是老样子，管我们每个人的吃喝住行，铺床、洗碗、调金汤力酒，还会为我们准备家常土豆沙拉。父亲则摆出新的棋盘游戏给我们玩，现在他会戴上耳机收听保守的谈话类广播节目，我们跟他提的这个意见看来他也接受了。

我们的消夏屋周围有不少房子，但你很难分辨哪些房子常年有人居住，哪些只是不止有一套房子的屋主偶尔来享用一下。在盖文跟我搬去英国的那个冬天，我们带着还是小小孩的两个儿子在这里单独住了一阵，等着我们的家具慢慢经大西洋运到英国。我记得那时周围的屋子都出奇地安静，也许偶有人来小住，听着屋外大西洋的海浪有节奏地拍打着空无一人的海滩，让人不免有一种仿若生活在后世界末日般的惶恐不安。

一到夏天这里就热闹开了：我们在沙滩上踩着浪花，用塑料铲无聊地挖着沙子，水上船只如梭，人们跑着步或遛着狗从我们身边经过。

很久以前在我还年轻的时候，有一次随手翻到不知是我母亲的还是我音乐老师的一本给中年妇女看的杂志，记不清是《女士的家庭日记》（Ladies' Home Journal）还是《今日心理学》（Psychology Today），上面有篇文章说人被强奸后恢复得如何，跟他们有多少钱大有关系。把"金钱"变为"选择"或"控制"，这种诠释倒也完全合理。我记得（当然我也有可能记错）文章最后的观点是与性暴力相比，贫穷更亟待解决。我不敢保证原文是那么写的，但我记得文章大意如此。后来再也没见过那篇文章。

有时间休息，有选择的余地，有控制事情的能力，良好的沟通技能，有安全感，有一些小爱好，这些对恢复肯定有帮助。如果从这个角度来看，自然可以理解为什么说有钱对恢复大有裨益；这样的道理不用读这篇文章我也能懂。旅行是另一种改变的方式，其影响甚至更大，而且旅行结束后还能按部就班地重新回到原来的生活中。旅行可以让你暂时逃离，而家还在那里为你守候。但带来这些变化的并非只是金钱：从小到大的优渥生活，给了我在不断探索的过程中持续增强的安全感和支持，成为支撑我的强有力的后盾。

在这里有种被宠爱的感觉。盖文的心情也放松了很多，他煎着刚钓来的竹筴鱼，天井的地板又老又旧，他买来新的木板换上。罗得岛跟剑桥相距甚远，这里的氛围完全不同，也勾起我们内心不一样的情绪来。每次我们回到这里，孩子都要比上一年长大了些，就算如此，他们还是会像小时候那样：早上起来看《芝麻街》，晚上看《危险边缘》（Jeopardy!），都是些在英国看不到的美国电视节目，他们以前很喜欢看，所以都能回想得起来。盖文跟我也重拾起一些老习惯，让我们暂时从悲伤的情绪中抽离出来。家里人若是在休息或工作，我俩就轮流看孩子，修理修理东西，给大家做做饭，把屋子收拾成我母亲喜欢的样子。当盖文去小码头或厨房正好经过我身边的时候，他的指尖会顺着我的肩膀滑过；如果他坐着而我刚好从他身边走过，我会俯身在他头顶印下一个吻。肌肤相亲，会心一笑，侧耳倾听，柔声细语，这些点点滴滴就是我们十六年来相敬如宾、相濡以沫的最好证明，纵横交错着编织出一张巨大且弹性十足的安全网，把我们跟我们拥有的一切都包了进来。

在罗得岛上阳光明媚的早晨，一封来自埃文的邮件让我整个人的心情都亮了起来；在英国的时候我已经习惯一直等到一天快结束的时候才会收到他的消息。

我之前在跟他通信的时候提出，如果最后弗莱尔的精神病学鉴定要求他在开庭前接受一些后续的药物或者心理治疗的话，那么这些最好马上就开始进行。我真的很难接受开庭的日期一延再延，但我心里明白，如果开庭日期跟下学期学院为约翰举办的追思会出现冲突（学院院长说他会尽量避免），或者被告的辩护律师做事拖拖拉拉，或者指控过于自信轻率，这三种情况中只要有一种发生，就会让庭审推迟。我提醒埃文，哪怕随便怎么看最后的结果必然是被告认罪，也千万不要轻信弗莱尔会那么做。我请求他必须催促被告那边尽快开始下一步的工作。

他告诉我弗莱尔新的公共辩护人已经指派好了：她的名字叫莉比，我在谷歌上查到她平时跑马拉松。我心想：好吧。就这样了。有这么一个条理足够清晰、毅力足够持久跑完马拉松的人来给他辩护还不错吧。虽然她是为被告辩护，我也希望她是个好律师，做好自己的工作。如果她把事情搞砸了，那就等于给了弗莱尔上诉的理由。如果她行动缓慢或者不够集中精力，那么她会给他更多的拖延借口。我需要她做好辩护工作。

埃文一再说明他不能保证庭审一定会按照我们的计划在十月举行，但他正在努力促成。他已经向法官提出，希望可以跟她和新指派的律师开个会，确认所有的事情都在正常推进。我告诉他，如果因为意外造成庭审无法在十月如期举行，这我可以理解；如果是我们本该预见但最后因为疏忽而把事情搞砸了，这我接受不了。但凡我们预想可能需要的东西，必须提前做好准备。我们三个人，埃文、莉比跟我，必须全力以赴，来不得半点懈怠。

我还在谷歌上查到，莉比最近在一起十二年前发生的积案中担任被告的辩护律师，那起案件跟我的很像，也发生在谢迪赛德。该案的被告侵犯了一名受害人，最后被判七十五年至一百年监禁。

匹兹堡看似有很多强奸案，但从统计数据来看，这里的情况并不是我住过或靠近的城市中最糟的一个。根据 City-Data. com 网站提供的数据，波士顿（我研究生毕业后到结婚前这段时间在此工作）以及 W 出生地新罕布什尔州的小镇，当地的强奸犯罪率均高于匹兹堡。S 出生的加州郊区，还有我在新泽西州的老家，那里跟匹兹堡相比则要安全很多。

我继续查找数据，看匹兹堡在强奸犯的判刑上是否比其他州更严厉。我被自己找到的全国的定罪数震惊了。根据司法统计局的数据，二〇〇六年全美有一万四千多起重罪强奸罪被定罪，其中被判监禁的超过一万起，这组数据看起来颇令人鼓舞。另外，这当中有五百多名强奸犯以最高限度被处以刑罚。

这份报告同时表明，在那些二〇〇六年定罪的强奸案中，百分之八十四是通过认罪答辩而非审判。难怪埃文一直认为我们这个案子也会以认罪答辩告终。

由美国检察官研究院编写的各州量刑指南，明确列出了各州对强奸案的法定量刑的最高限度，其中宾夕法尼亚州的最高量刑为二十年，和其他州相比还是相当温和的。（匹兹堡那些判刑很重的案件都是在犯强奸罪的同时还犯了别的罪，逐个进行审判后数罪并罚。）

我还看到了其他州的最高量刑限度。这些在成年人身上犯下的一级强奸罪虽然未必真会判到最高量刑限度，而且即便这样判了一般也不可能服满刑期，但看到有可能被判处那么高的刑期还是很让我感到鼓舞人心。弗莱尔这样的罪，在判刑限度上高于宾夕法尼亚州的州包括：亚拉巴马州，判处九十年或无期徒刑；阿拉斯加州，三十年监禁；阿肯色州，四十年或无期徒刑；特拉华州，无期徒刑；华盛顿特区，无期徒刑；佛罗里达州，三十年监禁；佐治亚州，死刑。天啊，我按每个州首字母的顺序查，这才刚查到 G 开头的州啊。

俄克拉何马州对强奸案的最高量刑也是死刑。爱达荷州、艾奥瓦州、路易斯安那州、马里兰州、密歇根州、密西西比州（"意图强暴而行凶"）、密苏里州、内华达州、新罕布什尔州、罗得岛州、犹他州、佛蒙特州和弗吉尼亚州都将无期徒刑列为最高的量刑限度。另外还有不到十个州最高量刑低于无期徒刑，但远远高于匹兹堡的二十年监禁的判罚。

我继续调查后发现，其实给强奸罪判处死刑很难通过，我并不主张死刑，但我欣赏这种量刑的可能性带给受害者的价值。

我喜欢富有戏剧性的超长量刑，哪怕最后像弗莱尔这样因为老到无法服满刑期也没关系。剩下的那些年就像游戏中的积分一样有用，因为这充分说明一点，只要可以让他服满刑期，它们可以不惜一切倒转时光，让他从一开始，甚至从童年或刚出生而不是等到犯罪之后就开始服刑。因为他所欠下的债并不是现在才开始偿还，而是拿他的一生来抵偿。是他的一生一世，一切的一切。

饱满而富有戏剧性的情感，往往要求借助宏大的方式才能表达出来。这就是为什么人们在表达爱的箴言时常常会加上"永远"这个词的原因。有些东西大到远远超出当下所能承载的能力；因而必须借助过去和未来获得足够的空间才能将此包括进去。

15

我们度完假回到剑桥，我在平板电脑上打开了《泰晤士报》上的约翰的讣告，还有埃文给我的莉比那起跟我们很相似的案件的法庭记录，足足有四百多页。无论我去哪里都会随身带着这些。感觉我的 iPad 也似乎因此而有些沉重了。

莉比已经跟埃文明确表示：不会进行有罪答辩。我们将走庭审程序。我会好好利用她上次那个案子来做准备。

她上次那个案子跟我这个案子的相似之处在于，都是多年未破的陌生人强奸案，被害者也是谢迪赛德的在校大学生；不同的是，那起案子中的作案人戴着面具，手持武器而不是徒手胁迫，最后他把 DNA 留在她的衣服上而不是她的身体里。跟我们的案件一样，出庭的也有两个受害人，但真正起诉的只是一位，另一位受害人在她自己所居住的县提出了诉讼，她出庭作证只是出于对被起诉案子的支持。莉比在这个案子上的切入点有两个：对 DNA 检测的正确性和受害人的描述提出异议。她并没有质疑受害人的可信度，也没有向她们提出各种刁钻尖锐的问题。那样看来还不错。我能好好准备。

为了让自己对庭审有一个合理的预期，我开始翻阅手上的法庭记录。那个案子的庭审总共持续了三天，但那只是需要我本人亲自参与的部分。在此之前，法官和律师们还有审前动议，以及挑选陪审团成员等工作要完成。莉比提出了延期（所以我必须也要做好这方面的心理准备），但因为主要的受害人已在去法庭的路上，所以她的请求最后还是被部分驳回了。不错。

我定下心来继续往下看。

莉比在提出审前请求时，在一段讲话中三次用了"你知道"这个感叹词，除此之外，她其余的发言听上去并不像十几岁孩子那么青涩。这或许是她刚开始时稍有紧张的缘故吧。

法官给陪审团做了比较详细的说明，详细解释了接下去要发生的每个环节，并说明陪审团的主要责任在于评估证人的可信程度。无论是受害人、警察还是科学家，凡是出庭作证的都是"证人"。你可以是一个普通证人，陈述你经历的、做过的或者看到的；你也可以是专家证人，针对某个话题给出自己的专业意见。除了法庭，陪审团不得从其他地方获取跟案件有关的信息，不能跟任何人讨论案情，甚至陪审团成员之间也不可以。他很直接地告知他们：你不能相信媒体的报道，所以不要去读或者听有关这个案件的任何报道。他还补充说通常一天的庭审时间是早上九点半到十一点，午餐后下午一点半到大约四点半结束。虽然时间不算太长，但听一整天的证词还是蛮辛苦的。

他还说，如果因为暖气声音太吵而听不清楚法庭的发言，他们就会把暖气关掉（当时是一月份）。之前考虑到我们的庭审被安排在六月份，埃文当时提到过空调也有可能因为同样的原因被关掉。所以看着还挺漂亮的地标性建筑，其实在里头工作并不见得有多舒适。

每个人都有他的"角色"。法官在这里不称为法官而是"庭上"。检察官则是"联邦"，指宾夕法尼亚州，她名叫奈瑟赛瑞，"必要"的意思。记录里还提到了一位法医学家，厄斯克先生，他名字的意思是"歪歪扭扭"。听起来像是一出复辟时代的喜剧似的。阿普瑞尔也在这个案子上出庭作证了，她的名字从头到尾都拼错了，少了结尾的那个字母 l。

鉴于检察官负有举证的责任，因此进入法庭辩论环节时他们第一个致词，第一个陈述案情，最后在被告后做总结陈词，一头一尾都是他们。因为他们要做的工作更多，他们得到的特权是坐得离陪审团更近些。而被告方的优势在于拥有无罪推定原则。

检察官首先在开场词中把整个犯罪过程概括地介绍了一下。我猜埃文也会这么做。我会重复上一次的证词，但这次会带一些感情。他们需要听到我亲口说出这些，不仅是那些话，还包括我的声音。

莉比作为被告方的开场词充满戏剧色彩："［被告］是他父母的儿子，也是他手足的兄弟。今天，坐在你们面前的他，是一个无罪之人。他无罪并不是因为我这么说，或者［法官］跟你们说过的无罪推定原则。他无罪是因为美利坚合众国宪法以及宾夕法尼亚州联邦宪法说，［被告］受无罪推定原则保护。也就是说，你们必须假设他是无罪的，直到奈瑟赛瑞女士能够不容任何质疑地向你们每个人证明全部罪行和各项罪行及其所有的和每个细节。"

好吧，看来她也有可能对我来这么一套哗众取宠的开场白。

假如像听证会一样按照案发时间顺序进行案件审理的话，那么我作为一月份的受害人会先于十一月的受害人出庭作证。事实上，我们只是在媒体上匿名，庭审时，他们会用我们的真名。所以，法庭上的每个人都会知道我们的名字；只不过他们不可在法庭之外用我们的名字。

在埃文给我的这起案件的法庭记录中，受害人的证词简洁明了，看着还挺简单的。这我能做得到。她基本上就是平铺直叙地把事情的经过陈述了一遍，检察官偶尔会提示她一下。问题先围绕现在的情况展开：你住在哪里？你做什么工作？你结婚了吗？问这些的主要目的是先让她镇定下来，而且还能显示出她事业有成，生活稳定；他们可能会根据每一个受害人的情况设定这些问题。接下去的问题都是关于十二年前的。法庭记录上满满记了好多页。

莉比的交叉询问的开头部分粗看起来感觉还比较简单，但是她针对当时的照明情况，对罪犯的最初描述以及那些跟后面要作证的另一起案子看起来不一致的小细节大做文章。最后她利用所有这些内容在总结陈词中提出她的客户不可能犯下这两起案子。

这是我和埃文必须准备的，把我给警方的描述仔仔细细地再过一遍，证明我不仅在当初确实看清楚了弗莱尔，而且现在还能认出他来。我肯定不会只考虑依赖证人证词，好在我们的 DNA 匹配，而且我也相信自己在谷歌上搜到的那么多人中一眼认出他时的本能反应。

最后，双方对这起案子的辩论集中在 DNA 鉴定的准确性上，部分原因是他们的 DNA 样本不如我们这起案子的来得充分。检方的大专家所在的公司负责"九一一"受害者遗体的辨认。他本人并没有亲自分析 DNA；而是在拿到 DNA 的分析结果后，利用数据和模块解析出未知的部分。关键在于，电脑在做这项工作的时候不会参考任何有可能匹配的样本，而是完全保持中立。在没有任何干扰的情况下，他的电脑推测出强奸案的 DNA 证据跟被告的检测数据相吻合，而且这样的概率是在几千万亿中才能匹配到一个，从统计数据上来看，要比人工分析准确好多倍。（我的检测证据由人工分析得出，基数比这个还要多六个零，准确率自然还要高出很多倍，因此我们的案子也就无需请这样的专家来出庭作证了。）他在法庭上滔滔不绝地解释着，到午饭时间也才讲了一半。

而之所以双方争辩的焦点集中在 DNA 上，主要原因在于检方除了这个拿不出其他证据（这一点辩方在总结陈词中不留情面地指出了）。在陌生人实施的强奸案中，双方不存在任何关系，没有铺陈、威胁或者不断激进的行为。罪犯当时戴着面具，因此受害人甚至都不能将他指认出来。虽然这起案子跟我们的有些相似，但起码我可以指认他。莉比会嘲笑我们没有别的证据证明他为什么会到我的公寓：没有证人、没有指纹、没有任何接触记录。（当然，如果我们过去有过接触，她还会辩称因为我的同意他才强奸我的。）她当然希望DNA只是在那些传统的低科技含量证据的基础上，发挥一些锦上添花的作用罢了。但在被陌生人强奸的案件中，DNA通常是唯一的证据。

检方对"九一一"专家和他的DNA匹配位点数的提问相当成功。轮到辩方的时候，莉比甚至都没对之前的提问做出任何回应，就以缺乏证据为由直接提出无罪释放的动议，该提议随即被驳回。

在莉比传唤的证人当中有被告的姐姐，她在法庭上展示了她的宝宝在强奸案发生的那一年接受洗礼时拍的照片。检方对此提出反对，认为照片上被告外甥女和牧师与案件无关，而且有可能误导陪审团，但照片还是作为证据被呈上了法庭。

莉比用这些照片来反驳受害人对她们看到的露在被告戴的面具外面的头发，以及被告头型的描述。其中一位被告称被告手臂的肤色"苍白"，而照片上却是"小麦色"，更符合他从事园艺工作的特征。被告的姐姐还指出被告身上有一个阑尾炎手术的疤痕，但两位受害人都没有注意到。

看到这里我不禁有些慌乱了。我对描述身体并不擅长，因此在写作中几乎很少用到。我更擅长描写别人做了什么，以及我对此有何感受。所以我的描述基本上是："大"是指强壮结实，而不是高大。"娃娃脸"是指跟实际年龄不符的甜美长相。我不敢尝试描述衣服或头发，因为我在这方面很容易出错（但乔治娅在听证会上讲到的那件夹克衫我倒是立刻全部记起来了）。我必须重新看一下我之前说过的那些话，确保前后一致。当初跟比尔做笔录的时候，我说他已经拉上了裤子拉链，于是比尔记下了"拉链"，但现在看到这个词，我却不确定当时我是真看到拉链了，还是说那只是我的一个假设而已，我真正想要说明的是他已经穿上了裤子。这真让人讨厌啊。

案件庭审进入第三天，莉比风头依然不减，一开始就提出被告可以选择向法庭呈递自己的品格证据。法官说："根据宾夕法尼亚州法律，一个具有良好品格的人不太会［被认为］从事犯罪，［因此］出具良好品格的证据，足以对此人是否犯有［他］被指控的罪行提出合理的怀疑；这点你是否明白？……你有权向法庭证明你的品格……这不是你的个人意见，而是你对自己个人声誉的理解。"

被告没有对此发言，也没有传唤任何证人。他之前因持有武器和毒品被判刑，因抢劫被捕之后又潜逃了四年，直到有人在观看《美国头号通缉犯》（America's Most Wanted）这档电视节目时认出他，向警方提供线索。考虑到上述情况，他不出具品格证明的决定不失为一个明智之举。辩方休息后，进入总结陈词的环节。

莉比在做总结陈词时，对一些 DNA 被排除在监测范围之外的原因提出了质疑。DNA 的每一个位点都由两部分组成：一个来自受试者的母亲，另一个来自受试者的父亲。但报告认为一些位点无法提取出足够的 DNA，最后只找到了一半匹配的 DNA 位点。当然你也可以说"不够"的那部分的确不够完整，但提取出的可计入报告的 DNA 部分还是完整的。在那些无法提取出足够 DNA 的位点，可以测试出的数据跟被告的相吻合，可终究还是缺失了一部分。莉比暗示那些缺失的部分有可能证明被告是无罪的，因此被故意排除在报告之外，但事实恰恰相反：如果实验室一心想要操纵最终结果的话，只需降低检测标准并声称这些位点全部匹配就可以了。与此可见莉比这人不太好对付。

被告的姐姐证实被告的实际身高为五英尺七英寸，但证人的估计与此稍有出入，这点也让莉比抓住嚷嚷个不停。她声称一位被害人描述被告的身高为五英尺八英寸，而另一位说的是五英尺十英寸，但无论如何，五英尺八英寸跟他的实际身高出入并不大，很难理解为什么她要一直揪着这点。而且，尽管受害人确实这么预估被告身高的，但那也是莉比断章取义。莉比要受害人预估被告可能的身高上限，她们同时也说了身高下限是五英尺六英寸。来自匹兹堡的受害人说侵犯她的人身高"在五英尺八英寸左右，或者差不多五英尺六英寸"。住在另一个县的受害人则说"应该在五英尺七英寸到五英尺十英寸之间，或五英尺六英寸到五英尺十英寸之间，他不是很高"。这已经非常准确了，换作是我的话我可能没办法做到她们那样，我甚至连经常站在一起的熟人的身高都猜不准。

莉比做出如此公然有违事实的总结陈词，难怪法官随后提醒陪审团必须以实际的证词而非律师的总结陈词作为他们判断案情的基础。"他们的陈述、辩论和提问都不是证据。只有证人的证词以及呈堂证物，才是你们可以用来判定这个案子的唯一证据。"每个陪审员都会对呈堂证据做好笔记。他们应该信赖的，除了笔记，还有他们的记忆。

莉比的结束语也充满了戏剧性："奈瑟赛瑞女士在她的开场词中说，她代表的是宾夕法尼亚州。确实没错。听她这么一说，你们可能认为只有给我的客户定罪才保证联邦在这场庭审中获胜。我希望你们可以稍稍换一种方式思考这个问题。联邦并非只有奈瑟赛瑞女士、坎贝尔警探和〔受害人〕，联邦也包括我和你们，还有〔法官〕、〔被告〕以及〔他的〕家人。因此，作为联邦的公民，什么才是我们需要考虑的呢？我们需要考虑的是做出正确的公正的裁决，并呈给法庭。公正的裁决必须基于事实，法官会引导你们通过法律找出事实，且这些事实必须证明被排除了合理怀疑。只要你们的裁决是公正的，这就将是我们所有宾夕法尼亚州人的胜利。"

然后轮到检方做总结陈词，并针对莉比的所有虚假声明一一回应。莉比坚称这两起强奸案完全不同，一名受害人遭到殴打，另一名仅仅受到威胁，加上其他一些细节上的差异，由此判断案犯不可能是同一个人。检方随即予以反击。奈瑟赛瑞女士（她的名字是简，但我太喜欢她在法庭记录中的这个姓，就一直以此来称呼她）对陪审团说了以下这段话：

"电视里播放的强暴场景都很戏剧化，充满暴力色彩，一个女人在路边被人强行拖走、绑架后，不断遭受折磨，电视里都是这么演的。在这些节目里，强奸犯个个都是虐待狂。但其实强奸犯不全都这样，他们中有些人只需把受害人制服就足够了，不会过度使用暴力。他感兴趣的并不在于折磨受害人，而是对她实施性侵。这就是我想跟各位说明的，这正是被告在这两起案件中的作案方式。他用暴力只是要将受害人制服，好让他下手，适可而止，这就足够了。

"如果受害人抵抗，那么他会用更大的力气，更多的暴力。比如，［第一位受害人］说当他开始把她的衬衫脱掉时，她顿时惊慌失措，尽管他手上有枪，她还是反抗了。他做了什么呢？他猛揍她的腹部，把她打得说不出话来。他打了她的嘴，一举制服了她，使她无法继续抵抗。

"但对于［第二位受害人］他根本不需要那么做。你们看到［她］刚才站在证人席，讲述她被戴着面具的罪犯弄醒，听到他说，宝贝，照我说的做不然我会把你给杀了。你们看到她说起这些时的反应，即使现在站在这里作证，还是怕得要命，你们都看到了。她就是这样的一个人。对付她，他根本不用拿枪去吓唬，甚至根本不需要威胁。他只要以她的孩子为要挟就可以了。无论他要什么，她一概照做。这就证明了只要达到把受害人制服的目的，他用什么手段都可以。"

适可而止的暴力。她说得太棒了，我忍不住要为她喝彩。她不仅思路清晰，而且还让陪审团听得明明白白。接着她概述了案情以及实验室高效率高标准的工作情况，一举粉碎了辩方"所谓的专家"的说法。我心里默念着：埃文，你也要像她一样啊。拜托了。

在被提醒必须全票通过他们的裁决后，陪审团于上午十一点六分开始审议。那天是星期一。

审议过程中，陪审团那边传出对一些问题存在分歧，不过五个小时之后，下午四点十五分，就在这一天快结束之前，陪审团最终做出了有罪裁定。

我合上所有的文件，感觉自己已经充分准备好了。上面写的这些就是即将发生在我身上的，只不过到我们这里会换一个法官，检察官则由埃文替下"奈瑟赛瑞女士"，不变的是莉比。她作风强硬，对简单的事实也紧咬不放，即便如此，对我们而言，她比阿比盖尔更安全些。阿比盖尔属于被动型律师，一味假定以认罪答辩结案，只有莉比这样的主动型律师才会保证庭审能在十月如期举行。

莉比的出现会让埃文保持警觉。现在埃文知道她是被告的辩护律师，对她的工作方式也有所了解，而且她已经直言不讳地告诉埃文不会做认罪答辩，那我们就着手准备吧，这样也好。我已经做好了准备；埃文现在也必须行动起来了。之前他和阿比盖尔一样，一直深信最终会以认罪答辩收场。比尔对此也深信不疑。

但我从一开始就没这样想过。弗莱尔在一九七六年第一次犯下强奸案的数小时之内主动坦白了他的罪行，那也是他一生中唯一的一次认罪。（我没把他之后在史坦顿岛对毒品案的认罪算在内，因为他那么做纯粹为了逃避司法裁决。）等到一九七六年的那起强奸案开庭审理的时候，他恳请法庭给予从宽处理。从那时起他就再没停止过抗争；不管有没有用，也不管有没有道理，他就是要一争到底。这么多年来，他的违法手段如出一辙，无视对他不利的证据，一概否认、拖延，有时甚至不惜逃跑。

当阿普瑞尔第一次在纽约跟弗莱尔谈话的时候，他毫不掩饰地谈到谢迪赛德的两位受害人的大腿。他的女朋友也跟阿普瑞尔说，他当时相当确定案件已经过了诉讼时效。但是那之后，诉讼时效的新法律出台，他的处境明摆着，因而哪怕是跨州移送的申请他也要反抗到底，只为在里克斯岛监狱争取多待几个月。三十八年前，二十四岁的弗莱尔坦白过一次，但那之后他再也没有真心坦白过。

拒绝认罪可能是他变相维持尊严的一种方式，就算最终被定罪，他仍然可以声称自己是无辜的。据说强奸犯在监狱里很不被人待见，为了自己在监狱里的日子好过些，他如此大费周章可能还是值得的。这么做并非是为了说服他自己，他干了什么自己心里清楚，但他就是不想为此付出应有的代价。

我得到的纽约方面寄来的弗莱尔毒品罪和其他罪行的记录，甚至连埃文、丹或阿普瑞尔都没有。从这些法庭记录来看，他的一贯做法就是：抵死不从。面对比自己更强大的势力，我们俩都选择了反抗；我们的不同在于，我反抗的是他，他反抗的则是法律对他的制裁。

我应该是到目前为止最了解弗莱尔的人，是唯一一个真正试图了解他的人，也是唯一仔细研究了这些资料的人。

都说爱是永恒的，我对约翰的哀思和爱一样，也会一直伴我到"永远"。这种悲伤的情绪充斥着我整个人，而我却找不到宣泄的出口。

对了，还是有这么个出口的。这些情绪可以回溯到过去。虽然我感觉自己好像一直都是在这么做，但其实我并没有。

约翰的一位朋友向我伸出了援手。

几个月前，约翰跟他的这位朋友安娜说过盖文跟我会去她担任牧师的教堂拜访。我们当时正在考虑换教会，选了几家准备先去看看，其中包括这家剑桥最古老的教堂，其历史甚至比建校八百多年的剑桥大学更久远。我刚跟她说是约翰介绍我去的，她就知道我是谁了，但她对我的案子一无所知，只晓得我们是唱诗班成员的家长，还有约翰本该给 W

施洗的，但不幸的是在那之前的一周出了车祸。我一开始去找约翰的时候，他就考虑过我可能更希望找一个女牧师说我的那个经历，我觉得她就是他当时想推荐给我的那个人选。

礼拜结束后的茶歇时间，她跟我站在教堂门口一起追忆约翰。她本该在那里跟离开教堂的人们道别，但她选择全神贯注地听我讲述。我尽量把事情讲得有趣些、好玩些，这样才不觉得自己浪费了她的时间。

我顺带提起了正在起诉的案子，跟她解释了约翰为我做的那些事，他一直都在照顾我。还没等我开口，安娜直接拿出她的日历，二话不说跟我约了下次面谈的时间。

那个星期结束前我们约好在教堂楼上一个小房间见了面。我们一边沿着螺旋形楼梯上楼，一边谈论着法衣以及街头出现的祭司法衣衣领款式的时装。我并非因为她是个女的才会聊这样的话题，其实我跟约翰（有一次还跟一位身着华丽法衣的男主教）也讨论过法衣。服装，甚至包括正式场合穿的礼服，是很私人的话题。如果问得巧妙，还能引出有趣而美好的故事。

我得从一九九二年发生的事开始，原原本本地跟她说一遍。我知道如何把整个来龙去脉说得简明扼要但又突出重点。很多人都知道我的事，这并非是我第一次跟人讲述自己的经历；我不愿跟祥林嫂一样一直唠叨过去的种种，我期待也能说说现在，这应该算是一个进步吧。

我俩为约翰的离世相拥而泣。作为约翰的生前好友，她自然比我更有理由感到悲伤。但我心里头那么一丁点的占有欲让我告诉她，唱诗班的家长们对我关爱有加，尽量不让我太过悲伤。尽管我跟她比算不上约翰的朋友，但在唱诗班这个大家庭里，家长们心里都很清楚约翰的离世对我的打击有多重。我为他的离去而落泪，情有可原。

她的谈吐跟约翰一样充满智慧；这和他们一起受训有关。她跟他一样富有幽默感；毕竟他们是朋友，这也很好理解。他们之间诸多的相似之处，让我在跟她谈话时感到很安心和放松，但谈完后心里又感到特别难受。直到夜深人静我还在那里辗转反侧，难以入眠。我不应该找人取代他，我应该在他过世前的那一刻把整个世界冰封起来。

一个星期后我又去见了安娜。照旧沿着那座盘旋的楼梯上楼，照旧坐在教堂楼上的那个小房间里。事后我又难受了好一阵子，但当晚我总算睡着了。我不想让约翰的身影从我的生活里渐渐淡去。只有我在悲伤的时候才能挽留住他远去的脚步。我不想让他走。我不要他离开。我不要。

约翰去世后，我的脑海里曾经不由自主地冒出过这样一个想法：如果可以，我希望谁代替他去死呢？在我幻想的世界里，死亡还是不可避免。我可以通过幻想尽量改写现实，我可以想象那天死去的不是他，但我改变不了那天发生的车祸以及有人在车祸中丧生的事实。虽然死亡穿透一切，甚至渗入我幻想的世界，但有一个精灵在那里，挥舞着我幻想的魔棒，只为了一个简单的愿望：事情并非像实际发生的那样，并没有因为车祸而变得面目全非。仅此而已。

安娜邀请我下次去她家找她。就像我当初跟约翰碰面时一样，我去之前列好了一张清单，把这些天里我想到的要跟她说的事情一一记了下来。我最后一次约好了去见约翰前也列了一份清单，虽然最终我们没见上面，但那张清单我至今还保留着。

结束了充满欢乐和疲惫的瑞士之旅，我们还没跟之前的教会发生那些不愉快的事情之前，我在清单上记下了一条，我要告诉约翰我对弗莱尔的这次指控感觉比之前的要轻松很多，这是庭审风暴来临之前的平静。接下来马上就要施洗礼了，还有环法自行车赛；这些都令人期待。那时的我是快乐的，但在我亲口告诉他这些的三天前，他却意外地离开了人世。

我其实并没有自杀倾向；只不过脑子里会想到这个话题；但如果我开口提到这两个字，人们马上就想要"做点什么"，最糟的是还会牵扯到医生什么的，所以无论是对约翰的朋友安娜还是别的任何人，我什么都不能说。甚至连盖文我也不能提这个话题，因为那只会徒增他的烦恼。

更何况，除非真能从这个世界消失得无影无踪，要不然我是不会选择自杀的。我最糟糕的部分就是我的身体，如果光把这副空皮囊留在世上，只会令人讨厌和难堪。所以我不会那么做，绝对不会。

对庭审的恐惧，加上对约翰的哀思，让我感觉不堪重负。而我的能力最多只够应付其中一个。之前我只需处理庭审这一件事就行了，我都准备好迎接它在六月份举行，我曾经乐观地期盼，如今一去不复返。这个星期我在跟人解释一些基本事实的时候，突然被自己惊着了，不敢相信这些话居然出自我的口中。我当时是在描述埃文和我在练习庭审的提问环节，好让他知道什么样的问题是会让我在证人席上出状况的。（埃文的原话是"引发出一种情绪化的反应"。）我原本想把话说得直白些，但话一出口听着却是糟糕极了。埃文可是个大好人，但我这么一说感觉就连他都想伤害我似的。他提问结束后就轮到莉比上场了，而她不是我这边的。还有法庭上的记者，他们已经对听证会乱写了一通，怎会轻易放过这次正式庭审。想到这些，我的呼吸急促了起来。我得不停地告诉自己：他们只是些当地的记者，不必太过紧张。

都快一整年了。还有两个星期就是九月十二日，去年的这一天阿瑟·弗莱尔被捕，现在新的一轮就要开始了。九月十二日过后再过五个星期就是正式开庭的日子。过去的这十二个月来我一直努力控制自己的肾上腺素，以免自己压力太大或过于焦虑。事实上，我快要撑不住了。

学校马上要开学了。学院的唱诗班计划举行典礼，欢迎新成员加入，欢送老成员退出。活动安排在我飞往美国的前一晚，由约翰的朋友安娜主持。如果可以，我倒更希望远远地坐在教堂中庭听着就行了。但 S 进入变声期后嗓音变得低沉了，他将在典礼上接受表彰并正式离开唱诗班；而 W 会正式宣布加入。他们都需要我在场，满脸笑容，为他们高兴，为他们喝彩、庆贺。

为了当天晚上能装出一副他们想要的样子，我提前练习起来，就像我之前拿着弗莱尔身穿西装的照片不断预演自己出庭作证的情景那样。但当我坐进空荡荡的教堂时，我的眼泪却忍不住啪嗒啪嗒地顺着脸颊落下来。我想强颜欢笑，但我怎么都做不到。

正当我坐在那里独自抽泣的时候，又一批游客走进了教堂。这个夏天实在是糟糕透了。

四、秋　天

16

我撒谎了。

我跟人说，假如他们没有时间找我说话、看我更新的信息或者跟我见面的话，这都没关系。理智告诉我，人们的确会因为各种各样的理由没法做这些事，我当然理解这并不意味着他们对我漠不关心，从某种程度讲，我自认不会对此介怀。但要说无论人们回答可以还是不可以我都能完全接受的话，那又有悖于我内心的真实想法，无异于是在撒谎。我需要的是人们说可以。

我对比尔也撒了谎。我告诉他如果庭审的那个星期他因为工作忙不过来没法陪我的话，我也完全可以理解。但我又让他在我出庭作证和法庭最后判决时陪在我身边，还顺便提了一句，如果整个过程他都在就更好了，当然，他要是办不到我也可以理解。一月份的听证会只有一天，所以那时他只用陪我一天就可以了。庭审则是另一码事，至少得要三天。而十月份又恰巧是秋季学期的期中，除了要上课，他还要帮忙维持他在商学院工作的部门的正常运行。

但他还是答应我整整三天都会在法庭陪我，跟我一起听取每个人的出庭作证。他另外还加了一天以防庭审加时。他已经在自己的日历上把这些日子都为我预留好了。他也考虑到自己会在我作证时被要求离开现场——那样他就不会受到我的证词影响——但即便如此他还是决定全程都在法庭陪我。

他这个决定让我安下心来，一下子感觉踏实了许多。如果比尔不陪我的话，弗莱尔将是法庭上唯一一个自一九九二年那晚起记得我的人。有比尔在，情况就平衡了。

所有的活动随着新学年的开始重新启动：音乐、体育、社团活动。我又开始碰到其他孩子的家长了，他们每个人都会过来问"你好吗"。这一问其实并没有什么真正的含义，却像一盘饼干似的从这个人传递到下一个人，一直传了下去。

我都想好了当他们问我这个问题的时候我该怎么做：先是微笑，然后回答"很好"。完全是不假思索的标准回答。如果时机合适，我也可以稍稍修改一下，但只有在经过慎重考虑并且理由充分的情况下，我才会说出真相。

我过得并不好。

我脑子里想的东西越来越乱，我意识到自己要谨慎平衡好一切：现在是我最需要别人帮助的时候，切不可因为自己的举动把人推得远远的。我得跟他们每个人都单独说一下庭审的事。我要注意说话的措辞，多说些有趣的事实和一些新的好消息，一定要用一种轻松、直接、饶有趣味的方式把诉讼的情况跟他们讲清楚。要是有人希望我多说一些细节，我自然会的。我不能把事情搞砸了。只要跟那些对我有所了解的人在一起，哪怕只是轻描淡写地讨论一下这个话题，也比我一个人待着好。现在这个时候，过分地孤立自己对我可不是什么好事。

从现在开始到正式开庭前的这段日子，我准备安排一些小范围的聚餐，还跟朋友约了一起喝喝咖啡聊聊天。我给每个人都发了邀约，接受邀请的远远超过婉言回绝的。每邀请一个人，我都会撒一次谎：要是你不能来也没关系。我还练习如何应对别人的拒绝，以防万一：可别说什么傻话了！是我不该这么问才对。真的没关系。

年历上，八月和九月挨在一起。但换个角度看，九月好像比八月短了好多，不但一下子跳出了夏季，还如坠崖般突然进入一个全然不同的新学年。一夜之间，很多事情都变了，尤其是我。

S开始上学了。他理了发，因为最近长太快了，开学前我又匆匆忙忙给他买了条新牛仔裤，免得他露一截小腿在外面，我还给他添了一件红色的连帽衫，这样每天一早起来，他还没走出自己的卧室就把新连帽衫套在翻领T恤的外面。他喜欢这件连帽衫，这件衣服让他看着更像个十几岁的大男孩。W的课外活动也都开始了。唱诗班的各种活动跟着紧锣密鼓地启动了，包括彩排、礼拜、音乐会和约翰的追悼会。我以前挺喜欢参加唱诗班组织的一些聚会的，但现在却犹豫要不要去。我想要跟人单独接触，但我吃不准自己是否可以在那样的聚会上不停地跟不同的人闲聊。我想了个办法，借口自己还有事要办，把W送到"下午茶欢迎会"后直接走人。只要我愿意，我可以再回到那个聚会上，也可以假装被事情耽搁了不用中途折回去。总之，我得给自己准备好不同的方案好随机应变。

我现在的一些想法跟之前也不一样了。之前因为一连好几个星期收到各种邮件使得我急于跟别人分享案子上诉的情况，如今事态出现了一百八十度的转变。我周围的朋友有两种：一部分人已经知道事情的来龙去脉；另一部分在庭审结束前对此全然不知。二者中间的界线划得很清楚。当然，如果大家在一起时刚好说起这个话题，因为当中有人不了解所以给他们讲一下，我也并不反对。但我不会只是为了说这件事而到处给人讲个不停，我甚至也不再需要证明自己有开口说这事的勇气。从今往后，只有跟那些对我的过去有所了解的人，我才会谈论眼下正在发生的事。

辩方正努力想更改开庭的日期。我原本对莉比的高效率所持的好感，此刻也已经荡然无存。她只想把时间往后挪一个星期，我猜这不是她准备工作的关系，有可能是原定的开庭日期跟她或某个证人的时间出现了冲突。埃文让我提议一个新日期，好像让我来提议已经给足了我面子。我一口回绝：不改。为了保证我能在现在的日期顺利出庭，我已经做好了各方面的安排，以至于那几天之外的其余日期我都抽不出空来。我不想再次匆匆忙忙地改航班，退掉我喜欢的酒店，错过孩子们在英国这边的一些活动，甚至为此推迟原本计划在一月的宣判而直接跟我二月份在英国的新书发布活动撞车。更何况，在我心目中，唱诗班的新老成员交接典礼已然和我飞去美国的前夜是一样的。我一开始那么害怕去参加这个活动，现在已经完全做好了此行的心理建设。唱诗班的人都知道我这边正在发生的事，他们会跟我正式道别。我想要保留住这些。

还好埃文通过邮件而不是打电话来跟我沟通。要是我跟他直接通电话，恐怕我早就忍不住会对他说应该"像个男人样"，这样的话当然是绝不可以对律师说的。但我心里真是这么想的。他应该对莉比强硬一些。就算需要有人做出让步，那也不该轮到我啊。

盖文觉得我们争来争去的也不过几天时间，又不是几个月。他这么说没错。但我们争论的并不止这些：真正的问题是在这个案子中谁更重要。这取决于法官心里的那杆秤，在她最终决定开庭的日期后，她心里孰轻孰重我们会看得一清二楚了。

答案在第二天早上揭晓了。我，是我！我才是那个重要的人。十月二十一日，日子没变。我给埃文回了邮件，上面写了六遍"谢谢你"，还有"耶"和一个笑脸。比尔也写了邮件给我，大叹"虚惊一场"。所有的人都松了一口气。

弗莱尔这边又指派了一个新的公共辩护人，这已经是他在这次诉讼的第四位辩护律师了。为了保证原定开庭日期不受影响，他们只能把莉比换掉。没有比守住这个时间节点更重要的事了；我是不会因此而想念她的。

　　盖文却担心在临近正式开庭的节骨眼上换新的辩护律师，这样反而让他们有理由申请延期。但我觉得法律援助中心那边的工作量太大，莉比可能根本就没真正着手处理弗莱尔的案子。就算已经开始手头的工作了，她也可以交接给新的律师。老实说，我都不清楚我这边埃文到底已经做了多少准备工作。距离正式开庭还有六个星期，整个夏天他一直都忙着处理别的案子。

　　就在同一天，山姆·塞特莫尔，就是那个一九七六年给弗莱尔自首做笔录的、现在已经退休了的警探，给我发来了弗莱尔那次被捕后拍的疑犯照片。我瞟了一眼，照片上的弗莱尔神情严肃，两眼直盯着镜头，让人觉得瘆得慌。我关了邮件，可那些照片却已经印在了我脑子里，想甩都甩不掉了。

　　我在网络上找到的那些照片，只有一张跟他现在的模样比较接近：估计拍那张照片的时候他大概也有六十岁了，头发灰白，比他之前看起来要瘦小些。其余的照片上他都是中年模样，虽然他一九九二年出现在我公寓距今已经有几十年，但我还是从照片上辨认出他当年的样子。那时的阿瑟·弗莱尔身体健壮、脸颊浑圆、虎背熊腰、笑容和蔼。而他这几张七十年代拍的疑犯照片则截然不同。照片上的他刚结束了两年严格的军营生活出来，还保留着军人的模样，看上去强壮有力，气势汹汹。而我则感觉有些不舒服。

　　我再次打开那封邮件。他看着其实也没那么凶神恶煞。虽然目露凶光令人不安，但如果再仔细看一下的话，就会发现他的眼神像小狗似的充满了迷茫和忧虑。他尽量站直了身子，但依然难掩疲惫。所有这些都在那天的夜半时分被镜头记录了下来。

　　那时的他只有二十四岁。现在看来，那时候真挺年轻，虽然我在那个年纪时感觉自己早已是个成年人了。我二十四岁时，晚上攻读研究生学位，白天在一家科技公司打工，还做一些写作方面的兼职工作。我搬回父母家居住，每月还得还学生贷款，但我也在那时拿到了驾照，还在母亲的帮助下买了一辆小车。那时正是青涩和成熟交织的年纪。说是成年人了，但也才刚成年。我从他的这张脸上也看到了少不更事，但有着一股初生牛犊不怕虎的劲儿。等到我那两个儿子长到二十四岁的时候，我想他们应该还会在圣诞节回来跟我们团聚吧。

山姆在邮件里问我写的是一本什么样的书。那说明他还没猜出我的真实身份。我在写给他的第一封邮件里加了我的网站地址，可能他还没上去看过；不过就算他上网看了，那里也只是介绍了我写的小说，所以他还是不知道我会在书里写些弗莱尔的什么。我敢肯定他还没查过弗莱尔最近的这个案子，不然他肯定会注意到案件受害人跟我之间存在的相似之处，案件受害人、那位卡内基梅隆大学的女生现已移居英国，而我书上的作者简介亦有这么一段："美国小说家，曾在卡内基梅隆大学戏剧学院就读表演专业，现居英国剑桥"。只要他看过，就很容易把两者联系起来。

我还是主动跟他说了吧。我给他回了一封邮件，如果不出意外的话，再过一两个星期他就知道了。他对我一直都很友好，我可不能瞒着他。

我的脑子里除了一直想着弗莱尔的那几张嫌疑犯照片外，还对年轻的弗莱尔有一种出于母性的悲悯。

我现在需要很多东西，我也一直都在努力争取，包括保证庭审日期不会变更，希望朋友们答应我的邀约，期望有人理解我的处境。我当然知道，是人都难免有所欲求，甚至欲壑难平。我无法想象生活在逼仄到只能不断通过暴行才得以喘息的空间里，究竟是怎样一种感受。想必弗莱尔的头脑、身体和生命一定狭隘到让人痛苦不堪吧。

对于年轻的弗莱尔来说，哪怕牺牲自己的未来和人性以换取对权力的片刻享受也是值得的。我敢肯定，拍这些照片的时候正是在他第一次做出这个决定后没几个小时。他看上去并没有因为自己的决定而骄傲，看着反而很想要放弃这个念头的样子。不管最后他是否得偿所愿，罪行已经犯下了，已经没有收回的余地和退路了。

辩方的第二位律师阿比盖尔提出给被告做精神病学鉴定，这个申请等到第三位律师莉比接手的时候又取消了，这些变化自然没有人会来告诉我，全都是我自己发现的。无论弗莱尔的冲动来自何处，无论他和我的表现方式如何不同，我们都有一个共同点：我们都有自己非常非常需要的东西。

我感到脆弱，需要的东西有很多。我想他也这样，向来如此。

我好像漂浮在水面上，由着波浪不停将我往前推。再过五个星期就要开庭了，我终将要被浪冲上岸。

我打小在新泽西长大，很早就学会如何识别天气。如果天色灰蒙蒙的，说明马上就要下雨了。但同样的情形到了英国就不是这么回事了；这天可以灰上好几天也不会下一滴雨。我不仅学会了用不同的方法辨识天气，我还学会了用不同的方式猜透本地人的心思。以前在美国的时候，我会将别人的沉默视为怠慢，但到了这里，我知道他们只是出于礼貌，等我先开口而已。

除了我自己的小家，剑桥是最让我感觉像家的地方。在这里，大家都为约翰的离去扼腕痛惜，这里还有我一大帮彼此相识的好朋友。剑桥像是一个书立，把我在匹兹堡被强奸后的那些年稳稳地撑了起来：在我人生最低谷的时候，这两所大学都成了我的避风港。我不曾就读于剑桥大学，只因为是唱诗班成员的妈妈而得以走进这个大家庭，还得到那些重要人物的认可。我对此唯有感激。

过去这一年我都在修改我的小说，其中一个重要章节描写了约翰在剑桥的一些事。最近的这一版终于定稿了。小说中有一个名叫伊莫金的人物，她童年最美好的记忆都是关于她哥哥在唱诗班——就是我的两个孩子参加的那个唱诗班——唱歌的情形。她和她的弟弟都是哥哥的小跟屁虫，伊莫金因为是个女孩子所以不能加入唱诗班，而她弟弟还太小所以不够格。我发现做跟屁虫本身也是很重要的经历，并不逊于去唱诗班或管弦乐队的经历，这也是我想要专门写这两个人物而不是唱诗班的那些男孩子的主要原因。这些年我和 W 跟着 S 在管弦乐队或唱诗班排练的时候做的那些事，本身也都挺有意思：我们出人意料地听了爵士乐队的演奏，在排练场附近看过一个古代石雕展，在音乐厅大堂的地毯上玩着从家里带来的拼图。虽然不像在舞台上那般光鲜亮丽，但我想记录下那种在舞台边的生活。

　　现在 W 也要加入唱诗班了，我成了唯一的跟屁虫。有意思的是，直到完成小说初稿后我才意识到，原来我就是自己书里写的那个跟屁虫伊莫金。书里那个弟弟的原型就是 W，大姐姐伊莫金则是我潜意识里创造的一个角色。并非只有小男孩是跟屁虫，我就是另外的那个。

　　我在生活里也有唱主角的时候；不过为了孩子，我也可以退到舞台边的角落里。其实舞台边的角落也挺有意思，看似边缘的地方其实也可以成为它们自己小圈子的核心。

　　我很高兴在书里写下关于 W 的这部分内容，这对我也相当有意义。

　　人们又开始问我为什么决定独自一人前往匹兹堡。这个问题可不好回答，因为这并不是我的决定。我该怎么跟人解释这是出于本能的想法呢？

　　就说我在那个时候必须全心全意关注好一件事情，这是我能想到的最好的回答了。如果身边有别人跟着我就得在各种角色中来回切换：妈妈、伴侣、朋友，关心着每个人的那个我，因此也更容易让我分神。我担心自己到时候心有余而力不足，无法顾及方方面面。就算人们能够设身处地地理解我的处境（我相信他们确实如此），但面对不同的角色切换不是我想回避就能回避的。有比尔以及其他跟这个案子直接有关的人在那里，我只管做好自己就行了。这就是我在那个星期唯一需要做的。

我想起自己单身的时候，也喜欢独自一人旅行。如果跟朋友结伴的话，总感觉自己好像还在家，根本没出门。我并不是说他们缺少冒险精神；而是我们的友谊给了彼此家的温暖，但也把我们跟外界隔开。如果我一个人出行，自己怎样都可以，反而能让我深入了解当地的风土人情。

至于匹兹堡，我必须全心投入，全力以赴。

埃文告诉我，新的辩方律师应该在法官确定十月的开庭日期不变后的那个星期一指派到位。现在那个日子都过去十八天了，可辩方律师连个影子都没有。我心急如焚，不知道辩方律师迟迟不到位会对我这个案子有怎样的影响。

还有不到一个月就要开庭了。至少日期是这么定的，希望别再有什么变化。最近太安静，总让人感觉不太对劲。我手脚冰凉，浑身不舒服，而且人也很沮丧。我约了眼科医生，因为最近我眼角看东西有些吃力。我给埃文写了第四封邮件，信里毫不掩饰自己内心的孤立无援。

大多数情况下不管我听到什么，哪怕是坏消息，我都还能应对。但一点消息都没有很让我抓狂。没有消息并非真的什么都没有，恰恰相反，这意味着会出现各种让我担忧的可能性，而且事情也有可能朝着其中一个方向发展。应付一种情况，无论有多棘手，也好过面对太多的不确定性。

埃文终于回邮件了，信中跟我道了歉。他还不知道新指派给弗莱尔的辩护律师是谁。也可能人家已经到位了，我们只是对此一无所知。但要是新律师还没指派好，这就很让我担心了；如果我们还是赶着按原计划开庭，那么辩方可以先采取拖延战术，之后再提出上诉。而我们却对此束手无策，什么都做不了。我给了埃文几个可选日期，让他确定我们在 Skype 上视频通话的时间，以便一起准备证词。

三天后他回了信：确定在星期二一起讨论。他说这次讨论好了应该就可以了。好吧，这事就这样了：我能得到的就是这样一次谈话。

其实我觉得多谈几次的实际意义并不大。不管事先怎么准备，等站在法庭上作证的时候，脑子里还是没什么头绪，心里也还是七上八下没什么底。埃文认为我们只需沟通一次就足够了，看来他是对的。但看到无论是我们还是辩方在开庭前做的准备工作都这么少，还是挺让我感到出乎意料的。我们只是站在那里回答问题，说明实情，好像就这么简单，实则不然；虽然我要说的之前都已经讲过了，但这是在法庭上作证，不仅要面对陪审团、法官以及现场记者，而且现场还会录音、做笔记。实际上，我在法庭上讲的证词要比之前我跟朋友说的简单得多，跟陪审团相比，朋友们对细节和题外话更感兴趣。

唯一让我担心的是这个星期二的 Skype 视频电话是我唯一可以跟埃文"当面"提问的机会了。我必须在启程前把所有问题都想好。

终于来消息了：弗莱尔新的公共辩护律师已经指派到位。她的名字叫海伦，三年前通过了律师资格考试，埃文不清楚她是否在强奸案中担任过辩护律师。除了两起毒品案，她还给一位在树林里遗弃婴儿的母亲担任过辩护律师，这些是我在媒体报道中找到的仅有的一些她负责过的案件信息。

关于海伦的介绍，我看到的最多的是她在法学院时利用暑假时间在宾夕法尼亚州东南区法律援助中心实习的经历。从她记录实习经历的博文来看，她是一个思虑周全、头脑缜密的人。看来，弗莱尔这次的辩护律师还不错。

她应该会在这个星期跟弗莱尔见面；最晚不超过下个星期。剩下的时间不多了。我不知道弗莱尔会不会跟她否认自己的罪行。她应该知道他确实犯了罪。我只想知道这些事实是否都已摆上桌面开诚布公地讨论起来了。

我并没有马上回埃文的邮件。我得想好自己是否还有别的问题需要一并问他的，当然，我这样做多少还有一点掩饰的成分：我刻意保持克制，证明自己还没到绝望的地步。只要稍稍努力一下，我也可以像他一样沉着冷静。我不再漂浮不定，漫无目的；我心意已定，眼中只有一件事情，那就是庭审日益临近，要做好一切准备工作。

我发现自己最终还得确定好界线：我给匹兹堡的朋友发了邮件，特意叮嘱他们不要到法庭旁听，也不要读相关的新闻报道。

原来我希望人们了解并讨论这个案子，但有一个前提，那就是所有的信息都必须经过我的过滤，而不是通过他们客观地观察和了解。只有我的版本——用我的话描述的庭审——才是我能接受的。任何出自不同视角的，无论是记者甚或是我朋友的，对我而言都不可想象，不仅无法预知，还可能充满危险。这就是为什么先要有我的版本，之后才能有别的版本。是的，我得梳理好信息，他们必须先从我这里了解来龙去脉。

我有社交焦虑，但又喜欢跟朋友们在一起，这种分裂的状态日益严重。我发自内心地喜欢跟朋友们在一起，喜欢跟他们聊天、一起熬夜、讲好玩的故事。早上醒来时，看到桌上乱七八糟地摊满了精致的瓷器，而孩子们只能在空瓶子、不成套的餐具和葡萄酒杯堆中扒拉出地方一边吃他们的松饼早餐，一边读《阿斯泰利克斯历险记》（*Asterix*）的漫画书和游戏玩家杂志，这样的情景让我看在眼里喜在心头。我不想生活中处处都神经紧绷。但每天都要在两种日益远离的状态之间来回摇摆，只会让人头晕目眩。

17

星期二说到就到了。因为两地时差的关系，我跟埃文的 Skype 视频电话直到英国这边晚上十点才开始。为了这个电话，我足足等了一整天。

无论发生什么，我基本上都可以做到以不变应万变，但当我注意到个别极端的事情时，我还是会抑制不住出现小幅的情绪波动。我之前只跟埃文打过三次视频电话、写过一些邮件，从没真正见过面，但现在我得对着他背自己准备好的证词，听他在那里评头论足、指手画脚，这让我感觉怪怪的。我记得案发那天晚上，比尔在医院给我做笔录前先为自己要问的问题道了歉，然后才开始提问。轮到凯文的时候，我们在听证会开始前挤在市法院那间狭小的办公室里，他一边翻看案子的卷宗——他事先几乎没机会好好看过——一边问我问题。总是有很多男人要求我告诉他们这个那个的。

我调整好电脑的位置，这样在跟埃文视频通话的时候就能确保我这里有足够的照明，还不会让他看到我身后杂乱的背景，只露出墙上挂着的我母亲在六十年代画的一幅色彩艳丽的抽象画作品的一角。在电脑屏幕上，我看到埃文的背后有一幅装裱起来的关于葡萄酒的打印海报，我猜他应该坐在家里的餐厅或厨房给我打的电话。

我已经在写给他的邮件里说到不在法庭上提及我娘家的姓——也是我现在的笔名——的可能性。我根本没什么名气，甚至在那些喜欢看书的人当中也算不上知名，但我不想让陪审团和旁听席上的人在谷歌上查到我。跟所有作家一样，我当然也希望更多的人知道我，除了脸书和博客，网上还有各种我写的书的书评以及对我的采访和各种文章，这些都不是我能控制的。我尽量保护好孩子们的隐私，网上能看到的唯一有我孩子的照片是我上传到脸书上的全家福，不过在一家报纸的网站上还有一组我们家照片的幻灯片。我不介意人们出于对我工作的好奇上网查找我的资料，但如果是因为这个案子想要打探我的情况，那就太八卦了。

埃文不确定是否可以保证不在法庭上提及我娘家的温斯洛这个姓。他本人并不介意用我婚后用的夫姓称呼我，甚至只用我的名也没关系，但他不能强制辩方也那么做，而且双方的证人都会用案子的早期记录中记下的温斯洛这个姓来称呼我，所以我提的这个要求真有可能把他们给搞糊涂的。好吧，只能让他们用温斯洛这个姓了，看来我只能放弃这一要求了。他建议我们在开庭的时候把两个名字都提一下，之后在我作证的时候只用"斯塔克女士"或"艾米莉"称呼我。那样的话我们可以尽量不去强调温斯洛这个姓，但如果其他人这么叫的话，也不会显得前后不一致或有什么错误。

我们的运气还不错！匹兹堡有位医生用氰化物谋杀了自己的妻子，这起案子跟我的在同一周开庭审理。届时所有的媒体都会把注意力集中在那起案子上，相比之下，我们这起小案子就不那么吸引眼球了。这倒不至于让我觉得自己低人一等，不过我也终于可以长舒一口气了。我讨厌被别人报道。那应该是我的工作才对。

埃文明确表示我们的庭审现场会允许旁听。但是，除了一些退休的老人（当然他们也有可能去旁听氰化物杀妻案的审判），这个法庭的旁听席上大部分可能不是普通大众。我们这起案件会有陪审团，是法官当天审理的一起大案，法官会在我们这个案子休庭的时候处理差不多二十件案子，包括无罪答辩、动议以及别的事务。参与那些案子的律师和当事人也许会在法庭上待着，旁听我们这起案件的审理；也许会观察法官或我们的律师是怎么做的，以此预测自己案件的审理情况；当然，他们也可能就是无所事事、百无聊赖地坐在那里而已。

考虑到我们的"开庭首日"是十月二十一日星期二，我原以为陪审团会在前一天，也就是星期一选定。但情况并非如此，埃文说陪审团直到星期二才会确定。至于陪审团的人选，他更倾向于选择：蓝领；孩子在上大学的"空巢父母"，我在大学的这段经历会触动他们；不可以有律师；凡是跟强奸犯关系密切的人也一概不可以。

我上庭作证的时间取决于选定陪审团人员需要多久，有可能是星期二下午，也许要到星期三一早。这可能会让事情延后一些。如果我等到星期三才作证，那么陪审团差不多到星期五才开始审议，而且未必能在当天达成裁决。这样的话，我周末就有可能需要留下来等待星期一公布裁决结果。这就意味着我得临时安排酒店，而我预定的法院附近的酒店房间已经很紧张了。

更重要的一点是，埃文说除了需要我出庭作证的时间外，其余时候我必须回避，不可以待在法庭里面。哪怕我已经出庭作过证了，之后埃文如果需要还会传唤我出庭，因此必须保证我不会因为听到其他证人的证词而受到影响。

那不是我所料想的。

那不是我想要的。

之前说让我在乔治娅作证的时候回避，那也就算了，但我不想错过其余的庭审部分。我要看到弗莱尔在听别人作证时会有什么表情，我要知道法庭上发生的一切。现在他们不允许我留在里面旁听，而且在法庭审理结束之前也不可以询问里面的情况。那我干吗还要在那里待上三天呢？乔治娅觉得回避也没什么；她本来就没打算在那里等他们的裁决结果。她只想出庭作证后就直接回家。但我不想那样。

我甚至也不可以在裁决出来之前跟比尔、丹或者阿普瑞尔说起任何有关我作证的情况，也不可以问他们在法庭上说了些什么。我原想着跟他们在一起吃吃午饭什么的，但这种情况下我们见面了还能聊些什么呢？我甚至有个荒谬的想法，不如带个棋盘游戏什么的过去。要不然在那里还有什么事可做呢？

　　埃文那里没有海伦之前交叉询问证人的会议记录。也许她根本就是个新手，从来就没交叉询问过证人。据埃文所知，她也不会传唤任何专家证人，我猜她不会像莉比那样盯着 DNA 不放。埃文目前对此没什么问题；被告已经有过很多机会了。他称海伦采取了所谓的"缓慢认罪协议"的手段，从受害人证词和警方的报告中梳理出自相矛盾的地方。只要有一名陪审员对此提出合理质疑就会认定错误审判，这会给弗莱尔提出上诉的理由，所以这样做对弗莱尔而言不会有任何损失。

　　埃文之前说过跟我过证词的时候需要有一位警官在现场，但今天只有我们两个。他说今晚不会把证词完整地演练一遍，只是过一下袭击发生前的那部分，先热一下身。开庭的那个星期一，我们会在正式开庭前去法庭所在大楼的地区检察官会议室，把剩余部分的证词一起过一遍。然后他会带我去法庭和"证人室"看一下现场，开庭后我会在"证人室"里待着，等待法庭的传唤。

　　但就算那个星期一的练习，跟在法庭上作证还是很不一样。练习的时候我们的重点只有一个，那就是事实。但在法庭上询问我的时候，除了跟事先准备时一样问那些问题之外，埃文最后都会加上一句："你对此有什么感受？"而我身体向后靠，紧锁眉头考虑该如何作答，我这样的反应正是他如此询问我的原因所在。我一直掩藏的这些情绪，恰恰是他需要我在法庭上展现出来的。

　　他认为我在证人席上作证的时间应该不会超过一小时，他先向我直接提问大约二十分钟，然后辩方律师交叉提问二十分钟，如果有什么地方他需要澄清的话，他可能会花五分钟再问我一些问题。他提醒我，如果辩方律师强词夺理的话，他都会明嘲暗讽地指出。我很高兴他会考虑这样做。

在法庭上，我只需讲出事实就可以了，剩下的全都交给他。除了负责直接提问的环节，他还会通过提出反对或再次提问，在辩方交叉提问的时候保护我。

直接提问部分的练习我们只讲到弗莱尔把我推进公寓就打住了。然后他假扮成辩方律师做出回应，好让我也先适应一下。

他先指出不管是现在还是之前听证会上，我说那晚走出公寓的时候是我第一次见到弗莱尔，而警方的记录只提到我是在回家路上（再次）看到他的。埃文一再追问我"到底哪个版本是真的"，我回答说这两个当然都是真的。我确实在回家的路上看到他，警方的记录也是这么写的，而且我在之前走出公寓的时候也看到他了，我不仅现在这么说，而且一直都这么记得的。我猜当时可能没觉得这值得对警察提起，或者我提了但他们可能没觉得重要到需要记录下来。我说这些话的时候提高了嗓门。

埃文和我都忍不住笑了起来。我发了脾气，而他责怪道："别，别，别。"他这么说的时候我的调门还没高得离谱，但他相信只消再说我几句，便会让我大发雷霆。他对我说："别生气。"不管辩方律师怎么想方设法给我下套，或者明明没有却故意说前后有矛盾，我只要跟她说这句话就行："我说的是实话。"这几个字，组成了一句有魔力的口头禅，不仅提醒我自己，也提醒陪审团和在场旁听的每个人：艾米莉，别生气。你们每个人都听好了，我说的都是实话。

他还警告我：不可以让她对我无礼，不可以让她对我大声嚷嚷。如果她有这类举动，我可以进行反击，但我必须保证在语气上跟她保持对等。就算她扭曲我说的话来影射些什么，只要她的说话语气不那么离谱，我都必须礼貌地予以回应。只要有一个陪审员不喜欢我，就会让整个案子前功尽弃。

我们说到这里的时候，埃文的笔记本电脑显示电量不足了。他捧着电脑跑到另一个房间充电。他身后的电视机在播放橄榄球赛。两扇方方的小窗高高地开在墙上，上面挂着窗帘。看上去很居家、很温馨的感觉。他说自己十一月就要结婚了，而他头上连一根白发都还没有呢。

他告诉我，他的未婚妻说每次庭审开始后他就会很紧张，所以我不能指望他在休息或午餐期间跟人侃侃而谈或者搞搞关系。任何我需要回避或者有可能被要求回避的事情，他一概都不能跟我说。他提前告诉我这些是不想伤害我的感情。这些都没问题，我挺感激他把丑话说在前头。他的任务不是照顾好我，而是打赢这场官司。

他会准备好一份清单，列出需要问我的一些事情而不是他要提哪些问题。他希望能当着陪审团的面很自然地向我提问，而我也很自然地做出回答。我们会练习这些话题，但是不会讨论我们要说的具体内容。

关于措辞问题，我之前问过凯文，这次也问了埃文。当我们讲到关于强奸的那部分时，我想说弗莱尔"操"了我，那么还有什么别的词比较合适呢？埃文说不能那么讲，还是那句话，万一陪审员不喜欢呢？万一这个词让其中一位陪审员看轻我了呢？更夸张的是，他说万一陪审员当中有人不清楚"操"这个词的含义，他还得详细解释清楚。我惊讶得下巴都要掉下来了。他在那头耸了耸肩。他起诉过多起性犯罪案件，显然他确实遇到过有些陪审员不知道这个词所指的具体行为是什么的情况。

我想用这个词是因为这才是被强奸后该有的激烈、愤怒的语气。我喜欢性爱；这个词在我看来不带任何"性爱"色彩。如果换一种说法的话，也许可以用性交这个词，但听上又太过书面了。

最后我们一致同意就按照我说的，他在这个时候"强奸了"我。虽然这听上去并不完全正确，因为在我看来强奸指的是整个过程而不只是这个环节，但我还是同意了，可以继续往下了，埃文说他会针对"强奸"这个说法追加一个问题给我："你是说他把他的阴茎塞进了你的阴道吗？"他担心那些不知道操是什么意思的人，保不准也不知道强奸是什么意思，这样追问一句就能保证事情都解释清楚了。

我在考虑我必须回避这件事。我想留下来旁听是不可能的了，既然如此，我得考虑一下还有别的什么我可以做。

整个庭审过程中我不用一直在法院大楼里干等，我差不多有两天的时间可以待在法庭外面，想去哪里就去哪里；除非有人逼着，要不然我想象不出自己真会走远。最多也就是出去溜一圈，或者回酒店房间，或者来个短途一日游散个心什么的，但我现在脑子能想象到的画面就是自己坐在庭审大厅的外面，看着进进出出的人，通过他们的表情和肢体动作猜测法庭里头发生了什么。

我不能跟埃文和警探们比较各自对庭审过程的印象，我们根本就不能讨论这些。怎么才能做到这一点呢？他们得像我回避他们那样回避我，我不能跟人分享任何东西。

埃文一直在犹豫要不要让比尔出庭作证；他喜欢与案子有关的人员精干些。有受害人出庭作证，又有DNA的检测结果，如果再加一堆警察进来的话只会让人对案子更摸不着头脑，而不是让我们更有说服力，还会让辩方有机会反驳更多的人。

我让埃文把比尔从证人名单上划掉。如果比尔不用出庭作证的话，就可以跟我讨论案子，在我出庭作证的时候他也可以在一边旁听，而当我独自在外面等着的时候，他可以继续留在里面替我观摩整个案件的审理过程，但我觉着有他在走廊里陪着我应该比让他待在里面更重要。

比尔是这个案子上可有可无的人，这种想法让人觉得奇怪。毕竟当时他才是负责这个案子的警探。但这次指控启动后，他在案子上的地位就跟第一个负责乔治娅案子的警探一样，已经不似当年那么重要了。案子从来都不属于某个警察。一旦需要处理别的案子了，他们跟原来的案子之间的联系也就断了。要不是我查了比尔的联系方式并主动找到他，恐怕他到现在都还不知道弗莱尔被捕的消息。

我一直为自己能认识比尔感到幸运，也许他也觉得自己很有幸能遇到我吧。我这逻辑也真是混乱得吓人。但我这么想也许完全没错：我可能不需要总是一副卑躬屈膝、感恩戴德的样子。也许我们真的很幸运能拥有彼此。

对于比尔，我已经有了决定，我还需要找人帮我去里面旁听案子的审理。这个人需要在事后把事情一五一十地告诉我，包括谁说话了、具体说了什么、说话的语气，不能像法庭记录那样干巴巴的。我大老远赶过来，绝不能让这一块开天窗。

我之前不想要朋友去法庭旁听，当时曾有几个在美国的朋友主动提出，如果哪天我改变想法了，他们还是可以空出时间，就算开车或坐飞机也会赶去法庭。现在我开始向朋友们打听，有谁可以替我在法庭旁听，回头再把我错过的这部分告诉给我听。

我跟朋友说了我和埃文第一次练习出庭作证的情况，而且我坐在证人席上千万不能生气，也不可以爆粗口。每个人都跟我说："但是艾米莉，你可从来不说什么脏话的呀！"显然没人多花点时间了解过我的心思。

这会儿我也想清楚了为什么交叉询问会让我这么生气。无论是我在听证会上听到的问题，还是这次跟埃文一起练习的那些问题，根本就不合逻辑。除了回答这些问题之外，我还要被他们的荒谬逻辑和胡说八道冒犯、侮辱。我想，假如我把这些问题看成是彼此独立的，在回答的时候不去担心我的答案如果被串起来会说明什么的话，我可能就不会像现在这样抓狂。埃文答应我，一旦发现辩方的辩词中出现漏洞的话，他会在他再次提问我或者他最后总结陈词的时候指出。我必须信任他，这个我基本上没什么问题，但建立起这种信任等于又跨出一步：我只需要讲清楚每一个片段，至于怎么完整地讲清楚我的故事则交给他全权处理。要做到这一点，是极其困难的，尤其对我而言。

W正在参加足球训练，我远远地站着，看着这群在家受教育的孩子，无论是来自嬉皮士家庭，还是衣着庄重的穆斯林，开心地在一起踢着球。我没跟别的妈妈们坐在一起。这些选择在家受教育的孩子的家长中，我最早认识、关系最好的都是S的朋友的父母，而不是W的朋友的，所以她们当中没人知道我的案子。眼下我没法跟那些对案子一无所知的人聊些什么。倒不是说我经常要别人跟我讨论这个案子，其实我也挺擅长跟人聊些别的话题。我只是需要人们对这事有所了解，万一有人提起的话我可以顺势再聊深一点。

足球训练结束后，我们赶去唱诗班参加排练，爱丽丝带我去约翰的屋子，在新来的牧师搬进去之前看最后一眼。约翰的一些书还在书架上放着。他的那座钟一直没上弦，钟摆停在那儿一动都不动。

那应该是我最后一次可以尽情地待在约翰房间里，看着他生前的物品，想念着他。但第二天，我还是一如既往地悼念着约翰。我带W去唱诗班的彩排活动，一路走过学院大门，径直走到约翰那扇爬满紫藤的窗台前。约翰的葬礼结束后，我每次去学院都会路过这里停留片刻。我根本就没想到唱诗班的音乐总监马克此时会在屋里，他大概是来跟新来的牧师会面的吧。我立刻转过身去，一面因为马克可能已经看到我而难堪，一面又为我傻傻地在窗台前悼念约翰的仪式戛然而止而泪流满面。

我匆匆赶去雷斯中学的男高中生寄宿部①，唱诗班的成员们正在那边的运动场上玩耍，等候排练开始。他们的弟弟妹妹们在一边玩耍，妈妈们则坐在草地上野餐。我站在边上跟她们谈笑，但没法像她们那样坐着彻底放松下来。我使劲眨着眼睛，努力克制自己不哭出来。

我每天都神经紧张到喘不过气来，我想有些人已经察觉到了。有时候我能从他们见到我时的表情看出这一点，有时候他们能从跟我的交谈中猜出一二，因为我说的有一搭没一搭，他们由此能看出我的紧张，体察到了我内心的不安。

人们对这事的关心让我倍感宽慰。现在这事也一直在我的脑海里盘踞着，赶都赶不走了。

我之前认为庭审时我基本上就坐着旁听，除此之外没别的什么可做的了。现在情况变了，我被要求在庭审时回避，那我就要想好怎么打发这些多出来的时间。我当然希望可以尽快调整好，制订出新的计划，但很多东西不由我说了算，比如我不知道自己会在星期二还是星期三出庭作证，我也不清那之后要过一天、两天还是三天才会到总结陈词这个环节，我现在没法计划些什么，只能等我到了匹兹堡后再考虑这个问题。我不喜欢有太多的不确定，但我从来就不该指望自己能对在匹兹堡的这段时间有所控制。提前认清形势也好，这样到时就不会因为事出意外而大失所望了。

我上网查了一下埃文在电话中提到的证人休息室，从网上的资料图来看，那个房间不像审判室那么私密，而是供当天被传唤到庭的所有案子的证人共享的一个空间。我之前说的考虑是否跟比尔在证人休息室里玩棋盘游戏或别的什么，当时只是说着玩玩，但现在我真的决定带上拼

---

① 是雷斯中学专门供 16 岁到 18 岁男高中生使用的寄宿部。建于 1875 年的雷斯中学是剑桥地区唯一——所寄宿兼走读制男女合校。——译注

字游戏。我决定像人们在洛杉矶寻访名人或者去科德角寻找肯尼迪家族成员那样，在休息室里好好找找氰化物谋杀案的目击证人，说不定他们也想跟我玩上一把拼字游戏呢。

我还查了一下到时候弗莱尔会在哪里候审。

我知道的"叹息桥"有三座：一座在威尼斯，一座在剑桥这里，还有一座在匹兹堡。这三座桥都很漂亮，而且对我意义非凡。

我唯一的阿姨在威尼斯有间公寓，自我记事起到现在，一直是这样。有好几个夏天我都会去那里找他们，平时如果他们回伯克利的家，而我刚好去意大利度个小假，他们也会让我住他们的公寓。威尼斯的叹息桥非常著名，桥的一头是总督府，另一头则连着监狱，很久之前因犯被法庭判刑后，会从这座桥走回牢房，一边走，一边叹息。

剑桥叹息桥的命名多少有些戏谑的成分。剑桥河上有好几座桥，但只有这座属于圣约翰学院的人行桥显得格外华丽，像威尼斯的叹息桥一样有密封的设计结构。据说因为学生们往返于考试的路上，经过此桥时不住地叹息，所以它才被戏称为"叹息桥"。

匹兹堡的叹息桥连接着老监狱和法院，桥下是街道而非河流。新建的监狱位于距离叹息桥半英里的莫农加希拉河边；老监狱经过改造后，成为审理家庭案件和少年案件的法庭所在地。那些即将被审判的囚犯也会被送到这里等待"他们的审判日启动"，我从名为《重拳出击》（*Busted*）的幻灯片上了解到了这些情况。

我还找到几张照片，上面是一间配有金属桌子和金属座椅的房间，里面有一座四周用玻璃墙围起来的开放式厕所，虽然有所遮挡，但毫无隐私可言。在这些照片中出现的被告要么穿囚服，要么就是普通的休闲服，我没看到有穿西装的。我之前以为弗莱尔出庭时会穿西装，看来是我想错了。等等，我看到几个穿着衬衫（衬衫没掖在裤子里）打着领带的，穿着有些正式啊。最后，在几十个囚犯中找到两个穿西装的。所有囚犯，哪怕是那几个穿着比较正式的，全都戴着脚镣，两个一组戴着手铐。

一位女保安在短片中语气轻快地说："自从看到我们佩戴的泰瑟枪（Taser），我相信他们是真心害怕了，不敢乱来了。"［她轻笑着］"没人想被泰瑟枪来一下。"

这些囚犯八个人一组，从桥上经过，被带到称为"牛棚"的房间，等候被传唤上庭。那个房间"很拥挤，而且气味难闻"，旁白继续解释："［他们］坐着，或者站着，随便怎样都行。"这么一句话就把监狱生活给我总结好了，监狱里所有的选择只有坐着或站着，两项之间"随便怎么选都行"。

在准备庭审的同时，我还得盯紧接下来一堆写书和新书介绍的工作，最近我对自己在网上的宣传工作也有些松懈，这部分的工作不能放松。我每月都会上谷歌搜我的名字，看看能查到些什么内容，然后顺便会查一下弗莱尔的。我这一查居然看到好几张我之前从没见过的弗莱尔的照片。

这些照片来自一个艺人网站的照片拼图。这些照片中我见过三张，其余的都是第一次看到，照片上的弗莱尔是我熟悉的人到中年的样子。点开"更多信息"，他在上面描述自己会"唱歌、弹吉他和贝斯、跳舞、滑旱冰、骑马和打保龄球"。

我没想到他居然还会这些，我惊讶的是除了在我公寓地上干的那事，他还能干别的，而且，他怎么看都不像会滑旱冰或骑马的那类人。滑旱冰怎么都没法跟"布奇·约翰逊"这种典型猛男联系起来，而骑马这种奢侈的消遣似乎也不在他能够承受的范围之内。

更重要的是，这些照片让我想起了自己很多年前准备的个人演艺简历。想当初我不遗余力地想要成为一个多面手，向别人证明自己做什么都行。如果能在冰上站稳，就说自己会滑冰。如果能在水里划两下，就说自己会游泳。要是被录用了，你总能很快学会这些技能。就算你的这些才能连三脚猫都算不上，如果自己不提一句，就很有可能让你跟演出机会失之交臂。

现在回头再看当年那个年轻的自己走过的那段曾经渴望不断证明自己的痛苦经历，往事如烟，却依然历历在目。尽管我希望可以证明自己，但我不会通过伪装来获得别人的认可。也许因为这个我最终选择告别演艺生涯，更准确地说，是我毕业后决定不再从事这个行当的原因吧：我厌倦了每次都要为演好一个角色做各种准备。说实在的，做好自己已经够我忙的了，所以为了角色需要必须很快把自己变成"别人"，这样的事情还是算了吧。

通过这个网页，我又查到了弗莱尔差不多一年前试过镜的一个演出。二〇一三年八月十三日那天，还在这个艺人网站的脸书账号上提到自己即将参演一部于九月二十一日在哈莱姆上演的剧目。但是九月十二日早上六点，他在自己家中被捕，一夜成名的美梦也许就此被现实中的这场官司取代了。

九月十六日，他的女朋友——我不是很确定她是否真是他的女朋友，但他们在布鲁克林时住在一起——在她自己的脸书上晒了那部剧的演出海报。也就是说，在他被捕四天之后，他肯定还觉得自己应该不会有事，或至少她希望会是这样的结果。

六个月之后，就在今年的三月，她在脸书上放了这么一句话："跟上帝的关系是你能拥有的最好的关系。"可能是她决定跟他分手后的自我安慰吧。

弗莱尔的姐姐继续在脸书上用大写字母留言，都是些祝贺朋友"生日快乐"或者赞美上帝的话。我在脸书上对庭审这事依旧秘而不宣，写的都是自己想要驯服小区里的野孔雀之类的消息。

我说的聊天就是这样。我可以轻描淡写地谈论一些无关痛痒的话题。让我欣慰的是，人们还是能从这样的谈话中读出我真正的心思。

我在 Flickr 上找了些人们上传的匹兹堡法院的照片，然后下载保存到我的 iPad 上。我可以拿这些照片作为跟人们开始谈话的由头；这些远没有弗莱尔的照片让人倒胃口。就算到了今天，我还得找个由头或提示才能开口跟人提这事。

匹兹堡法院大楼的建筑相当宏伟。我找到了游客拍摄的很多角度各异的照片：台阶、拱门、造型精美的灯饰，还有外面挂满的旗帜和喷泉。Yelp 上除了游客的点评外，还有一个证人写下的这样一段评论："法院大楼相当庄严肃穆，但这里的工作人员对我非常友善。无论是律师、警卫，还是检察官，都会微笑着轻轻拍拍我的肩膀跟我打招呼。"在 TripAdvisor 网站上，一个在法院"上班"的人描述这栋大楼"风格虽过时，但很有历史感。环境干净整洁，工作人员友善"。Foursquare 网站上的一则用户点评则是"不要戴皮带"，估计指的是大楼安保工作严密，其他人的补充包括"这里需要等候的时间特别长，去的话建议自备午餐"以及"做好在这里等上一整天的心理准备"。巧的是我在 Flickr 上看到有张照片刚好是法院大楼里一张长凳的特写。

整整一年了，我一直在练习等待。现在，我已经完全准备好面对这一切了。

18

　　没几天就要开庭了，临走之前，我还得先去参加约翰的追思会。好在大学和英格兰教会都有完整的流程，包括重要的事项和节点安排，让我们的情绪和能量得以逐渐释放，帮助我们慢慢地走出悲伤，而不必等到葬礼上才宣泄出来随即又得戛然而止。

　　不同于三个月前的葬礼上人们对于约翰的突然离世感到错愕而难掩悲伤，追思会弥漫着因为与他相遇相知而满心感恩的温情基调。我很高兴能多一个这样的仪式，多一个重要的时刻去铭记。我不想装做没事似的开始新学期。随着时间的流逝，对于约翰的离去我们终将习惯去接受，但永远无法释怀。

　　追思会结束后的自助茶歇会上，有个为人挺不错的朋友问了一个之前也有人问过我的问题。其实这也算不上是什么问题，确切地说，是对我一心助人的利他主义（其实我并不具备这样的品质）的赞美。她颇为感慨地问：我是否为了要保护其他女性今后不再受到弗莱尔的侵犯而决定出庭作证的。

　　能够阻止弗莱尔这样的男人继续在外面害人自然大快人心。只要有这样的机会，不管最终谁会因此受益，我都会好好把握，不管她们是否知道自己是如何免遭不幸的，我都会真心为她们感到高兴。但这并非是我决定做这件事的主要目的，我这么做首先是为了我自己。哪怕只有我一个人，没有乔治娅或其他受害人，他也必须得到审判。如果非要说我所做的一切给别人带去了什么的话，也许我坚持珍视自我的做法会让他们有所启发吧。

我这样也许会让人觉得我为人自私吧。为了避免如此，我的朋友把我出庭作证描述成一种慷慨的义举。但有时候自私却是生存的一部分，我觉得完全没必要为自己开脱。更何况，如果不允许人们去接受，那还有谁会施予呢？要真那样的话，生活就变得跟"让爱传下去"①咖啡店一样荒诞和疯狂了。因为每个人都不是为自己而是随机地为别人买单，除了最后一个人，没有人真正地接受他人的慷慨，依此类推，除了第一个人之外，也没有人真正地给予过他人什么。

每次我送东西给别人的时候，都希望对方可以欣然接受，不会不假思索地自动传递下去，就好像真心接受一件东西是什么粗鲁之举似的。我想要制造喜悦，而不是要求义务。正因如此，当我接受礼物时，我会伸出双手用心捧住。让对方看到我由衷的欢喜，以此表达我的感激。我将礼物紧紧捧在手心，说道："这是给我的礼物。"

这个朋友还跟我说了很多别的东西，包括她如何鼓励身边的年轻女性要以我为鉴，要相信自己的直觉，一旦感觉自己的处境不安全，一定要到人多的公共场所待着。她的建议不错，但听着跟埃文在交叉询问演练时对我提出的那几个问题颇有异曲同工之处：那么你当时害不害怕呢？如果他让你感到很不安，你为什么还要走进大楼呢？你为什么要上楼回自己的公寓呢？你为什么不回到那家冰激淋店呢？

当然，如果我能回到那晚从头再过一遍的话，我会转身走开，在灯火通明、热热闹闹的核桃街上待着。但要在那晚做出这样的决定，意味着我必须一直保持高度警觉；不仅在那之前必须处于那样的状态，今天也依然如此。如果可以，我当然想改变那晚发生的一切，但我不想因此

---

① 即 pay-it-forward，是通过对他人行善、传递爱心的一种行动。在让爱传下去咖啡馆，人们为下一位客人的咖啡买单，不断接力。——译注

彻底改变我的生活，不想变得疑心重重。这样的代价过于沉重。归根结底，我对自己在一九九二年一月十二日当天晚上所做的事情并不后悔，也不曾希望对自己在那晚做的一切做任何改变。

我和盖文是追思会结束后的茶歇环节最后离开的人之一。送餐服务的工作人员已经在我们周围打扫开了，但我们还在那里跟约翰的家人、前唱诗班成员的家长们以及转去剑桥马上要成婚的前管风琴助理聊着，大家谈兴正浓，欲罢不能。我们跟礼拜堂的工作人员一起离开，约翰出车祸的时候他们刚好也在他车上。我记得在听证会后，因为人们不想太过唐突而不跟我说话时，我感到特别难受。我对此深有体会，因此，尽管我跟他们不熟，我也顾不上是否冒失，一直跟他们聊着。我们一路走着，说着，不知不觉到了晚祷的时刻。

我暗自决定，把大学里的每个人都视作相亲相爱的大家庭的一员。我的这种想法不一定正确，但大多数情况下，人们的确彼此关爱；只不过他们需要得到人们的允许或者指示才会表现出他们的关切。我对剑桥人多少有些了解：跟他们打交道，我得多主动些才行。

还有四天我就要坐飞机出发了。

现在我的脑子里一片空白。人们如我所愿地不断问起庭审的事，但我居然没接茬，要么顺着前面的话题继续聊，要么扯到我之前觉得他们可能会说的东西上去。我高兴得似乎有些不合时宜，确切地说可能表现得有些狂躁了。我给朋友发邮件，自然会说起庭审的事，还有派对和聚会的安排，知道他们有什么烦心事了我也会写邮件过去慰问一下，另外还有一些日常的邮件往来，道贺的，感谢的，致歉的，零零总总各种都有。就算我的思绪早已飞向了远方，我还是会顺着自己一成不变的生活惯性，按部就班地做着这些事。但我表现得又有些过度，也许是恐慌所造成的一种条件反射吧，就像猫咪在害怕的时候会发出一种奇怪而绝望的喵呜声一样。

我在脸书上放了一堆很早之前在大学里登台表演时拍的照片。这些照片拍摄于我被强奸后到大学毕业前的这十八个月的时间里，当时我参演了一些重要剧目，有专业的演出服以及像模像样的庆功派对，我父母专门端着相机拍了不少照片。那时还没有数码相机，更别提智能手机和自拍功能什么的了。多年后我怀着老大的时候，因为念旧，还专门把这些照片逐一扫描后用图片格式保存进了电脑。

答应替我去庭审现场旁听的朋友给了我一堆问题，有点多，但都挺基本的。我把这些问题转发给埃文，他建议我们在 Skpye 上视频一下，可能这样说要比在邮件里逐一回复简单得多吧。

从我的电脑屏幕上看，埃文一脸严肃。我猜那是因为他在法院忙了一整天的缘故吧。他办的都是些大案子，很容易被工作搞得精疲力竭，心力交瘁。

我注意到他的房间跟以往几次视频电话时的不一样，这次的背景是一排书架。靠右侧的书架放满了书，而左侧全都空着。我有些无聊地想着他会在那侧的书架上放些什么，还是让这片正方形的架子就这样空着，权当一种装饰。我这会儿心无顾虑，很是笃定。

他一上来先跟我道歉，我以为他接下来要告诉我朋友不可以去旁听，或不可以在现场记笔记。我被这有可能半路冒出来的官僚作风搞得心烦意乱，我并不怕会有什么事情，只是觉得烦而已。

埃文语气恭敬但不无遗憾，听着更像是他整个人跳了起来极为不满地喝了个倒彩。

一切都结束了，他告诉我。

辩方已经就诉讼时效提出动议，这原本是例行公事，只是给埃文增加了点工作量，让他举证 DNA 时效例外的相关法律，以及在我们之前已经审理宣判过的类似案件。但埃文在准备这些材料的时候却发现联邦最高法院的一个决定改变了一切，而我们拿来作为这个案子成立依据的州法律，也随之失效了。

因为找到了一组新的 DNA 匹配结果，我们的诉讼时效得以追加一年，而我们的指控之所以能够成立，也完全建立在这段延期有效的基础之上。但在二〇〇三年，斯托格纳诉加利福尼亚州案①利用类似的诉讼延期作为审理虐童案件的依据时，美国最高法院宣布延长诉讼时效违宪。只有在延期法通过时还未超过其诉讼时效的案件才适用。宾夕法尼亚州直到二〇〇四年才通过 DNA 诉讼时效延期法，当时尚在诉讼时效期内的案件可以从中获益。但我这个案子的诉讼时效早在一九九七年就已经到期了。

辩方还不知道这个情况。而埃文必须对他们说出实情。

最高法院早在十多年前就已经做出这样的判决了，为什么我们直到现在才第一次听说这事呢？话说回来，这里涉及的是加利福尼亚州而不是宾夕法尼亚州，而且那是虐童案，延期针对的是儿童受害人，而我们的是强奸案，延期的对象是 DNA。只要在这方面宾夕法尼亚州的法律和先例都明确说明这属于本州管辖的权限而不是联邦的问题，匹兹堡的律师就没有理由去举证。但不管地方法律如何独立，绝不能违宪这一点是不容置疑的。斯托格纳那起案件针对是否违宪提出质疑，并将州一级的法律诉至联邦法院。我们不仅看到了这起诉讼的裁决，而且还意识到它对我们案件的适用性，哪怕埃文有心回避，也无法对此视而不见。

我向盖文走去。他一心想知道朋友问的那些基本信息，听到我走近的脚步声，他大声问道："埃文都说了些什么？"

---

① 1998 年斯托格纳（Marion Stogner）针对加利福尼亚州适用延长儿童性侵案的诉讼时效，裁定其于 1955 年至 1973 年期间性侵其两个女儿的罪名成立。斯托格纳提出上诉，最后美国最高法院针对其上诉给出裁决，认为加利福尼亚州延长对性侵未成年人案件的诉讼时效之规定违背联邦宪法禁止有溯及力法律之规定。——译注

"他能说的最糟糕的会是什么呢？"我还没走到他在的房间就反问道。我说这话的时候正穿过客厅，准备走到餐厅，盖文这会儿正坐在隔壁游戏室的沙发上等着我。

"庭审又延期了吗？"他追问。这已经是他能想象到的最糟糕的事了，可埃文的能力远不止于此啊。

盖文花了好几个小时查找之前的案例。所有他能找到的无一例外都再次确认了埃文所说的话。最高法院的投票表决结果是五比四，实在相当接近。盖文感叹道："我从没想过自己会认同斯卡利亚①的意见。"斯卡利亚在那次表决中投了反对票。随后，盖文和埃文在 Skype 上讨论了这事。我还没从震惊中走出来，噙着泪躲在盖文身后避开摄像头，神情黯然却半开玩笑地对埃文说："你知道吗，如果你是个差劲的律师，这事永远都不会发生。"

我醒了，这是我知道庭审已经没戏的第一天，整个人感觉天旋地转。

你知道一氧化碳是怎么让人中毒的吗？一氧化碳并不会主动伤害你，它既不会燃烧，也不像盐酸那样腐蚀身体；但它会把原本该氧气待着的地方占了，等于把你需要的东西直接挡在外面，不让它进去。而我现在的感觉就跟这个一样。虽说没有什么东西直接伤害了我，但那些对我而言很重要的东西却被掏空了，我的身体里空空荡荡。

就感觉自己无法呼吸，但这次并不是因为他用手捂住了我的脸，而是因为空气突然被抽空了。

要不你也来试试看：屏住呼吸。再坚持一会儿；不可以作弊。

这就是一无所有的感觉。就像空气被阻隔在了外面一样。

---

① 安东尼·斯卡利亚，美国最高法院大法官，二〇一六年二月十三日离世。——译注

第二天，情况稍有好转。

昨天和今天的白天，我都一个人待在客房里，既没管孩子们，也没去处理日常事务，这些全部由盖文接管了。我做不到给朋友们打电话或当面说这事，只有给他们写邮件了。

我收到了几十封回复，甚至还有一封朋友手写的信，言辞恳切，情真意浓，我忍不住读了一遍又一遍。有个朋友刚在前一天给我寄了张祝我好运的卡片，看到我的邮件得知庭审已经被取消了，吓得他赶紧在前一封信寄达之前，亲自送了一封道歉信过来。他的两封信件对我而言都弥足珍贵。

以前一起演出的朋友发过来的信件总会让我莞尔一笑。他们习惯性地把"美丽"这个形容词当名词来用，开口闭口就是"嘿，美女！""你好，靓妞！"也不管这么说是否属实。对演员而言，这个词并非真的用来赞美人的外貌长相，而是因为爱着彼此才会这样称呼对方，让人听着感觉踏实、欣慰。这么说意味着，你值得被人爱。

乔治娅向埃文要我的邮箱地址。我们只在一月份的听证会上接触过一次，我同意把我的邮箱信息给她。毕竟我们没法在庭审时再见面了，最好能有其他通讯方式方便我们现在或者今后随时联系。

现在的这个结果也让阿普瑞尔备受打击。除了我们这起案件，她手上那些刚被宣判的案子都可能会受到影响。阿普瑞尔还专门因为这个突如其来的变故以及自己当初启动这个案子伤害了我而道歉。事实上对于我们已经取得的一切，包括听证会，甚至哪怕只是知道了弗莱尔的名字，都足以让我感激不尽。

匹兹堡当地下午一点三十分，我这边的晚上，埃文正式撤诉。

我在躲进客房的第一天里情绪激动地发邮件把这个变故告诉了大家，我特意用了"崩溃"和"丢脸"这样的措辞来形容我当时的状态。

好几个朋友很快回了信，一再劝我千万不要因为这个觉得丢脸，我就知道他们会这么说。虽然我不确定是否有必要提到"丢脸"这个词，但事实就是如此。

直到我重新把当时的情形再回想一遍的时候才把这事想明白了。我过去指望着最终的判刑能为我伸张正义，因此取消庭审对我而言确实算得上奇耻大辱。如果我可以告诉别人这个男人因为对我做的事而锒铛入狱，就足以将他所做的一切定性为犯罪，而且还证明了其罪行的严重程度。如果听到他因此被判上几十年（这种可能性还很大），别人可能大吃一惊，甚至忍不住轻轻吹个口哨。我也不用费什么口舌跟人解释事情发生的来龙去脉，只要说出他为此付出的代价"他因为对我犯的罪而被判入狱二十五年"，就足以说明一切。

但现在我手上再也不会有这么一个简明扼要的、客观的、判决的数字来证明他所犯的罪对我造成的伤害。那样的话，每个人都会自行判断这事的严重程度，每个人都是陪审团，我不得不一一面对。

无法对他定罪，也意味着我可能失去自由发言的权利。现在无论我说什么都需要在前面加上"据说"这样的定语，要么绝口不提他的名字。而让我感到害怕的，是我不得不把自己知道的真相进行过滤。

我还没有取消预订的机票和酒店房间，感觉这么做的话意味着自己亲手结束了一切。不管怎样，我还是决定去一趟匹兹堡。我总是通过做一些具体的事情来化解自己的情绪，这次也不例外。昨天我还是满脑子各种不切实际的冲动：逃走！吃几片药！这会儿冷静下来了，想得也更为实际：我必须去匹兹堡一趟。

庭审取消了，所以我这趟过去并不是为了完成埃文和警探们需要我为这个案子做的事情，而是我为了自己主动要求去的。我又要有求于人了。他们并不需要从我这里得到什么；我不得不寄希望于他们还愿意跟我见面。毫不掩饰、直截了当地跟他们说"我想要"和"可以吗?"这样的话真的需要鼓足勇气，也很容易让人感觉心力交瘁。

但他们没让我开口。我提醒自己，埃文已经主动提出他会花时间陪我去法院大楼，或者单独陪我在市里转转。不过，趁他真这么说的时候马上答应下来，还是需要不少勇气的。

一切准备就绪：机票、预订的酒店房间、去希思罗机场的出租车，要带的衣服也都清洗干净可以打包了。继续这次行程要比取消更省心。

我记得一九九二年的时候我也有过要逃走的念头。我就想在往返于匹兹堡和父母家的美国国家铁路公司火车上待着，不是几个小时，而是几天，把随身听的音量调到最大，一边听着震耳欲聋的音乐，一边靠饼干和奶酪果腹，这就够了。这是我想要的旅行，并非漫无目的，而是在两点之间，哪儿都不去，就这样待一会就好。我还想过要借住在我阿姨夫妻俩在威尼斯的公寓，把屋子的百叶窗敞开，呆呆地看着窗外的风景。除了要找一个可以小住一段时间的临时栖息地之外，我的这两个想法还有一个共同点：就我一个人待着。

有些人并不相信我性格内向，因为我看着并不害羞。无论是在公众场合发言，还是跟人打交道，我都能应付自如，一点问题都没有，但我需要有自己独处的空间，这样才能让我跟人产生互动。我的藏身之地对我而言弥足珍贵。

在剑桥这里我接触的人太多。这让我无处可逃。我说的逃是指不跟人接触，未必是真的躲起来不让人找到，但至少见不见人得由我说了算才可以。

我给大家发了邮件，大致说了一下最新的情况。我就这样远远地跟大家保持联系，现在是从自家房门紧闭的客房里，不久之后是从大洋彼岸。而且都是通过屏幕一字一句地传递出来。

我喜欢跟文字打交道。通过写邮件，我可以把那堵困住我的巨大的、混乱而令人窒息的墙拆成小块的、更易掌控的砖头，也就不会显得太庞大、太多、太夸张。我知道如何运用文字，如何面对它们，又如何作出应对。我早已把自己的感受付诸文字。我刻意让自己离开，这样就可以和那些跟我亲近、随时和我说话或接触的人拉开一些距离，好让我也可以隔着屏幕跟他们交流。

　　飞去匹兹堡前的最后一晚，我打起精神精心打扮一番后去参加唱诗班的送旧迎新会。我看到人们在看我；我知道他们也注意到我在礼拜堂中间一个挺显眼的座位上坐了下来。他们都面带微笑，看到我不再把自己困在家里，他们悬着的心终于也放了下来。

　　一些人在仪式结束后离开了，留下的则聚在一起就着茶点闲聊，最后我们一小拨人去了合唱团领唱的妈妈组织的聚餐。虽然我比平时安静了不少，但还能跟朋友们一起说说话，他们问了我一些跟书和音乐相关的问题，都是些能让我聊起来的话题，真难为他们如此用心良苦。十几岁的大孩子们一起到外面吃饭庆祝去了。我家小儿子在另一个房间看他超喜欢的《星球大战V：帝国反击战》的DVD，这部片子他看过太多次，这会儿都看睡着了。最后我们一桌子大人围坐在一起，无拘无束地谈天说地。

　　他们都知道我现在的情况，而且，跟一月份听证会时不一样，这次没有人刻意回避这个话题。这样真好。他们说着安慰人的贴心话。案子的起诉——当然现在是撤诉——始终是一个避不开的话题，但我们聊的不止这些。我们说着说着就会转到别的话题上，然后又聊回来，过会儿再跳开。我们说的跟我脑子里想的差不多一样：谈论最多的肯定是匹兹堡的那些事了，但我们还聊了别的，可以说是无所不谈。曾几何时，我一直压抑着内心的真实想法，从不在人前流露一星半点。今年一月在我孤独无助、情绪跌到谷底的时候，就算满脑子想的只有庭审这件事，甚至想得都要把我整个人撑破了，但在外面我几乎只字不提。现在这个塞子终于拔掉了，那些我快要装不下的东西也顺势倾泻了出来。当我跟大家一起分享和讨论这个话题的时候，那种被它压得喘不过气来的感觉一下子消失得无影无踪。

晚餐结束。主人端出餐后甜品，居然是十种不同口味的冰激淋，我们个个都像是被宠坏的小孩，挑着自己喜欢的口味。

第二天一早，我搭乘飞机出发了。

19

　　九个月前我来匹兹堡出席听证会的时候，我没去周围好好转一转。那次给我留下印象的，除了几幢大楼内部的格局布置，就只剩寒气逼人的冬天了。

　　这一次我要好好看看，这座城市跟我现在居住的剑桥以及我记忆中在这里上大学时的风貌到底有什么不同。

　　跟剑桥的地势平坦不同，这里山丘林立，美国东北部地区一到秋天，放眼望去满目都是五颜六色的树叶，跟英格兰单一的深黄色树叶相比绚丽多了。

　　这里跟一九九二年相比也有了不少变化，装修一新的橄榄球体育馆和点子州立公园，还有新建的气势宏伟的会议中心与河畔赌场。

　　人到中年的我回到匹兹堡旧地重游，活动范围基本以酒店附近的市中心为主，因此对这座城市的感受与上学那会儿在奥克兰、松鼠山和谢迪赛德一带活动时完全不同。也许那些时髦的餐厅都是后来才建的，但也有可能以前就有了，谁知道呢？我那时几乎从没去市中心逛过。

　　今天早上从家里出发十八小时后，我在匹兹堡机场坐上了出租车，城市的天际线在我面前逐渐展开，我不由得睁大了眼睛。匹兹堡的 PPG 大厦①的玻璃外墙被星星点点的灯光点亮，看着就像童话故事里的城堡。我记得当年上大学时父母开着车子带我过来，当整座城市瞬间展现在我眼前时，我也曾被这突然出现的城市景象深深地打动。

星期一早上，我在酒店房间外取了当天的报纸，头版头条的标题是：大牌律师雄辩氰化物谋杀案庭审现场。埃文说得没错；那才是人们关注的焦点。

我一直和乔治娅通过邮件联系。案子撤销后，她取消了来匹兹堡的行程，我告诉她我还是来了，而且很高兴自己做了这个决定。我也鼓励她来匹兹堡。

埃文跟我在酒店大堂的那盏晶莹剔透的吊灯下面碰头。他在白衬衫外面套了件深色的西装，配了一条看上去挺精神的领带：典型的律师派头。我穿了一件本来打算出庭时穿的西装外套，但下面配了一条牛仔裤，现在没有陪审团来对我的衣着是否得体评头论足了。我甚至抹了红色而不是粉色的唇膏。因为不用担心自己会给人留下什么印象，我也不用束手束脚的了。

我之前跟埃文提过要去法院看看，法院跟酒店就隔了两个路口，所以他直接带我走了过去。跟昨天在希思罗机场出发和夏洛特机场转机时的安检相比，法院的安检并不怎么严。我居然不用脱鞋子！也不用脱外套！这让人感觉好多了。

埃文指着正门告诉我，在匹兹堡重整城市地形坡度前，这里原本要比现在高出一层楼。这一上午，他一会儿像导游似的给我讲解建筑，一会儿又跟我分享地区助理检察官的幕后生活，还穿插着说了我们这个案子要是照常进行的话这会儿该审到什么情况。他知道我喜欢了解各方面的信息，因此一直跟我讲个不停。

我还去了他那间由五位负责虐童案（以及相关罪行）的地区助理检

---

① PPG 大厦，即 Pittsburgh Plate Glass，是匹兹堡玻璃公司总部的所在地，建筑外部由 19750 块巨大的玻璃组成。——译注

察官共用的办公室，五张办公桌紧挨着，空间相当局促，好在房间窗户敞亮，窗外的都市景观看着也还赏心悦目。埃文的老板跟他们坐在一起，其中一张桌子的名牌写着她的名字简·奈瑟赛瑞，原来她就是埃文在夏天给我看的庭审记录中那位表现完美（甚至连名字也这么完美）的检察官。埃文指了指靠背上搭着的一件皮外套的椅子说："阿普瑞尔已经到了。"

其实，我能厚着脸皮提出要来匹兹堡，一部分也是因为阿普瑞尔。当我听到她说后悔当初为我和乔治娅重新启动指控时，我就在想：你怎么可以希望我从没得到这些啊。谁都不想事情发展到现在这个阶段突然结束，但要是连之前那些都没有的话，情况肯定更糟。我一心想要安慰她，这让我感觉自己很有必要亲自来一趟匹兹堡，而不需要征得什么人的许可。

我还专门为这次到法院参观做了些准备工作，我事先在家上网查到不少照片，大部分拍的都是气势宏伟的台阶、拱门和吊灯。但埃文却带着我在大楼背面的楼梯爬上爬下，穿梭在忙碌拥挤的办公室，看那些检察官们在为出人头地而努力工作。到处都堆满了各种箱子和成堆的文件。我问他我那个案子的资料是否会被销毁。他跟我保证不会，而且一定会保存好。

他带着我向法庭走去。我从照片上看到的大楼走廊宽敞明亮、肃穆而空旷，但这会儿这里到处都是神情疲惫的人，像检察官办公室那几张紧挨着的办公桌一样，挤在一起等着开庭。审判庭在大楼的三楼和五楼，这里不允许使用手机，每个人看上去都是一副百无聊赖的样子。走在我们前面的是一位脚上戴着脚镣的被告，在警官的护送下往前挪着步子。我一月份听证会的检察官凯文从我们身后疾步追了上来。原来他就是接下来要在氰化物谋杀案展开辩论的两位"大牌律师"之一。他见到我还是那么高兴而热情，但也有那么一点心不在焉的样子，这我当然也能理解。报纸上说了他届时会传唤"大约六十位证人",并将"警方拿着八十多封搜查令获取的证据全部在法庭上一一出示"。虽然他只在一月份的那次听证会上担任我这个案子的检察官,也就那么一次而已,但他还是"我的"检察官,我为他感到无比骄傲和自豪。

那天晚些时候我当着埃文未婚妻的面,跟埃文开玩笑地说凯文并不介意我在证人席作证时爆粗口。于是埃文开始解释说庭审时现场有陪审团,所以情况跟听证会上有所不同,然后我跟他说这些我知道,我也完全理解。我就是当个好玩的事情说说而已。埃文一向谨言慎行,竭力避免在法庭上暴露自己的一些坏习惯以免引起不必要的意外。他说话从不带脏字,比如他说"一派胡言"而不是"鬼扯蛋";他称我听证会上的辩方律师是个"笨蛋"而不是"蠢驴"。他说话的样子真是可爱。他很喜欢自己的这份工作,是真心喜欢自己在做的事情,因此并没有非要得到更高的认可的野心。他喜欢检察官这个身份。对于犯罪行为他会全力以赴追查到底,直至让罪犯得到应有的惩罚。

每位法官都有自己专属的审判庭,里面跟走廊里一样人头攒动。陪审团的人还没来,但审判庭早就忙开了,事情一件件在处理:动议、延期和各种文书工作。埃文手上有个案子原本定好了今天要开庭的,但他认为会推迟,所以他要去找负责这个案子的辩方律师。他都忙得团团转了,居然还想着跟我讲解大楼里那些吸引游客的细节,比如一间审判庭里那盏一半通电、一半点着明火的有些年头的吊灯。楼里每个人都忙着、谈论着自己的要紧事,根本没人顾得上看我们一眼。

最后我们来到那间本来审理我这个案子的审判庭。阿普瑞尔早就到了,等着为另一个案子作证。这个法官是当地性犯罪专业法庭的成员之一,想必阿普瑞尔来过这间法庭很多次了。

看得出她见到我的时候有点吃惊,还有些紧张。"你都已经到了?"她问道。她的反应让我意识到自己作为一位蒙冤受屈的受害人对她还是有一些影响的。我才是决定是否值得起诉的那个人。不过现在不是细聊这些的时候。

埃文指着审判庭里的每个座位，跟我讲了一下如果我那个案子审理的话各人该怎么就座：他会和阿普瑞尔或丹坐在这张桌前，而辩方律师和弗莱尔则坐那边桌子。我作证的时间不超过一小时，他专门领着我走到法官和陪审团座位中间的证人席去看了一下那个座位。然后带着我走到陪审团座席的另一头，他应该会站在那里提问，我回答的时候只用看着他就行，因为那样我就像是看着整个陪审团回答问题了，而且他还可以确认陪审团里的每个人都能听清楚我说的话。而我只需坐在证人席上说出事实，每次只回答一个问题就好，其他的我一概不用担心，他全都会替我考虑到，这会儿他就站在那里，把在我们演练时叮嘱过的话又跟我重温了一遍。

审判庭上各人忙着处理各种事情，显得气氛不够正式而庄重，甚至让人有种失控的感觉。我喜欢作家这个职业，部分原因是我喜欢在安静的地方待着。这里跟安静完全不沾边。我一直以为审判庭就是由四面坚固的墙壁组成的干干净净的一方天地，可这里却让人感觉火花四溅，人忙得都快转起来了。

审判庭忙碌得令人有窒息之感，回到走廊里，依然喘不过气来。我们去陪审员等候的房间转了一下，那里有一台自动贩售机，房门背后贴着一张纸条：禁止进入走廊。只有在午餐或当天庭审结束接到通知后，他们才可以出去。离那间房间不远的地方就是被告等着被传唤的所谓的"牛棚"，那里专门开了一道后门，这样陪审员就没有机会看到被告戴着脚镣被带进大楼的样子。

埃文负责的案子果然如他所料被推迟了。他找到前来出庭作证的警探，通知后者可以回家了。埃文让他下次帮忙带个证人（是个小孩）来，那个警探听完翻了个白眼。事后我问埃文这人怎么这样，埃文忍不住感叹："可不是吗？你都看见啦？"我暗自思忖，幸亏负责我案子的警察和律师关系还都不错。

我们出去走了一会儿。莫农加希拉河与阿勒格尼河交汇形成了俄亥俄河，位于这个交接点上的点子州立公园是我最喜欢的景点之一。在我大学毕业后，这里已经被大规模地翻新过了，公园的喷泉射出的水柱高达一百五十英尺。埃文指着河对岸，依次向我介绍那里新建的橄榄球场、河畔赌场，以及华盛顿山上的那座教堂，下个月他就要在那里举行婚礼了。我们自然地聊着婚礼、赌博、体育竞技之类的话题。刚巧今天这里会举行一场球赛，街上到处都能见到穿着钢人队球衣的球迷。

埃文说今晚他会跟未婚妻叫个披萨外卖，然后待在家里看球赛的电视直播。他问我是否愿意去他们公寓一起看球赛吃披萨。

跟文质彬彬的人相处久了，通常我需要额外的东西来确定他们是真心对我好呢，还是仅仅出于礼节而已。埃文的邀约恰恰就是这样一个东西。

我们去了一家商务人士常去的餐厅吃了午饭，那里的牛肉汉堡味道真是好极了。阿普瑞尔事后告诉我，埃文的同事们听说他带我去了那家餐厅吃饭后，个个都嫉妒得要命。

我一边吃着番薯炸薯条，一边告诉他，虽然在英国和别的地方有些人因为他中途撤诉而对他恨得牙痒痒，唱诗班一位成员的父亲甚至一说起这事就气得发抖。但我和他之间没什么问题，一切如故。因为他们都把情绪发泄了出来，也就用不着我生什么气了。

埃文说他自己其实也很气恼。

因为倒时差的关系，我开始有些犯困了。等服务员来结账的时候，我眼皮沉得几乎要奄拉了下来。他陪我一路走回酒店，让我在钢人队球赛开始前稍微眯一会儿。

埃文是星期五撤的诉,弗莱尔照理应该在"四十八小时内"被释放,但周末监狱不放人。因此,当弗莱尔在今天(星期一)走出监狱时,我有可能还在法院大楼或者跟埃文一起吃午餐,或者在酒店房间里休息。

这个"四十八小时"的规定最近才推出,是对之前"立即释放"犯人的做法的改进。之前犯人立即释放后,虽然可以马上恢复自由身,但往往是在毫无准备的情况下,甚至是半夜三更走出监狱。在现行的新规定下,犯人可以打电话通知家人,先找好一个落脚的地方或买好车票,还可以准备好出狱后头三天需要服用的药品。这么安排当然都是为了囚犯们着想,但他们本来等出狱等得都快没耐心了,再这么拖延了一下自然就更焦躁不安。一名在囚犯释放中心工作的负责人曾在媒体上说,那些即将被释放的犯人"像准备就绪的赛马,急不可耐地想飞奔出去"。

弗莱尔坐牢的时候开始信仰基督教,他或许已经成为"一小撮"基于信仰进行自我改造的犯人之一。这类犯人从监狱释放后会有导师对他们进行指导。这么看来,弗莱尔可能会得到一些支持。他很有可能最后还是会留在匹兹堡。埃文告诉我他不会被送回纽约,既然当初他是从纽约被移送过来的,我觉得他可能提出过要求把自己送回纽约。

不管弗莱尔这会儿是否已经出狱,在我逗留于此的这些天里他是否也在匹兹堡四处转悠,还是今后当我去纽约拜访朋友、家人和同事的时候他也在纽约逍遥自在,埃文说无论怎样他都不可能跟我再产生任何交集。他怎么会跟我去同一家商店,或者在酒店、剧院或咖啡馆跟我不期而遇呢?埃文确信如此,因为我们来自不同的阶层,不同的背景犹如监狱的铁栅栏般将我们有效地隔开。虽然他并没有提到"阶层"这个词,但说的差不多就是那个意思了。

但显然这些之前并没有阻止弗莱尔跟我发生接触。更何况我们还有可能在其他的场景碰到,比如:教堂、图书馆、公园或者人行道?不过我还是同意埃文的说法，我和弗莱尔的确不太可能偶遇，我也认为弗莱尔不会特意找我。这么做对他没什么好处。

埃文和他的未婚妻杰西在酒店外面接我上车。杰西是一个移民律师，所以我猜她白天应该跟埃文一样穿西装上班。但这会儿他们俩都换上了钢人队的球衣，准备好为他们的球队加油鼓劲了。

开车回家的路上，我们先到一家披萨店取了事先点好的披萨，他们公寓的厨房料理台上已经摆好了沙拉，冰箱里还有一箱六支装的"季节性啤酒"①，我选了瓶南瓜口味的。

我老实地告诉他们我并不看橄榄球赛，于是他们一边看球，一边跟我解释这场赛事。中间插播广告的时候，我们一起聊了我的孩子、埃文和杰西马上要举办的婚礼以及买房这样的琐事。中间有几次埃文说起"需要清洗"和"需要修葺"的时候，无意间漏出了匹兹堡的方言。

我问杰西对我的案子有多了解，她说除了一些基本信息以及案子突然被撤销的法律依据之外，她所知"不多"。埃文对他负责的案子只会说个大概，但从不透露任何涉及个人隐私的细节，就算对她也绝口不提。她说他俩刚开始约会的时候，看他冷静地陈述那些恐怖的事件甚至包括虐童罪行，她都感觉挺怪的。但是她也清楚，他必须那么做。只是杰西自己不戴什么假面具，心里想什么全都写在脸上。她学着去了解他，虽然他看上去面无表情，但他的内心深处还是很在意，而且也会受到影响。他刻意保持一定距离，只是为了更好地把案子办好。我们这个案子还没被撤销前，杰西就提醒过他一定要提前告诉我他会在庭审期间跟我保持距离，就算在中间休庭的时候也一样。

当我说起一九九二年发生的事，特别是我在事后去的那家医院以及那些善良的护士的时候，杰西听得相当动容。我不时会想起那些护士，

---

① 即 seasonal beer，是精酿酒商推出的营销概念。——译注

这个星期我跟每个人都要提起那些细节：她们为我的遭遇感到难过，我绞尽脑汁地想让她们打起精神来，还有她们看到给我做笔录的比尔时会羞红了脸。她们像一支来自希腊的合唱团，很好地烘托了我这出悲剧伤感的气氛。我说这些的时候更像在讲一个开心的故事，故事里有那么多心地善良、同情心十足的人，但杰西却听得一脸悲伤，很不好受的样子。她的脸色让我意识到，这其实还是一个悲伤的故事。好吧，算是悲喜交加吧。

趁着杰西去洗碗的时候，我告诉埃文，乔治娅对撤诉的反应让我有点受不了。

她的处理方式跟我的不太一样，我也被她的焦躁不安搞得心烦意乱。她很气愤；对自己站出来作证懊悔不已，感觉自己被人背叛了。我表面上看着情绪稳定，但她的邮件让我认识到自己心里其实早已乱作一团。我确实还可以跟别人一起看看橄榄球赛、讲讲笑话什么的，但实际上我已经站在悬崖边，身体两侧的几英寸外各有一个由巨大的心理落差造成的万丈深渊。我自己的情况跟泥菩萨过河差不多吧，我当然不想被她推挤着，要不然掉到下面去就真的完蛋了。但她居然现在还在考虑要不要来匹兹堡找我，甚至为这事越想越心慌。

晚上十一点三十分，球赛结束，钢人队大获全胜。半夜，埃文和杰西开车送我回酒店。我撑到半夜才睡下，估计倒时差是不会有什么问题了，但比这更重要的是，我相信他们是真的关心我的。你只会邀请自己喜欢的人上你家去。因为大家聊得开心，你才会把朋友留到半夜再结束聚会。我信任埃文。我相信，如果我们这个案子开庭审理的话，他应该会跟我保持好距离，但案子撤销了，我们并没走到那一步。我感觉他跟我的关系变得更紧密了。

星期二早上，我一直睡到五点过后才醒。参加听证会的那个星期，我从没有在早上四点前入睡的；这次时差倒得挺顺利，也算是一次胜利吧。

今天早上的报纸上，本地新闻版的标题是"一九九二年在谢迪赛德强奸两名女性的嫌疑人因技术原因获释"。报纸还采访了一位法学教授，并引用他的话："单从法律角度来看，这或许是有道理的，但绝对极其不公。"

我洗好头，换好衣服，一杯接一杯地喝着咖啡；其实我对去咖啡因的咖啡过敏，但我还是点了，而且比在家的时候喝得还要多，现在在倒时差，我知道自己过会儿就会犯困，打瞌睡。比尔说他一早去大学上堂课，然后再过来跟我见面，应该十点就到。

我的年龄介乎埃文和比尔之间。埃文才三十而立，不久就要结婚，准备结束租房，成为有房一族。比尔则相反，他比我年长，女儿已经上大学了，等儿子也去大学了他们家基本就要成空巢了。比尔尽地主之谊，不管走到哪里都会为我开门。他带我去他家附近的弗里克①看历史建筑和艺术收藏。他准备买门票的时候，我注意到他钱包里还夹着以前的"警长"徽章。

参观讲解的时间还没到，我们先去旁边的温室花园里头转一转。我告诉比尔，我已经明确告诉乔治娅这个星期她还是不要来匹兹堡了。昨天深夜，想到她为了要不要过来心烦意乱的样子，我决定收回邀约算了，她不该为这事把自己搞得压力山大。她可以晚些再过来，跟阿普瑞尔倾诉这事对她造成的巨大伤害，恳求埃文帮忙解决问题，我觉得这些才是她最需要做的。但我不是。所以，我们还是轮流来匹兹堡会更好些。

今天本该是正式开庭的日子，埃文拿着那份给我看过的问卷去挑选

---

① 即弗里克艺术与历史中心。它是工业家和收藏家亨利·克莱·弗里克在匹兹堡的庄园，这里的永久藏品包括艺术品、汽车、马车和历史物品。——译注

陪审员，这会儿应该已经确定好陪审团名单了。比尔和我也该在证人室等着，或者在人头攒动但禁止使用手机的走廊闲逛，打发时间。

但我们现在却在参观这幢非常漂亮的房子。这里不仅有当时最时髦的装饰，还有诸多体现当时最新技术的东西，例如用纸和铝制成的模具做出的天花板与墙壁饰条。导游的讲解词写得很好，解释得也很到位，但比尔一针见血地指出，讲解中对弗里克残酷剥削工人的资本家面目只字未提。他给我买了他最喜欢的一本书留作纪念，这本书讲的是弗里克和卡内基富有争议的关系以及充满血腥的霍姆斯特德炼钢厂大罢工的事，描绘了跟我们在参观时看到的美好景象截然不同的历史画面。

为了今天能过来陪我，比尔除了要在学期中期专门抽出空来，还特意为我搁置了另一件很重要的事。我知道今年早些时候，他的侄子死于一个醉驾司机造成的车祸，但我不知道对这个肇事司机的审判刚好也定在这周进行。得知这个情况我心里抱歉得不行，但比尔反而微笑着安慰我，坚持说他借着陪我能出来透口气。我们在弗里克的咖啡厅吃过午饭后，继续参观这里的艺术收藏。最后我们去了附近的公园，走过草地保龄球场，在秋叶飘零的树下散了会步。我忍不住感叹，真是家家有本难念的经啊，这道理我肯定懂，只是有时候会忘乎所以罢了。

比尔指了指一栋亮丽的黄色房子，那就是他家。他开车送我回酒店。

还有不到一小时，丹就会过来接我。

我利用这点时间查收了邮件，还顺便上谷歌随便浏览了一下。美联社报道了弗莱尔的指控被撤销的消息，现在全国各家报纸上都能看到这篇文章，至少报纸的网站都转载了。有人违反规定偷拍了我走出听证会时的视频，尽管只拍了我的腿，还是被一家网站截了图做文章配图。看到网上充斥着这篇报道真让人有些难以承受，但我还是安慰自己，网上的版本其实和报纸上印出来的不一样。就算这篇文章被其他城市的报纸摘录，最多也只会出现在不起眼的角落里。只有在匹兹堡当地的报纸上发表时，还算是一篇正儿八经的署了记者名字的报道，尽管简短。

丹没有比尔和埃文那么自信。他没有直接把车开到酒店门口的出租车停车点，而是小心翼翼地在别处停好车，然后走到酒店跟我碰面。其实丹就住在比尔家附近，离那个公园和弗里克的房子很近，就在松鼠山边上，我曾经在松鼠山一带住过，那里是匹兹堡的一个大学校区。我们开车到他家接上他太太克莉斯汀，因为她之前特意跑来听证会看我，我这次特意提出希望她可以一起来。也多亏了她的解释，我才知道丹虽然看上去一副置身事外的态度，其实对我还是非常关心的。

最后我还发现，原来他们所有人——丹、埃文、比尔、阿普瑞尔以及他们各自的伴侣——都是匹兹堡本地人；阿普瑞尔的丈夫我不太确定，但其他人肯定都是。丹和克莉斯汀居然跟埃文和杰西上的是同一所高中，只不过中间隔了有二十年。在丹说到"炼钢厂"[①] 这个词的时候，我听出了他的匹兹堡口音。

克莉斯汀为人热情而感性，总有说不完的话。她为案子被撤这事感到很无助，但又挺高兴能再次见到我，她的情绪就这样在时阴时晴之间来回摇摆。不过她和她那只小不点约克夏狗狗都很好客。她在我们到达之前就收拾好了屋子，挺自豪地向我展示了丹设在地下室的运动主题的"男人娱乐角"。丹和比尔年纪相仿，但结婚只有六年而已，这点让我颇感意外。去年秋天，当我缠着丹去催 DNA 检测结果和弗莱尔移送的事情时，克莉斯汀正因罹患乳腺癌而接受治疗，当时她整个人非常虚弱憔悴，好在这会儿她的头发重新长出来了。

我们一起坐车出门，克莉斯汀跟我为副驾驶座互相谦让个不停，最

---

① 丹说 steel mill（炼钢厂）时的发音是 still mill，匹兹堡当地口音就是这样。——译注

终我赢了这轮拉锯战，坐在后排狗狗专座的旁边（当然狗狗的座位空着，小狗被留在家里了）。

他们开车带我转了一圈，先去我曾经住过的东区利伯蒂，这片街区发展得非常快，变化也最大，跟以前相比新潮多了。车子继续往前开，很快就来到谢迪赛德这片老牌的时尚街区，一九九二年时我就住这儿。我的身体不由自主地绷紧。我不知道他们是不是专程为什么事才到这里的。既来之则安之吧，我让丹直接顺着大街往前开。沿街的商店大都已改头换面，但整体的商业氛围还跟当年一样：都是当前最流行的、对年轻白领和花着父母钱的大学生极具吸引力的时尚品牌。

车子差不多开到了这条街的尽头。照理说丹应该知道我们这会儿到哪里了，可他看上去似乎没什么反应的样子。于是我又给他具体的指示：往左拐。

我住过的那幢公寓大楼还是老样子。楼里开着灯。我看到了那扇当初我进大楼时被弗莱尔从我背后拉住的大门。大楼的门牌号清晰可见：九一一号。

丹没停车。这也许是再好不过的了。

我们继续驱车穿过卡内基梅隆大学的校园。二十多年来，学校里新建了不少由象牙色砖块砌起的建筑，我正感叹这些年的变化大到我都快不认识了，突然我的眼前出现了熟悉的场景：玛格丽特莫里森大楼。大学四年，我有超过一半的课程是在这幢具有独特圆形大厅的大楼里上的。"哦！"我忍不住感叹，此情此景，让人怎能不触景生情。

我们开车经过匹兹堡大学奥克兰校区，我对这一带不熟。在卡内基梅隆大学时我的生活圈子挺小的，我说的不仅仅是在大学里，甚至在我主修的戏剧表演专业也是如此。我们那时不常跑到外面去。

车子经过一座桥之后来到匹兹堡的南区。这里充斥着各种酒吧和文身店，街道脏乱不堪，丹和克莉斯汀跟我说了不少发生在这里的故事。

最后我们又过了一座桥，到了城市的北区，丹把车停在了警局总部的停车场。

性侵案办案组在十多年前搬到了这幢由地毯仓库改造的大楼里，一起搬过来的还有负责凶杀、入室盗窃、抢劫和毒品的办案组。尽管他们搬来的时候已经距离一九九二年有很多年了，我还是想来看一看。

我说他们的办公室比埃文的还要大时，丹被我逗乐了。说真的，这里地方太大了，全开放式的，办公桌岂止放五张啊。我一眼就认出了丹和阿普瑞尔的办公桌。丹的办公桌贴着钢人队的保险杠贴纸。那个摆着花架的桌子应该是阿普瑞尔的，花架既是装饰，也可以用来保证她工作的私密性（除了要办理本地案件，她还是联邦调查局儿童色情专案组的一员）。我当然一眼就认出了椅背上挂着的那件皮夹克，跟上次在埃文的办公室看到的一样。也就是说，这会儿她应该在办公室。

这里有一个专门的儿童游戏区，还有不同尺寸的儿童汽车座椅，一想到这些会在紧急情况发生时派上用场，不免让人心情低落了下来。我们去看了证据室，里面放满了包裹和箱子。最后我又到讯问室瞄了一眼。

讯问室内的墙上贴了一层看起来怪怪的隔音材料，估计是用来消音的。这里没有像在电视上看到的那种双向镜子，我原以为里面还装了什么录音设备，但看了一圈没找到有这样的迹象，当然也有可能是我看得不够仔细。我的眼睛只盯着一件东西：铁制的桌腿牢牢地焊在地上。

我们正要离开的时候碰到了阿普瑞尔。阿普瑞尔告诉我，她没想到星期一出庭的那个案子还得审上一阵子，因此不得不取消第二天跟我的会面，除此之外她几乎没时间再跟我多聊几句。我当然相信她说的确有其事，但这样一来她也不用跟我打交道，我想这样多少也让她感到轻松一些的吧。

丹把车停在一家餐厅前，我和克莉斯汀先下车，趁他去停车的时候我们先去餐厅等座位，我在 iPad 上翻出盖文和孩子们的照片给她看。我的结婚照引得她连连惊叹，然后开始跟我说起她和丹在市政厅登记结婚的事。这家餐厅显然很受欢迎，就连星期二晚上这里也是人头攒动、人声鼎沸，搞得我俩说话时不得不提高嗓门。

　　我们入了座，点了好吃的肉丸，大部分时间我们都在聊克莉斯汀和丹是怎么认识的，说得丹都有些不好意思了，于是我们换了个话题，说起我的案子。克莉斯汀忆起丹当时很想跟阿普瑞尔一起去纽约审问弗莱尔，想证明两起案子之间到底有什么联系。但克莉斯汀那时因为癌症正在接受治疗，他必须留在她身边。如果我早知道他也想去纽约，那该有多好啊。

　　克莉斯汀对我的案子就那么不了了之深感痛心。她想促使法律做出改变，想到媒体那里曝光，想要解决这个问题。我告诉她：新出台的法律确实已经解决了这个问题。我在英国跟人解释这事的时候也是这么说的。但最高法院说我们的案子时间上无法适用新法律。今后这些问题都可以解决。只是我这个案子解决不了。

　　既然如此，我们只能想想怎样让人罪有应得，权当自娱自乐吧。我们想象明天弗莱尔出门被车撞死，而当时我们三个人正在一起吃饭有不在场的充分证据，要能那样该有多好。当然我们不是真心要这么诅咒人。不管是谁，遭遇暴力或者死亡都是可怕的事。但我们实在太生气、太伤心，没法完全接受案子被撤销的坏消息，所以我们三个人只能一边这么假想，一边忍不住击掌称快。

　　我再次提起一九九二年在医院的事，还有那些表情忧伤但在见到比尔后又涨红了脸的护士们。不知怎么的，我觉得她们很重要，而且非常适合在这个星期提起。就跟我现在的嘻嘻哈哈一样，当时我在那些护士面前也装出很潇洒的样子，尽量让她们好受一些。可别以为我这么做是因为我人好、考虑周到，我是因为绝望透顶才这么做的。我当时脑子里只有一个念头，那就是我们所有人——护士、坐在候诊室的我的朋友、我们大学里的人还有警方的办案人员——彼此同仇敌忾，共同进退。现在的情况还是如此。因此，我不会对埃文、阿普瑞尔或丹生气。我们都是好人，每个人都是。如果我跟他们生气，那也就等于我在跟自己生气了。

第二天早上的报纸继续追踪报道那起氰化物杀人案，最新的消息是陪审团已经选定了。我们的案子没有选陪审团，而且我觉得也永远不会选了。

我给英国的家人和朋友们发了邮件，告诉他们我在匹兹堡一切安好，已经跟埃文、比尔、丹和克莉斯汀他们都见了面。邮件还提到了我去性侵案办案组的办公室参观，进了讯问室看到焊在地上的铁桌腿，我在星期一晚上看了钢人队的球赛，基本上就是报了个流水账。这一天我都在看大家给我的回复，看到那句"赶紧出门买个阿瑟·弗莱尔的人偶扎几针"以及长老会的牧师说自己想爆一句"听上去不那么虔诚的废话"时，我禁不住笑出声来。还有两位性格迥异的朋友都跟我说他们钦佩我的坚忍，可我不太理解他们为什么这么说，因为我其实早已出离愤怒了。我难道没有吗？我心里真的很愤怒。我所理解的坚忍是压抑自己的感受，也许是我理解得不对吧。有一个朋友对此的理解是"接受我们的命运，对自己和周围那些人所得到的一切抱有一颗感恩的心，而且我认为最重要的，是关注我们力所能及的范围内的东西就好了"。这正是我在做的啊。我跟另一位朋友开玩笑，说我其实更希望别人说我是根"硬骨头"。

凯文写邮件给我，他在明天正式开庭的氰化物案的庭审现场给我留了个座位，我可以去现场旁听"精彩的"开场陈述。可我明天就得坐飞机走了，去不成了，但我很高兴他专门写邮件邀请我。

今晚我们大家聚在一起再吃顿晚饭。比尔开车过来接我。他帮忙预订了晚餐，没想到星期三晚上也那么难订座。今晚企鹅队有一场冰球赛，只要有主场比赛，匹兹堡这边无论是地面交通、停车位，还是餐厅订座都会变得糟糕透顶。

他让餐厅的人替他泊好车，我们就坐在吧台等其他人：埃文和杰西，丹和克莉斯汀。我希望阿普瑞尔也能来，我不想错过跟她见面的机会。

我让比尔帮我点了一杯马蒂尼。他最近升职了，还没有正式宣布过这个好消息，但其他人一到餐厅我跟大家说了。反正他们都没在大学里工作，就我们这几个人知道这事应该也没什么问题。我们都是朋友，不是吗？起码感觉上我们都是朋友。

吃饭的时候我特意坐在阿普瑞尔旁边。她负责的那个猥亵十二岁儿童的案子今天结案了，控方输了。她对这个结果很失望也很难过，现在她还得跟我坐一起吃饭、聊天。

我又跟她说了一九九二年我遇到的医院里的那些护士，她们怎么为我的遭遇难过，我又如何给她们讲笑话，还有比尔那时对工作有多认真负责。比尔也不是一直都带团队的；他那时还是一个警探，跟阿普瑞尔和丹现在的工作一样，而且差不多是埃文这个年纪，结婚了但没孩子。而我还是个大学生，阿普瑞尔也是。这都是很久以前的事了。

阿普瑞尔说现在很多方面的管理上都比以前更有条理了，而且受害人也不用像我当初那样向不同的人重复讲述自己的遭遇了。确实，我被强奸后，首先对赶到现场的警察讲述了自己的遭遇，到了医院又得跟那里的医护人员重复一遍，最后还要向来做笔录的比尔再说一遍。或者现在的情况的确比以前要好，但我现在反而认为能跟不同的人重复讲述自己的遭遇应该是一种特权才对，因为并不是每个人都能找到人来听自己像祥林嫂那样重复一件事的。

我还告诉她接到报案后赶到我公寓的警察一个劲地叫我坐下，可我那时衣不蔽体，一只手提着我的内裤，另一只手抓住散开的衬衫，而且我的沙发是白色的。没错，白色的！我当然不可能坐在白色的沙发上了。说到这里我忍不住翻了个白眼，她也忍不住笑了出来。这些男人都是怎么想的。我就知道她肯定理解我。

其实那晚到现场的还有一位女警，但她没怎么说话。我觉得他们就是象征性地带上她，以防万一。阿普瑞尔说虽然大部分人觉得受害人更希望跟女警打交道，但据她自己观察，事实并非如此。我认同她的观点，因为当时不管谁接到报案过来我都不会介意。给我办案的警探是男的；接待我的医生是个女的。只要是个管事的，我都可以。

自从一月份听证会后，阿普瑞尔一直想问我被一个挺有魅力的男人在法庭上询问会不会觉得有些难堪。这么说吧，她对凯文评价挺高的。

听证会上面对那么大的压力，随便是谁对我都不会有什么吸引力了。我没有直接回答阿普瑞尔的问题，而是纠结是否同意她对凯文的评价。我抬眼看了看，思索片刻，然后做出结论："我觉得埃文更可爱。"

"埃文？不会吧。当然是凯文。"她还是坚持己见。

"哈哈！不对。绝对是埃文。"

埃文就坐在桌子的另一头，但愿他没听到我们的这番对话。阿普瑞尔说着说着忍不住笑了起来，好了，我们之间的尴尬这下子迎刃而解。没人会因为我们评论律师的长相而对我们说三道四，但如果反过来律师这么说我们的话，就完全是另一回事了，你可以说这很不公平，但世道就是如此。

我们分享了各自先生的照片：十三年前盖文抱着我们大儿子拍的照片里，他还是满头乌发，黑色的眼珠清澈明亮；还有一张是前年夏天我们结婚十五周年纪念日那天拍的，盖文自信满满地靠着吧台，等着餐厅领座员带我们入座，照片上盖文的头发开始夹杂银丝，戴着一副金属边眼镜。阿普瑞尔给我看了她跟她先生身穿警服给《警察年鉴》拍的照片，他之前是市局的警督，最近调到一个小镇警察局担任警监。我又给她看了孩子们的照片，一个是戴着复古眼镜的金发男孩，另一个因为一头漂亮的红发经常被亚洲来的旅行团拦住要求给他拍照片。阿普瑞尔有一匹马，她翻出一张照片给我看。

我也许像朋友说的那样是个坚忍的人。我是不是该表现得更悲伤一点才对呢？我心里是难过的，但我不知道如何表现才对。

晚餐快结束了。我这次的旅程也将要接近尾声。我问阿普瑞尔是否会跟布鲁克林当地的警察局合作找到弗莱尔更晚些时候犯的案子来指控他。以前纽约规定强奸案的诉讼期限为五年，但从二〇〇八年开始完全取消了限期，只要嫌犯在那之后犯案的话都可以追诉。

她说会努力争取一下，但就目前来看纽约方面对此兴趣不大。她向我保证我这个案子的卷宗还将被归入在查案件。对她而言，就这样把这个案子封好放起来，她还做不到。

虽然弗莱尔现在一把年纪，身体也许不像以前那么强壮有力，但我依然担心弗莱尔会继续出来害人。我知道强奸行为跟性活力没有直接关系，而且他犯罪的冲动可以通过不一样的行为方式表现出来，但他必须强壮，而且反应迅速。估计他现在已经丧失这样的能力了。

埃文在星期一的时候还想过弗莱尔会不会有可能已经金盆洗手了。我们不知道一九九二年之后他有没有再侵犯过别人。一九九四年他犯下入室盗窃罪，很有可能是因为强奸未遂，但我们不知道十年后他从监狱里出来又做过些什么。纽约方面很自豪地宣布所有积压的证据都已经处理了，也就是说，只要他在布鲁克林犯下强奸案，只要报过案并且取过证的话，现在都应该已经跟联邦调查局数据库储存的他的 DNA 样本匹配上了。

克莉斯汀盯着埃文问个不停，她希望案子还有挽回的余地。这星期我一直在乔治娅和克莉斯汀面前维护埃文，看来这么做还是挺有帮助的。我很清楚要遵守法律的话，我们必须这么做。从秉持职业操守的角度而言，埃文也只能撤销案子，别无选择。我完全理解这当中的利害得失，当然，我说的只是我自己，不代表任何从现在起可能被弗莱尔伤害的人。

把原本零散的东西组合起来，是一件震撼人心、让人称奇的事。把零部件组装起来就可以制造出一架飞机翱翔天空，把弦乐器、管乐器和打击乐器组合起来就能组成一个可以演奏出曼妙音乐的管弦乐团，把成千上万的单词按照某种顺序编排起来，就可以写出一个奇妙的故事，当然法律体系也是这样形成的。所有这些体得以建立的基础有赖于各方之间的认同与合作，提出主张，承担风险，发挥领导力，最后能组成这些庞大的机器不得不说是个奇迹。而一个城市能把法院大楼建造得那么美，我多少也从中有所体会和领悟。我无法憎恨法律，至少不会全身心地去恨。虽然我们这个案子因为法律的规定最终只能撤诉，但要是没有法律的话我们根本走不到这么远。

餐厅里的其他客人都走了，我们还留在那里继续聊着，这让我想起星期一埃文送我回酒店的时候差不多都已经半夜了。其实他们今晚可以不用过来；也根本不用陪我到这么晚。想必他们都是心甘情愿这么做的，每个人都是如此；他们这么做并不是担心因为自己离席而让聚会在尴尬中结束，也不是因为我大老远跑过来他们碍于情面而不得不为之。

餐厅服务员在一旁开始收拾了。我们起身拿起挂在椅背上的大衣和外套，我顾不上服务员们一脸的不耐烦，挤到前面特意告诉埃文，尽管他让这个案子黄了，伤了我的心，但他做的没错，我还是很高兴他能做我的检察官。

回到剑桥的家中，我去客房拿我的笔记本电脑的电源线，出发去匹兹堡前我在客房给电脑充完电后就把它忘在了房间里，我找到了之前的那张纸巾，埃文在电话里告诉我案子被撤的时候我在上面潦草地记录下他说的话。这应该是我手头唯一的记录了。其实我当时并没有完全听明白他说的，但想到今后可能有用就尽量记了下来，其实有不少还写错了：最高法院诉加利福尼亚州，斯托格纳，第 42 章 5552C1 条。违反联邦宪法禁止有溯及力法律之规定［原文记录为"expo facto"，实则应为"ex post"］。诉讼中止。［原文记录为"Null cross"，即无效，后面的字划掉了，实则应为"nolle prosequi"］。诉讼终止。

"中止"① 这个法律术语虽说跟诉讼时效相关，但听上去仿佛在人的脑海里敲起庄严的钟声。

我把这张纸巾夹在笔记本里，像做干花那样使劲地压了一下，这样它就不会被甩出来了。

我表面上看着还挺坚强的样子，反而让剑桥这边的朋友们担心了起来。我给大家讲那些我在匹兹堡经历的奇闻逸事，第一次去埃文家看钢人队比赛的直播，虽然他的邀请让我有些受宠若惊，但我也感受到彼此相熟的温馨。我参观了位于警察局总部的性侵案办案组的办公室，那里的办公环境注重实用功能，在布置上没有任何吸引人的地方，讯问室里的铁桌腿倒是让人有些出乎意料，也会一下子意识到现实中他们的工作随时充满暴力与恐怖。我对讲故事还是挺在行的。

我表面装得跟没事人似的，和大家有说有笑，也许还是有朋友看出了我内心伤痕累累，快要崩溃。也许我还没到真正崩溃的地步。上次得知弗莱尔被捕的消息，我差不多撑了有一个月才在约翰的办公室哭得稀

---

① toll 在法律中用来指诉讼时效中止，这个词还有"鸣钟"等其他含义。——译注

里哗啦。

其实我并不想否认什么、压抑自己或者故意躲避。我只是觉得自己并不是在独自承担案子撤诉的结果。还有很多人和我一起面对着眼前的一切：以前的我们，是我大学里从事表演的朋友们；在这里的我们，是我剑桥的朋友们；还有在匹兹堡的我们，包括埃文、阿普瑞尔、丹、比尔，还有我。剑桥和匹兹堡的这两拨人是过去这几个月才形成的。他们跟我一样，内心充满愤怒和悲伤；如果我愿意，我可以表现出义愤填膺的样子，当然我也可以不用那么做，因而也不必担心些什么，因为我知道，如果我流露出别的情绪的话，他们还是会帮我把愤怒与悲伤表达出来。

人到中年的我们总以为自己的家庭就在那个坚固的小箱子里。箱子里的每个人彼此影响，而箱子外面的人都在他们各自家庭的那个小箱子里，远远地看着我们。所以尽管剑桥的朋友对我出席听证会的事很关心，但他们总觉得自己没有权利表达那份关切。虽然我对约翰的离世伤心不已，可还是会认为自己没有权利悲伤。但实际情况是，朋友们真的关心听证会的情况，而我也确实一直缅怀约翰。那些坚固的箱子似乎把它们的四壁都收了起来，而我们也终于承认彼此之间的影响有多大。

还有，你怎能指望家里的人彼此照顾呢？因为盖文最爱我，所以他必须一个人承担照顾我的所有工作，这么说显然有失公平。正因为他爱我，所以他也会受到伤害，他同样也需要别人的帮助。我们需要来自各方的关怀，那些不那么亲近、保持着一点距离的人，就算他们也被这事震惊了，但还不至于被完全击倒。

听证会拉近了我跟比尔之间的关系，但直到这次去了匹兹堡之后我才感觉自己跟丹、阿普瑞尔和埃文也变得亲近了。在我到匹兹堡的第二天，当我们坐在那家时髦的餐厅吃着汉堡和炸薯条时，埃文告诉我他想过提前告诉我可以去机场接我，但考虑到我们之前都还没正式见过面，又担心这么提议显得太过唐突。听他这么一说我才反应过来，那天之前我们确实还没正式见过面，但我们早已在 Skype 上把那些私密的重要事情逐一讨论了一遍，彼此对视，还从家庭陈设的点点滴滴中加深了对彼此的了解。我早就对他有一种似曾相识的感觉，但直到我真的去了他家，处在相同的场景里的时候，才发现一切还是不一样的，太不一样了。

这让我想起十七年前盖文跟我在美国的时候，那时我住在马萨诸塞州，而他刚从英国搬去加利福尼亚州。我们每天煲电话粥；但每个月最多只能见一次面，在一起的时间很少也因此显得特别珍贵。有天晚上我俩在电话里决定结婚，而介绍我俩认识的朋友马上就要举行婚礼了，我们不想自己的婚期跟她的撞在一起，要么等她的婚礼结束个把月后我们再举行，要么索性赶在她前面一两个月先把婚结了。如果决定先结婚，就得马上把教堂、酒店礼堂这些预订好。不管我怎么提议，盖文反正都是一百个同意，于是那个星期我就在自己住的小镇上把这些事都安排妥当了，当然也没忘了提醒盖文我们其实还不算真正订婚，要等到月底我飞过去给他过二十九岁生日的时候他当面向我求婚才算。这话听着很傻，也很可笑；我们当然已经订婚了，要不然怎么会马不停蹄地忙着准备婚礼呢？但真那么说的话，其实应该也算不上可笑吧。

彼此共享一个空间，哪怕没有实际的接触，仅仅呼吸着同样的空气、感受着同样的温度；吸纳对周遭的感知，比如交通的嘈杂或静谧、人群或空间、山川或平地、绿色或棕色、干燥或潮湿、光线的色彩，也不管高高伫立在那儿的究竟是树木还是楼宇，这些看似无形的东西，以无法量化但又显而易见的方式使人们逐渐一致、产生共鸣。重要的是，我们彼此在一起。

绕了这么一大圈，其实我要说的很简单：很高兴我去了一趟匹兹堡。

因为最近发生的这些事，剑桥的朋友跟我的关系也走得更近、更热乎了，这样的情谊我自然要小心呵护。有人获得成功我就去道贺，有人决定尝试新事物我就会送上祝福，有人悲伤了我会表示慰问，所有这些我都要尽力为之。无论是谁的坏消息甚至是不幸的遭遇，我都会一视同仁地予以关切；以此为契机，把横亘在彼此之间的那些盒子的墙壁永远推倒。当然，我们聊得最多的还是那些简单的家常，话题很多但也确实很重要。

　　因此，当我跟朋友讲那些发生在匹兹堡的趣事时——比如阿普瑞尔跟我一起讨论哪位律师更帅，听证会前克莉斯汀趁着丹上厕所的时候跑来找我，还有我在听证会上对辩护律师的粗暴回复——我说这些的时候并没有要故意转移话题的意思，至少不像一九九二年在医院里那样一心想把伤心的护士们逗乐。就像我说过的英国那种冷热水分开的水龙头：每一种情感都有自己宣泄的出口，有时候所有的水龙头挨个全都打开也不会让水混流在一起。那些护士为我的遭遇难过；听我说了些好玩的笑话又破涕为笑。当我一脸震惊地问护士为什么我还在流血时（那之前我一直都以为这种流血是一种中世纪的神话），她为了不让我看到她落泪突然转身离开了检查室。然后比尔来给我做笔录了，她们又被他的年轻、英俊、威严和同情心所吸引，一个个脸红耳赤地站在那里。不管是过去还是现在，温暖人心也好，伤心欲绝也罢，所有这些感受都如此真切，不分伯仲，尽管有时候感觉温暖的时刻似乎相对要少一些。

　　我经常想起约翰。我有时候也会想，假如我盘腿坐在他的办公室里嘲笑他纸巾盒都空了，没纸巾给我擦拭眼泪，我会不会哭得更酣畅淋漓。我应该不是他的所有访客中唯一哭成泪人的那个吧，恐怕都是别人把整盒的纸巾用完的吧。

　　我看到安娜有约翰的第一本书（其实那是他的博士论文，最后出版了）。我一直想要这本书。安娜得知后就把自己手上的送给了我，原来她自己的那本放在别的地方，而这本是她在收拾他办公室的时候清理出来的。

我肯定会好好读这本书，但除了阅读里面的内容，这本书还是我的护身符，我走到哪里都会带上它。听我说这是约翰写的书时，那些认识他的朋友都忍不住惊叹起来；听我说这是约翰自己保留的一本时，他们更是张大了嘴。大家传阅着，翻动的书页让周围的空气像我们的呼吸一样流动起来。

八年前我们刚搬到剑桥的时候，我看到一条本地新闻，说的是剑桥大学的菲兹威廉博物馆里有三个中国花瓶被人故意绊倒后砸碎了。这个消息给我留下了非常深刻的印象，我甚至把它写进了自己的第一部小说里。等这些花瓶被修复后，我带着两个孩子去博物馆（当时他们还小，还不反感去参观博物馆），试图找出这些碎片之间黏合部位的缝隙。修复师们的手艺实在太精湛了，把好几百块碎片全部粘好，恢复成原样，最后我们不得不把脸凑近花瓶，眯着眼睛仔细看才找到了碎片的痕迹。

这让我想起一个朋友给过我的建议。这个朋友问我，在去年得知弗莱尔被捕的消息之前，我隔多久才会回忆起一九九二年发生的强奸案。我回答说，要是跟今年提起诉讼之后相比，以前没有现在想的多，没到会分散我注意力的地步。朋友听后马上说：我们需要帮助你重新找回那个状态去。我这位朋友乐善好施，她一心想要我快乐的出发点当然是好的，想法也许还算得上明智，但我听了却怎么也高兴不起来。我并不认为自己经常想起以前发生的事情有多糟糕啊。

从匹兹堡回来十天后，我在跟一个陌生人聊天时找到了一个更可行的目标。剑桥这里特别有意思的一点就是你随便跟谁聊天，没准那人就是他所在行业里的专家。那次跟我聊天的是一名修复师，但是与菲兹威廉博物馆里把破碎的瓷器修复得完好如初、不露痕迹的修复师不同，他所擅长的是日本的金缮（Kintsugi）修复艺术，用金箔突出陶瓷修复的痕迹，丝毫不去掩饰物品摔成粉身碎骨的过往，而是将它经历过的一切作为物品的一部分，展现其变化和成长，以及历经岁月淘洗所沉淀下来的美。

尾　声

比尔·瓦伦塔担任匹兹堡大学卡茨商学院工商管理硕士和高阶主管项目的系主任助理。那位将他侄子撞死的酒驾司机，在庭审被无数次推迟后，最终在法庭上认罪，并被判处二十七个月至五十四个月的刑期。

除了我们这个案子，所有归阿普瑞尔·坎贝尔警探处理的积案，因其案犯逃离宾夕法尼亚州时都还在侦办过程中，诉讼有效期随之"中止"，因而都没有受到最高法院裁决的影响。阿瑟·弗莱尔获释后，阿普瑞尔久不再从位于地下室的档案保管室抽取那些未结积案的卷宗。她写邮件告诉我说："也许有一天我会回到那里去，但现在我还做不到，我关心你和乔治娅在经历了这一切过程中的感受。我所做的这一切，只为惩戒'坏人'，而不是让你们受到伤害。"到二〇一五年七月，她在匹兹堡警察局工作整整二十年，现在她是宾夕法尼亚州检察长办公室的计算机取证组（Computer Forensics Unit）的警探，跟儿童性侵案办案组（Child Predator Unit）合作。

丹·霍南警探继续在匹兹堡警察局负责侦办性侵、家庭暴力和虐童案件。克莉斯汀的癌症病情目前已得到缓解。

埃文·洛瑞跟杰西结了婚，并且已经转去私人律所工作。凯文·切诺斯基打赢了氰化物谋杀案，被告被判终身监禁并将强制执行。他升任地区副检察官，继续对杀人犯提起诉讼。因为我这本书，地区检察官办公室推出了严格的媒体政策，不允许我跟凯文继续交流。那条新规肯定出乎凯文的意料，他都没来得及跟我解释就一下子断了音讯。我怀念在匹兹堡的他们。

我原以为那位在一九七六年逮捕弗莱尔并让他被判刑七年的山姆·塞特莫尔，在听我向他承认一开始没有告诉他我跟匹兹堡强奸案的真实关系时，会生我的气，但他非但没有生气，反而很高兴听到实情。他写邮件给我说："以我四十多年的执法经验，我还是无法理解我们的社会和司法人员对于［强奸犯的］起诉和判决仍然没有采取更强硬的立场……纽约州终于做到了！他们取消了暴力强奸的诉讼有效期的规定……我会为你祈祷，希望你平静而幸福地继续自己的生活。"

纽约不仅取消了诉讼期限。二〇〇三年，纽约将本市积压的所有强奸案的物证套件全部处理完毕；二〇一四年，曼哈顿的地区检察官将资产没收所得的三千八百万美元用于建立专项基金，帮助其他司法管辖区处理积压的物证套件。联邦政府于二〇一五年对此专项基金追加了四千一百万美元用以达成相同的目的。两次基金的总和预计可以支持全国范围内多达七万个证据套件的测试。

阿瑟·弗莱尔自由了。他的 DNA 数据还保留在联邦调查局的 CODIS 数据库里，只要其他案件有任何全新的或者最新处理的证据出现的话，都会被拿来进行比对。

后　记

　　我在写这本书的时候，要求自己必须做到"直接、生动且富有同情心"。我要做的是真实地记录我所做的事情以及我的感受，而不是要告诉别人该感受什么或做些什么。我并不想通过这本书给人们什么忠告。

　　但我还是会在这里给出一些建议。

如果你被性侵：

　　这事本不该发生在你身上。你不仅需要，而且应该得到别人的支持。主动寻求别人的帮助，不管多难都要走出这一步，不然会让你觉得更难。

　　发现帮助你的人。你可能都想不到会有怎样的朋友站出来，如何帮你渡过难关。要以开放的心态接受这样的出人意料。

　　了解自己的感受。这个没什么模板可以参考；只有你本人最清楚自己的感受。先不管自己能不能得到，也别纠结你要的东西是否彼此矛盾，重要的是想清楚自己要的是什么，只要做到这一点，就会让你受益匪浅。如果事情并不是你理想中的那样，你可以朝着那个方向努力；但如果你做不到，至少可以知道你为什么感到悲伤，就这一点也值了。

你的身体很重要；让医生来帮助你。只要还来得及，一定要提取身上的证据。虽然这个过程会让人不舒服，但你也会因此在今后多一些选择。如果你决定报案，就应该得到应有的尊重和善待。如果你选择起诉，即使只为了捍卫自己，也要重视整个过程中的每一步。无论最终是否如你所愿，这个过程中会让你有所收获。

如果你有伤害自己的倾向，一定要寻求帮助。如果你找的人没办法帮到你，那就再找别人试试。不是每个人都能帮你，但总有人可以帮到你。

如果你正在帮助一个受到伤害的朋友：

怎么帮最好，这方面并没有屡试不爽的万全之策。你得通过对朋友的了解、观察以及询问找到合适的方式。他们希望从你这里得到的可能跟希望从别人那里得到的不同，这完全取决于你们之间的关系。要想帮得上忙，就要懂得倾听，不管最后跟你预期的或希望的是否一样，你都要坦然接受。

力所能及地保护朋友，让他们的身体免遭伤害，但更多时候是要在情感或精神上给予他们呵护。无论是在朋友羞于表达自己的情感但又小心翼翼想向你表露的时候，还是当别人对朋友说了一些刻薄的话或者对他们以及发生在他们身上的事冷嘲热讽的时候，一定要站出来保护他们，维护他们的尊严，让他们感受到你的善意和温暖。

如果你对适用于本案或其他案子的法律感到恼火：

暴力是可怕的。以暴制暴并不能真正解决问题。真正能对那些受伤的人有所帮忙的是你对他们的善意，而不是报复那些伤害他们的人。

时光不会倒流，你也无法让别人做正确的事情，但从今天起，你可以保证自己做正确的事情。而你首先要做的是不要造成伤害。

　　至于如何提供切实的帮助，很简单：做一个真正的朋友。做一个好听众，耐心聆听那些受到伤害的人的倾诉。考虑去那些帮助受害人的团体当志愿者或提供捐助。支持立法，让我们的法制系统更健全，更好地维护未来的受害人的权利。利用你的选举权去帮助弱势群体。

　　最后，是否要宽恕那个施暴的人，以及这种宽恕要以怎样的方式表现，这些必须由每个受害人自己考虑清楚。但说到宽恕，我这里倒是可以给受害人一个建议：原谅你的朋友。

　　有些朋友可能会或多或少地伤害到你，但这种伤害很多时候并非故意，而是因为无知或误解，是出于恐惧或自我保护。也许有人伤你太深以至于你决定必须划清界限；你完全可以这么做。但你要知道的是，大部分的朋友都想尽力帮你；尽管一些人做得不够好，但是他们的确在努力；也有些人表现得不那么主动、一副无动于衷的样子，但他们心里还是在为你着想，只是没有表露出来或者尽说一些奇奇怪怪的话歪曲了原本的好意。词不达意也好，尴尬难堪也罢，甚至有时让你不得不向他们开口索要自己想要的东西，所有这些，统统要原谅。珍惜与朋友的情谊。你也有需要他们原谅的时候。我们是彼此需要，相偎相依的。

附　录

艾米莉·温斯洛对话索菲·汉娜（作家）

汉娜：你以前写的一直都是惊悚和犯罪题材的小说，而且都是虚构类作品！这次写的是一个很私人的题材，你对此有何感想？

温斯洛：某种程度而言，写这本书的过程跟写小说并无差异，因为我写小说的时候通常也都是用第一人称来写的。作为一个小说作家，我喜欢通过叙述者的视角铺陈故事中的悬念，喜欢他们通过对别人的描述来呈现自我的这种巧妙的、不那么直接的方式。我从这种带有局限的观点出发的创作经验，让我从一开始就认识到，我在回忆录中并不是哪个无所不知或保持客观中立的人，我也不会试图做一个普通女性或成为典型。这本书基本上以我的口吻进行讲述，尤其是关于我的部分，我的情绪随着案件起诉过程的展开变得高涨，有时甚至会有意外的起伏。当我自己成为这本书的叙述中心时，我在叙述虚构类作品人物方面积累的经验能帮助我更好地接受自己的局限性和特殊性。

汉娜：我在读这本书的时候，似乎可以感觉到这本书的创作过程既带给你痛苦，又帮助你缓解了伤痛。是这样的吗？这类回忆录的写作是否有助于你找到某种疗伤的良方或达到结束一切的目的，还是说起了完全相反的作用重新揭开了伤疤？

温斯洛：各种情绪和复杂的情况会随着事件的发展而出现，通过文字把这些记录下来其实对我是一种自我解脱的方式；只要我把每件事情都描述清楚了，就感觉自己做好了面对接下来会发生的任何事情的准备。但我对"结束"这个词始终有些纠结。在我看来，这个词带有一种暗示，那就是受害者有责任通过调整自己的想法或情绪来改变认知，从而让自己能够感觉好些。我的确算得上是一个真正的行动派。当然，我指的不是那些马路飞车或徒手击墙之类的大动作，而是人与人之间真正的互动。你当然也可以把我写这本书的过程视为我给自己的这段经历画上一个句号，但这绝对不是画在我内心的句号，而是对我和与此事有关的警探、律师、我的朋友们以及经过这一系列事情之后成为我朋友的那些人而言。我的写作交织在这个过程中，我通过书里的每一个章节把与事件发展相关的各个细节一一呈现出来。我生活在英格兰，这里讲究正式，过于"彬彬有礼"，而且还不一定有当面交流的机会！但人们会读你写的东西。

汉娜：你觉得现在远离美国和当时的那段生活经历是否有助于你放下过去，继续前行？

温斯洛：空间和时间上的距离对我的帮助非常大。那次强奸发生到现在已经过去二十多年了；我和事件的发生地相距也有三千多英里之遥。我回匹兹堡，是因为我知道自己在这里的家将永远坚不可摧。但我还是为自己坚持一个人出席庭审的决定惊讶不已。我不仅没让这里的任何人陪我一同前往匹兹堡，而且还坚持不和当地的熟人见面。我不想让我的那些不同的世界彼此碰撞。除此之外，我的另外一些反应也让我自己感到惊讶。我就像在玩一个"我猜猜猜"的游戏似的，尝试去猜想接下来自己会感觉到什么。

汉娜：你描写了那些警探和警察局针对你这个案子开展的工作。这对那些需要了解这个过程的人们而言很重要。在你不断深入了解这个过程的时候，有什么让你感到惊讶的吗？

温斯洛：我对美国五十个州的各自为政感到震惊。在我这个案件中涉及了两个州，强奸案发生地所在的宾夕法尼亚州，以及嫌疑人在其DNA证据最终辨识确认时的居住地所在的纽约。当我得知将那个人从纽约送到匹兹堡居然需要移送申请时，我真的震惊了；我一直以为州和州之间不需要移送，国家之间才需要。那人还加长了移送的过程，造成起诉延后，而这些纽约法庭都不会跟匹兹堡警察局有任何沟通。这一点很让人愤怒。但在获取公共信息方面，纽约远比宾夕法尼亚州来得透明。当我在拼凑那个侵犯我的男人的人生轨迹时，我可以找到的纽约方面的相关记录比宾夕法尼亚州的要多得多。

汉娜：那个男人用类似的手段侵犯的另一位受害人乔治娅，她在面对整个诉讼过程时的处理方式以及对此的感受跟你很不一样。除了在案件不断发展的过程中记录自己的经历和体会之外，你为什么认为还有必要描写她的经历和反应呢？

温斯洛：乔治娅和我在这起案件中的诉求各不相同。我想要跟这些警探和检察官多一些互动；我想全面了解突然被确定为侵犯我们的疑犯的那个男人；我非常希望可以出庭作证，担心因为他选择认罪而失去这样的机会。所有这些都不是乔治娅想要的，这当然是很正常的反应，一般受害人都会如此。我写这本书的很重要一点是不希望因为这本书的出版，人们把我讲述的这些视为每一个受害人都应该有的反应。毫无疑问，有些人会对我的处理方式产生共鸣，他们会在心里说："太对了！我也是这样的！"同样也有很多人尽管经历相似，感受却有所不同，甚而有很大的不同。人们能同情、理解我的感受就可以了，我绝没有要别人跟我有一样的感受的想法。如果我的书能够给人提供不一样的应对方式，帮助他们更好地阐述自己的经历，这就足以让我心满意足了。我希望每个人都能够找到自己的方式去讲述他们的故事。

（以上采访最早于 2016 年 5 月 24 日刊登在亚马逊书评博客 Omnivoracious。）

终止积案

以下是关于积案的更多信息：

在美国，积压的未经检测的强奸物证套件是一个相当严重的问题。在过去差不多三十年的时间里，已经累积和储存了上千个物证套件。这些物证套件未被检测的原因各不相同，有些因为没被归入重点案件，有些因为资源匮乏，还有一些则像我的一样是因为物证套件的收集发生在全国 DNA 数据库创立之前。如果没有嫌疑人，就意味着没有比对的目标对象，因而也就没有检测物证的必要。在全国的数据库投入使用后，我这个案子因为发生的时间太过久远而无法被列入当前排队等着被检测的待查案件中。

近年来，已有一百多万美元的捐款用于检测这些储存中的物证套件、调查和起诉案件以及重新联系全国各地的受害者，但鉴于每个辖区各自面临的具体设施、工作各不相同，真可谓路漫漫其修远兮。如果你有心希望继续跟踪这方面工作的进展，想知道如何为你所在的城镇、城市或州尽自己的绵薄之力的话，你可以上"悦心基金"（Joyful Heart Foundation）网站的"终止积案"项目进一步了解。

你可以在 www. endthebacklog. org 网站上找到积案的最新信息，其中包括一张反映各州强奸案物证套件改革的交互式地图，还有内容丰富翔实的媒体报道和资料档案，以及有内容更新和评论功能的综合性博客。你也可以在这个网站上进行捐款，以支持他们持续倡导的强奸案物证套件的全面改革。

致　谢

作为本书的主人公兼作者，我需要感谢的人有很多。

非常感谢比尔·瓦伦塔和简·瓦伦塔夫妇、丹·霍南和克莉斯汀·霍南夫妇以及阿普瑞尔-诺埃尔·坎贝尔对我的支持。真高兴能认识你们，并在书中如实记录我们的相遇相知。感谢你们走进我的人生，走进我的书，成为我故事的一部分。同样非常感谢埃文·洛瑞和杰西·洛瑞夫妇以及凯文·切诺斯基，希望有机会能当面向你们致谢。我还要谢谢山姆·塞特莫尔。

一开始写的时候，我只跟从事写作或在这个领域工作的朋友分享我的感悟，因为我觉得他们最能理解我想要记录这些丑陋不堪、让人困苦的事情的冲动，也能够从我的描述中洞悉其中的美好。

来自纽约的兰德尔·克莱因（Randall Klein）就是其中一位这样的朋友。虽然我们不再是正式的工作关系，但他一直是"我的编辑"。还有来自美国其他地方的朋友，包括卡拉·巴克利（Carla Buckley）和米米·克罗斯（Mimi Cross）。

同样要感谢剑桥的朋友，包括索菲·汉娜（Sophie Hannah）、阿曼达·古德曼（Amanda Goodman）、凯特·罗德（Kate Rhode）和埃里森·皮尔森（Allison Pearson）。自第一天起，索菲就把我写的东西当作一本正儿八经的书来看待。她的务实和鼓励让我发自内心地微笑，也帮助我从这个故事中走了出来，真正放下过去，以不同的身份与这个故事重新建立联系。

大卫·卡特（David Carter）和尼克·奥斯汀（Nick Austin）是第一批阅读我书稿的唱诗班家长，感谢尼克的鼓励，让我决定跟写作圈之外的朋友分享自己写的东西。非常感谢在我写作过程中阅读我书稿的朋友们：伊萨恩·奥斯汀（Ysanne Austin）、维多利亚·古曼（Victoria Goodman）、梅兰妮·休伊（Melanie Hey）、莫瑞·理查兹（Maree Richards）、玛丽安娜·弗莱彻·威廉姆斯（Marianna Fletcher Williams）和玛格丽特·怀特（Marget White）；吉娜·霍兰德（Gina Holland）、莫拉格·内维（Morag Nevay）、劳拉·格拉赫（Laura Gerlach）、汉娜·贝卡·迪勒（Hannah Bekker Diller）和埃拉·凯南（Ella Kennen）；安娜·马修斯（Anna Matthews）、史蒂夫·米奇利（Steve Midgley）以及辛迪·威斯利（Cindy Wesley）；艾米·维什尔珀（Amy Weatherup）和萨拉·麦克维尔（Sarah McQuay）；德尔雅·斯托尔兹（Delya Stoltz）、汤姆·帕克特（Tom Paquette）；马特·米勒（Matt Miller）、艾莉森·梅特卡夫·艾伦（Allison Metcalf Allen）以及梅丽莎·贝尔·拉舍（Melissa Bell Lusher）。你们的理解和鼓励对我很重要，从某种意义上来说，因为你们的帮助，我才能更好地讲述自己的故事。

我从匹兹堡回来一个星期后，正好是万圣节。那天带孩子出去玩"不给糖就捣乱"（trick-or-treat），当晚我就写完了这本书的最后一章。之后，兰德尔和我的经纪人卡梅伦·麦克卢尔（Cameron McClure）提出了修改意见，言简意赅，但都一语中的。等到圣诞节的时候，这些我一开始当作日记写下来的文字，已经集成一本书稿。我很感激卡梅伦如此看重我们之间的友谊，以朋友的身份尽力保护我，直到最后我说服她的确是我自己想要出版这些文字。而一旦确信这真的是我的意愿后，她就毫不犹豫、全力以赴地让这本书得以付梓。

我要感谢 Savur Threadgold 律师事务所的路易斯·斯莫勒（Louis

Smoller）和乔纳森·莱昂斯（Jonathan Lyons）在初期给予我的法律方面的指导，还有犯罪学家宝拉·考特（Paula Kautt）给我的指正和点评。我在写作过程中经常参考他们的建议，获益匪浅。

感谢威廉莫罗（William Morrow）出版社的德布·布罗迪（Deb Brody）给了我诸多修改意见，这些点评都相当敏锐且富有智慧。感谢负责图书推广的丹尼尔·巴特勒（Danielle Bartlett）的创意和热情。从我们第一次谈话到现在，合作都相当愉快。当然还有哈珀 360（Harper360）团队，感谢你们把我的书介绍到国外，包括美国和其他地方。

感谢那些阅读《女人无名》书稿并给我鼓励的朋友们：马克·威廉（Mark William）、伊恩·怀特（Ian White）、尼克·威道斯（Nick Widdows）、瑞贝卡·菲兹杰瑞德（Rebecca Fitzgerald）、玛丽·拉文（Mary Laven）、杰森·斯考特-沃伦（Jason Scott-Warren）、克莱尔·班特瑞·弗洛克（Clare Bantry Flook）和珍妮特·休斯（Janet Hughes）；凯莉·罗查（Kali Rocha）、布拉德利·迪恩（Bradley Dean）、约翰·霍利伍德（John Hollywood）和尼克·纳吉尔（Nick Nagel）；布兰达·哈格（Brenda Harger）、盖瑞·哈格（Gary Harger）、乔安妮·斯彭思（Joanne Spence）以及迈克尔·富勒（Michael Fuller）；亚历山大·芬利森（Alexander Finlayson）；海伦·奥尔（Helen Orr）和尼克·莫伊尔（Nick Moir）以及凯特·米恰克（Kate Miciak）。

我还要感谢才华洋溢、充满智慧的同事们，没有你们，我只能一个人孤独地走在写作道路上：梅兰妮·本杰明（Melanie Benjamin）、莉萨·加德纳（Lisa Gardner）、伊丽莎·格雷厄姆（Eliza Graham）、朱莉娅·赫伯林（Julia Heaberlin）、爱莉森·利奥塔（Allison Leotta）、杰米·梅森（Jamie Mason）、布拉德·派克斯（Brad Parks）、克里斯蒂娜·里格尔（Kristina Riggle）和阿曼达·凯尔·威廉姆斯（Amanda Kyle

Williams）。

　　还有些朋友，尽管没有读过我的书稿，但一直默默地陪伴着我。感谢莎拉·丹恩（Sarah Dane）、马特·怀斯（Matt Wise）和詹妮弗·菲尔兹（Jennifer Fields）分担我的悲痛，感谢爱丽丝·凯恩（Alice Kane）一直耐心地倾听，关切地询问。

　　盖文的信心、耐心、宽容和爱是我能经历这一切的最坚强后盾。感谢你，陪我走过这段路程。

图书在版编目(CIP)数据

女人无名：20 年追寻真相和正义之路 /（美）艾米
莉·温斯洛（Emily Winslow）著；徐晓丽译. — 上海：
上海译文出版社，2019.4
（译文纪实）
书名原文：Jane doe January：My Twenty-year
search for truth and justice
ISBN 978 - 7 - 5327 - 8030 - 3

Ⅰ. ①女… Ⅱ. ①艾… ②徐… Ⅲ. ①艾米莉·温斯
洛一自传 Ⅳ. ①K837.128.5

中国版本图书馆 CIP 数据核字(2019)第 029541 号

Emily Winslow
Jane doe January：My Twenty-year search for truth and justice
Our knowledge of the external word
copyright © 2018 by Shanghai Translation Publishing House

图字：09 - 2018 - 898 号

女人无名：20 年追寻真相和正义之路

[美] 艾米莉·温斯洛　著　徐晓丽　译
责任编辑/钟　瑾　装帧设计/邵旻工作室　未氓设计工作室

上海译文出版社有限公司出版、发行
网址：www.yiwen.com.cn
200001　上海福建中路 193 号
启东市人民印刷有限公司印刷

开本 890×1240　1/32　印张 9.5　插页 2　字数 186,000
2019 年 4 月第 1 版　2019 年 4 月第 1 次印刷
印数：0,001—8,000 册

ISBN 978 - 7 - 5327 - 8030 - 3/I·4934
定价：48.00 元